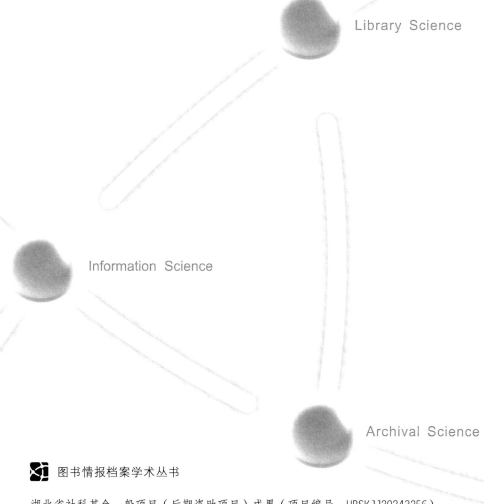

Library Science

Information Science

Archival Science

图书情报档案学术丛书

湖北省社科基金一般项目（后期资助项目）成果（项目编号：HBSKJJ20243256）

国家文化数字化战略下
图档博数字管护协同体系构建研究

Research on the Construction of a Collaborative System for Digital Curation of Libraries, Museums, and Archives driven by the National Cultural Digitization Strategy

孙晶琼　著

WUHAN UNIVERSITY PRESS
武汉大学出版社

图书在版编目(CIP)数据

国家文化数字化战略下图档博数字管护协同体系构建研究／孙晶琼著 . -- 武汉：武汉大学出版社，2024. 12. -- 图书情报档案学术丛书 . -- ISBN 978-7-307-24622-5

Ⅰ. G261

中国国家版本馆 CIP 数据核字第 2024XZ5502 号

责任编辑:黄河清　　　责任校对:鄢春梅　　　版式设计:马　佳

出版发行: **武汉大学出版社**　（430072　武昌　珞珈山）

（电子邮箱：cbs22@ whu. edu. cn　网址：www. wdp. com. cn）

印刷:武汉邮科印务有限公司

开本:720×1000　1/16　印张:22.25　字数:316 千字　插页:2

版次:2024 年 12 月第 1 版　　　2024 年 12 月第 1 次印刷

ISBN 978-7-307-24622-5　　　定价:98.00 元

前　言

2022年，中共中央办公厅、国务院办公厅印发《关于推进实施国家文化数字化战略的意见》，从国家战略的高度对文化数字化发展的目标原则、方法路径、保障措施等进行了总体部署和统筹指导。在由大数据、云计算、区块链、人工智能等新技术主导的数智时代，数智技术将以记忆媒介作为研究证据的人文研究推向了"数字人文"，图书馆、档案馆、博物馆（以下简称"图档博"）数字资源管理正迈入数字转型时期。本书立足我国文化强国建设，在国家文化数字化战略部署下，以图档博"数字保存"向"数字管护"转向为契机，以服务数字人文发展及传承文化资源为目标，对图档博的数字管护协同体系进行研究。在分析图档博公共文化数字资源协同管护的相关研究现状、理论基础、实践调查的基础上，提出了图档博数字管护协同体系框架，并设计了实现策略。

本书依据"发现问题—分析问题—解决问题"的研究思路，共分为七个章节，对"国家文化数字化战略下图档博数字管护协同体系构建研究"内容进行组织安排，各章内容如下：

第一章，绪论。为明确国家文化数字化战略的新要求，剖析数字人文与图档博、数字管护的内在联系，确定研究路径与主要内容，本章首先对图档博数字资源协同管护研究的背景、研究意义、研究现状与问题进行梳理总结；其次，设计并完善研究思路，确定本书采用的主要研究方法；最后对本书的创新点进行提炼。

第二章，概念辨析与理论基础。为从理论层面认识与剖析图档博数字管护协同的内在机理，从而形成理论基础支撑，本章首先辨析了"LAMs""数字人文""数字管护"等核心概念，阐明各概念的内涵与外延，明确本书的研究范围与内容，揭示三者交叉融合的价值；其次，论述了"信息生命周期理论""档案后保管理论""协同理论"等理论基础及其在本书中的应用，搭建图档博数字资源协同管护的理论框架。

第三章，国家文化数字化战略下图档博数字资源协同管护的现状调查与分析。数字人文与数字管护是新兴研究领域，当前图档博数字管护协同中的数字人文需求还不明、图档博数字管护能力还不明、图档博协同发展趋势还不明。本章为明确当前图档博数字管护的实践现状、基础与问题，开展了系统调查，主要包括：基于数字人文项目的案例调查与需求分析、基于图档博机构的实地调查与能力分析、基于领域专家的访谈调查与趋势分析、基于图档博协同实践的案例调查与现状分析，为本书图档博数字资源协同管护提供经验借鉴。

第四章，国家文化数字化战略下图档博数字管护协同体系形成的动力机制。本章在分析图档博数字管护协同体系形成的内外动力源的基础上，进一步解构其文化传承机制、政策引导机制、需求驱动机制、技术支撑机制的内在机理与外在表现，最终形成合力共同驱动图档博数字管护协同体系的构建。本章回答了国家文化数字化战略下图档博数字管护协同体系构建的"Why"的问题。

第五章，国家文化数字化战略下图档博数字管护协同体系的构建。本章以实现图档博协同联动、服务数字人文、促进文化传承为目标，构建了图档博数字管护协同体系框架。首先，本章分别从主体、客体、方法、环境四个维度解构该体系的构成要素。其次，在要素分析的基础上构建了其逻辑框架。最后，针对具体应用场景，在协同理论的指导下对主体协同、客体协同、方法协同与环境协同的内涵进行了阐释。本章回答了国家文化数字化战略下图档博数字管护协同体系构建的"What"的问题。

第六章，国家文化数字化战略下图档博数字管护协同体系的实现策略。本章分别从主体、客体、方法、环境四个维度提出了该框架的实现策略，包括：主体维度——基于数字人文项目的多元主体协作模式，明确主体角色与职责，剖析协同数字管护的基本过程，形成集中—混合式的多元主体协作模式，打通主体壁垒。客体维度——基于知识组织的图档博数字资源多粒度集成，比较分析图档博数字资源的共性与差异，形成基于元数据的粗粒度整合、基于关联关系的中粒度继承、基于本体的细粒度融合的多粒度知识组织框架，打造资源基础。方法维度——基于生命周期管理的数字管护协同流程重组，形成采集、组织、存储、展示的全方位的技术体系，基于数字资源的全生命周期管理重组图档博数字管护协同流程，打响技术优势。环境维度——支持国家文化数字化战略发展的多重协同保障机制，健全政策引导、完善资金投入、推进人才培养、落实标准规范、优化知识产权，建立多重协同保障机制，打破环境限制。本章回答了国家文化数字化战略下图档博数字管护协同体系构建的"How"的问题。

第七章，研究总结与展望。本章总结了研究内容与研究结论，反思了研究的不足与局限，并为后续研究提出了建议。

本书以多学科经典理论为支撑，以系统的调查结果为依据，总结图档博数字资源协同管护的实践现状，为认识图档博数字资源协同管护提供全面参考，响应国家文化数字化战略部署，具有一定的现实指导意义。同时，以服务数字人文发展及传承文化资源为目标，剖析图档博数字资源协同管护的内在机理，构建了图档博数字资源协同管护的体系框架，系统地从主体、客体、方法、环境四个维度提出了相应的实现策略，拓展了图档博数字资源管理研究视野，为推动多学科多领域的融合提供思路。

最后，在本书即将付梓之际，我满怀感激地向所有支持者致谢。感谢国家自然科学基金青年项目（批准号：72204192）的支持，感谢在研究过程中提供宝贵指导和帮助的学者们，感谢参与调查和访谈的图档博行业工作者们，感谢每一位在本书创作过程中给予我帮助的人，你们的参与和支持是本书能够顺利完成的关键。

目　　录

第1章 绪 论

本章阐述了国家文化数字化战略部署下,图档博数字资源协同管护的重要理论价值与实践意义。在现有研究基础上,本章以文献调研法、实地调查法、专家访谈法、案例分析法、归纳演绎法等为研究方法,遵照"发现问题—分析问题—解决问题"的研究思路,开展图档博数字管护协同体系构建研究。

1.1 研究背景与意义

1.1.1 研究背景

1.1.1.1 国家文化数字化战略部署

2022 年 5 月,中共中央办公厅、国务院办公厅印发《关于推进实施国家文化数字化战略的意见》,从国家战略的高度对文化数字化发展的目标原则、方法路径、保障措施等进行总体部署和统筹指导。该意见明确了国家文化数字化发展的八项任务:一是统筹利用文化领域已建或在建数字化工程和数据库所形成的成果,关联形成中华文化数据库。二是夯实文化数字化基础设施,依托现有有线电视网络设施、广电 5G 网络和互联互通平台,形成国家文化专网。

三是鼓励多元主体依托国家文化专网，共同搭建文化数据服务平台。四是鼓励和支持各类文化机构接入国家文化专网，利用文化数据服务平台，探索数字化转型升级的有效途径。五是发展数字化文化消费新场景，大力发展线上线下一体化、在线在场相结合的数字化文化新体验。六是统筹推进国家文化大数据体系、全国智慧图书馆体系和公共文化云建设，增强公共文化数字内容的供给能力，提升公共文化服务数字化水平。七是加快文化产业数字化布局，在文化数据采集、加工、交易、分发、呈现等领域，培育一批新型文化企业，引领文化产业数字化建设方向。八是构建文化数字化治理体系，完善文化市场综合执法体制，强化文化数据要素市场交易监管。

国家文化数字化战略是国家为推动文化事业现代化和数字化发展而制定的战略规划。数字化已经成为文化事业发展的重要趋势和方向。数字化技术的应用，不仅可以实现文化资料的数字化保存和传播，也可以促进文化产业的发展和创新。因此，国家文化数字化战略的制定和实施，对于推进文化事业现代化和文化产业创新具有重要的意义。我们可以从以下几个方面进一步理解国家文化数字化战略的内涵：

(1)数字化文化遗产的保存和传承。数字化技术的应用，可以实现文化遗产的数字化保存和传承，为后代提供更加便捷和广泛的文化资源。

(2)数字化文化产业的发展和创新。数字化技术的应用，可以促进文化产业的发展和创新，为社会经济发展作出贡献。

(3)数字文化资源的共享和开放。数字化技术的应用，可以实现数字文化资源的共享和开放，为广大公众提供更加便捷和广泛的文化资源。

(4)数字文化创意的培育和发展。数字化技术的应用，可以促进数字文化创意的培育和发展，为文化产业的创新提供支持。

国家文化数字化战略对当前图书馆、档案馆、博物馆数字资源管理带来了挑战和机遇。数字时代的到来，使得文化机构需要面临数字化建设和管理的挑战。数字化建设需要借助数字化技术进行文化资料的数字化保存和传播，数字化管理需要建立起数字化的管理和协同体系，以保障数字文化资料的完整性和可持续性。在此背景下，国家文化数字化战略对当前图书馆、档案馆、博物馆数字资源管理带来了挑战和机遇：

（1）数字化技术的应用带来机遇。数字化技术的应用，可以实现文化资料的数字化保存和传播，为后代提供更加便捷和广泛的文化资源。数字化技术的应用，也可以促进文化产业的发展和创新，为社会经济发展作出贡献。

（2）数字化管理的建立带来挑战。数字化管理需要建立起数字化的管理和协同体系，以保障数字文化资料的完整性和可持续性。数字化管理的建立需要借助数字化技术和信息技术，如数字化存储、数字化检索、数字化交流等，以实现数字文化遗产的共享和协同管理。

（3）数字文化创意的培育和发展带来机遇。数字化技术的应用，可以促进数字文化创意的培育和发展，为文化产业的创新提供支持。数字文化创意的培育和发展需要借助数字化技术和信息技术，如数字化创意设计、数字化创意评估、数字化创意推广等，以实现数字文化创意的创造和应用。

（4）数字文化资源的共享和开放带来挑战。数字化技术的应用，可以实现数字文化资源的共享和开放，为广大公众提供更加便捷和广泛的文化资源。数字文化资源的共享和开放需要建立起数字化的管理和协同机制，以保障文化资料的完整性、可访问性和可持续性。

由此可见，加强数字化技术应用、建立数字化管理的协同机制是图档博积极应对数字转型时期国家文化数字化发展的必经之路。

1.1.1.2 数智时代数字人文产生发展

"社会记忆"理论对图书馆、档案馆、博物馆（Library、Archives、Museum，LAM）等文化记忆机构的理论和实践产生了深刻的影响。在由大数据、云计算、区块链、人工智能等新技术主导的数智时代，"数字记忆"成为社会记忆的新形态和新常态，数智技术将以

3

记忆媒介作为研究证据的人文研究推向了"数字人文"。① 美国学者 John Unsworth 等于 2004 年在《数字人文指南》②一书中首次明确提出了"数字人文"概念，并用七个学术术语——"发现、注释、比较、引用、采样、图示、表示"总结了数字人文的活动特征，计算机同人文社会科学领域的合作开始兴起。目前，数字人文实践在世界范围内正处于蓬勃发展阶段，全球已成立了 200 余个数字人文研究中心，涵盖人文基础研究、数字资源融合、可视化展示、文化遗产保护等多个领域。

从文明之初到信息时代，信息的存在方式越来越数字化、数据化。③ 数字人文的产生为人文社会科学提供了一个从未有过的广阔视野，而图书馆、档案馆与博物馆作为人类记忆机构，保存着丰富的人类人文数据，与数字人文有着密不可分的关系。一方面，图书、档案、文物等文化遗产是数字人文建设的资源基础，数字人文带来的方法和工具丰富和提供了人文信息资源建设和利用的生命力与可能性。例如依托海量数字档案资源，"威尼斯时光机"项目实现了历史大数据的应用，④ 证明了数字人文实践必须以历史文化信息资源为基石，更需要图档博提供研究、教育与实践资源。另一方面，数字人文领域同样促进图档博丰富自身的理论、方法与技术。例如"数字敦煌"⑤等文化遗产数字保存实践项目，触发了图档博对数字馆藏管理从认知、方法到工具应用的体系建设。

因此，在数字人文的需求驱动下，越来越多的图书馆、档案

① 夏翠娟. 构建数智时代社会记忆的多重证据参照体系：理论与实践探索［J/OL］. 中国图书馆学报：1-21［2022-08-13］. http：//kns. cnki. net/kcms/detail/11. 2746. G2. 20220413. 1505. 003. html.

② Schreibman S, Siemens R, Unsworth J. A companion to digital humanities［M］. Oxford, UK：Blackwell Publishing, 2004：2-19.

③ 金波，杨鹏. "数智"赋能档案治理现代化：话语转向、范式变革与路径构筑［J］. 档案学研究，2022(2)：4-11.

④ VTM-Venice Time Machine［EB/OL］. ［2020-09-02］. https：//www. epfl. ch/research/domains/venice-time-machine/.

⑤ Digital Dunhuang［EB/OL］. ［2020-09-02］. https：//www. e-dunhuang. com/index. htm.

馆、博物馆开始对人文资料进行数字化、网络化，甚至数据化，[①]不断提升数字资源服务。同时，机构内积累的大量原生数字资源也被纳入机构馆藏中，作为应对数字时代挑战的基本策略。作为具有悠久人类知识积累历史的文化机构，图书馆、档案馆与博物馆再次成为数字时代数字资源集聚的实体和数字人文实践的重要资源基地。

1.1.1.3　图档博数字管护转向契机

数字人文对人文数据的需求正在不断向广度和深度延展。信息富集、语义关联、数据重用等都将成为数字人文开展的必要资源基础。与此同时，在日益增长的数字资源对人类的知识基础、文化记忆的重要影响下，确保数字资源的长期保存与获取、提供语义融合的信息服务，也为图档博数字资源管理带来了技术与管理上的双重压力。因此，在图档博数字保存工作发展成熟之后，进一步催生了"数字管护"（Digital Curation）的新理念，其外延也逐渐从科学数据管理向历史、人文等文化遗产领域扩展，成为未来图档博持续为数字人文提供可信赖、可重用、语义富集的数字资源的重要路径。

"数字管护：数字档案、图书馆和电子科学研讨会"于 2001 年在英国伦敦举行，与会专家在会议上首次提出通过"数字管护"来更好地进行科学数据的长期保存以及开发利用，并且提到对于档案工作者和数据专家来说，要提倡跨部门的交流与合作。[②] 简单来说，数字管护就是对数据进行管理和保存、使其能够长期使用的活动。通过对资源的数字化处理、内容组织手段，确保这些数字资源能够在未来被获取、发现和重用。

此后，学界对"数字管护"这一概念进行了更为深入的研究讨

5

---

① 金波，添志鹏．档案数据内涵与特征探析［J］．档案学通讯，2020，253（3）：6-13.

② Beagrie N, Pothen P. The digital curation：Digital archives, libraries and e-science seminar［EB/OL］．［2020-09-02］. http：//www. ariadne. ac. uk/issue30/digital-curation.

论，并相继成立了专门的研究组织。2004 年，在 E-Science Core 项目的支持下，英国成立了数据管护中心（Digital Curation Centre，DCC）①。此后，以"数字管护"命名的机构，在近些年开始相继出现，例如，加州大学管护中心（University of California Curation Center，UC3）②、希腊数字管护单元（The Greek Digital Curation Unit，DCU）③、多伦多大学数字管护研究所（The Digital Curation Institute）④、约翰·霍普金斯大学数字研究和管护中心（The Digital Research and Curation Center）⑤等。数字管护研究体系逐渐成熟与完善，近年来也成为图书情报与档案管理领域的研究热点，数字管护的应用领域从初始的科学数据管理逐渐扩展至历史、人文数据资源管理等文化遗产领域，成为图档博数字资源管理的一个新的发展方向。

我国自 2006 年起发布了一系列政策文件，大力支持我国公共文化事业数字化、信息化发展。例如，我国"十三五"规划强调建设现代公共文化服务体系，推进基本公共文化服务规范化、均等化。要坚持继承和弘扬优秀传统文化，把弘扬优秀传统文化与发展现实文化有机结合起来，实现中华优秀传统文化的创造性转化和创新发展。要坚持开放包容，吸收和借鉴人类文明成果，推动中华文化走向世界。这就要求图书馆、档案馆和博物馆等机构能够更好地继承和传播传统文化，从而提高民族文化自信，实现文化资源的交流与共享。2021 年，我国"'十四五'规划和 2035 年远景目标纲要"中再次明确提出了要"发展社会主义先进文化，提升国

---

① Digital Curation Centre［EB/OL］.［2020-09-02］. http：//www. dcc. ac. uk/.

② UC3：University of California Curation Center［EB/OL］.［2020-09-02］. http：//www. cdlib. org/services/uc3/.

③ Digital Curation Unit［EB/OL］.［2020-9-02］. http：//www. dcu. gr/.

④ The Digital Curation Institute［EB/OL］.［2020-09-02］. http：//dci. ischool. utoronto. ca/.

⑤ Digital Research and Curation Center［EB/OL］.［2020-09-02］. http：//ldp. library. jhu. edu/dkc.

家文化软实力"。

在国家文化数字化战略部署下，图档博作为社会文化资源的宝库，如何在先进的数字资源管理理念的指导下，引进革新的技术手段，优化数字资源管理流程，协同为数字人文的研究与实践提供数据支持，实现数字资源的可信、长期保存与利用是当下的重要任务之一。但图书馆、档案馆、博物馆数字管护协同有哪些理论依据？图书馆、档案馆、博物馆数字管护的实践现状如何？取得了哪些成就？尚存哪些问题？为什么要建立图档博数字管护协同体系？图档博数字管护协同体系是什么？如何实现？这些问题都还不明晰。本书致力于通过系统研究来回答上述问题，为我国公共文化事业数字化转型建设提供参考。

1.1.2　研究意义

21世纪以来数字技术飞速发展带来的数字化浪潮将社会各个领域推向了数字转型时期，人文社会科学研究与实践的"第四范式"已经形成。① 在国家文化数字化战略部署下，图书馆、档案馆、博物馆作为人类文化资源聚集地与记忆机构，其数字资源的保存、组织、服务等工作也必将进入新的阶段。本书以"国家文化数字化战略下图档博数字管护协同体系构建"为研究课题，既是对公共文化资源传播传承新要求的回应，也是以新的研究视角对图档博与数字人文长期深入稳定共生发展的可能路径的重要探索。

1.1.2.1　理论价值

（1）本书以图档博数字管护协同为视角研究图档博数字资源的组织、保存、利用问题，拓展了图档博协同的研究思路。

数字管护是覆盖信息资源全生命周期的管理活动。"数字管护"理念在过去的20年间得到了学界与业界的重要关注，其应用

7

① Tansley S, Tolle K. The fourth paradigm：Data-intensive scientific discovery[M]. Redmond, WA：Microsoft Research, 2009.

范围也从最开始的科学数据管理逐渐扩展至图档博数字馆藏管理、文献遗产管理等领域，是图档博在应对数字人文需求的转向契机。本书以图档博数字管护协同为视角，系统地探讨了图档博数字资源管理协同问题，在图档博数字资源协同、服务协同的基础上拓展了研究思路，丰富了图档博协同的研究视角。

（2）本书以图档博数字资源为研究对象，进行了跨学科的研究探索，有利于推动学科交叉融合，促进新的学科生长点形成。

图档博数字资源协同管护是一项跨学科、跨领域的探索尝试。本书引入了"信息周期理论""档案后保管理论""协同理论"，通过对图档博数字资源协同管护的理论基础构建，促进了情报学、图书馆学、档案学、博物馆学等学科理论的交叉融合，拓展了数字人文、数字管护与图档博协同研究领域的思路，有助于促进数字人文、数字管护与图档博协同交叉研究领域的形成。

1.1.2.2 实践意义

（1）本书以多学科经典理论为支撑，以系统的调查结果为依据，总结图档博数字资源协同管护的实践现状，为认识图档博数字资源协同管护提供全面参考，具有一定的现实指导意义。

本书针对当前图档博数字管护协同中数字人文需求不明、图档博数字管护能力不明、图档博协同发展趋势不明等问题，开展了系统调查，包括：基于数字人文项目的案例调查、基于图档博机构的实地调查、基于领域专家的访谈调查、基于图档博协同实践的案例调查，揭示、总结了当前图档博数字管护实践现状、基础与问题。本书系统地完成了发现问题、分析问题、解决问题的实践认识构建，形成了图档博数字资源协同管护的实践基础框架，也为相关研究提供了全面参考，促进了实践工作的反思与优化。

（2）本书通过图档博数字管护协同体系的框架构建与实现策略设计，促进公共文化数字信息资源的融合、长期保存与复用，是对我国文化强国建设的回应。

图档博数字管护协同体系是一个复杂的有机整体。本书通过解析其构成要素，构建了图档博数字资源协同管护四维体系，提出了主体维度——基于数字人文项目的多元主体协作、客体维度——图档博数字资源多粒度知识组织、方法维度——基于生命周期管理的数字管护协同流程重组、环境维度——支持数字人文发展的多重协同保障机制的复合实现策略。本书既为图档博数字资源服务协同提供了依托与平台，又满足了数字人文对数字资源的深度需求，是图档博数字管护协同的积极探索，是对我国文化强国建设的回应。

1.2 研究综述

1.2.1 研究现状

图档博数字资源协同管护研究涉及多个研究领域，直接的相关研究成果还较少，但其中图档博协同研究，图档博数字人文研究以及图档博数字管护研究都是本书密切相关的研究主题，为本书的研究提供了研究基础与思路。

1.2.1.1 数智时代背景下的图档博协同研究

图书馆、档案馆、博物馆作为公共文化事业机构的重要组成部分，具有相似的性质与社会职能。图档博的文化数字资源是社会数字遗产的重要组成部分，图档博也成为文化传承的中坚力量。因此，国内外学者对图档博协同的研究从未间断，已有丰富的研究成果。

（1）图档博协同的理论研究。

国际研究方面，Edwards认为，随着时间流逝，文化信息资源的价值也会有所变化，对于处理不同生命周期阶段的数据，不同组织都有着各自的优势。因此，图档博通过合作实现资源管理的取长补短，就显得尤为重要。① Zorich等学者也从各个机构和部门的工

9

① Edwards P M. Collection development and maintenance across libraries, archives, and museums: A novel collaborative approach[J]. Library Resources &Technical Services, 2004, 48(1): 26-33.

作相关性方面论述了图书馆、档案馆、博物馆合作的必要性。①
Wythe 认为，图档博是尽管存在差异但具有相似目标的机构，即通
过数字化馆藏资源建设以满足用户日益增长的信息需求，为图档博
合作奠定了基础。② Martin 指出，传统文化信息资源通过网络和数
字化的整合，使用户可以通过网络找到自己需要的资源，这吸引了
很多不能参观博物馆的用户。图书馆、博物馆、档案馆联合实现资
源整合能让用户获得更为丰富和全面的信息资源，更好地满足公众
日益增长的信息需求。③ Jennifer 指出图档博机构经过技术整合可
以建立多元融合的信息服务体系，促进数字资源的共享。④

　　国内研究方面，关萍依据图档博机构的性质与职能，阐述了图
档博合作的必要性和可行性。⑤ 刘家真认为我国公共文化机构处于
独立的管理体制，限制了公共文化资源的整合和共享，我国数字图
书馆的资源建设要注重图档博之间的文化资源整合的初始设计。⑥
宋雪雁等学者论证了图档博合作的重要性，并从服务能力和质量评

① Zorich D, Waibel G, Erway R. Beyond the silos of the LAM：
Collaboration among libraries, archives and museums [J]. OCLC Programs and
Research, 2008(5)：5-8.

② Wythe D. New technologies and the convergence of libraries, archives, and
museums[J]. RBM：A Journal of Rare Books, Manuscripts and Cultural Heritage,
2007, 8(1)：51-55.

③ Martin R. Cooperation and change：Archives, libraries and museums in the
United States：World library and information congress：69th IFLA general conference
and council, August 1-9, 2003 [C]// Berlin：Institute of Museum and Library
Services, 2003.

④ Jennifer Novia. Library, archival and museum (LAM) collaboration：
Driving forces and recent trends[J]. The Journal of the New Members Round Table,
2012(1)：1-10.

⑤ 关萍. 体制创新——"三馆合一"[J]. 图书情报导刊, 2006(13)：75-
76.

⑥ 刘家真. 我国图书馆、档案馆与博物馆资源整合初探[J]. 中国图书
馆学报, 2003, 29(3)：36-38.

估等方面提出了合作建议。① 刘孝文、张海英将 FRBR 模型引入图档博数字资源整合技术体系中，并进一步论证了可行性。② 陆俊等在分析图档博数字资源共享的现状与障碍后，提出建立组织协调机制、政策保障机制、利益驱动机制以保障图档博机构合作共赢。③ 朱学芳整合了图书馆、档案馆、博物馆机构的数字信息服务，指出要推进图书馆、档案馆、博物馆数字资源共建共享研究。④

（2）图档博协同的资源整合研究。

国际研究方面，与国内研究相比，欧美国家对图书馆、档案馆、博物馆合作资源整合的研究起步较早。1998 年，Rayward 探讨了图档博如何将馆藏资源转变为数字形式。⑤ Beebe 研究并分析了在图书馆、档案馆与博物馆的资源整合中与多媒体相融合的必要性和可行性。⑥ Saonn 提出将多机构的数字资源与相关信息连接起来，构建统一的标准化网络平台，实现机构间数字资源的互操作。⑦ Tibbo 等人勾画了知识数据的保存能力矩阵，分析了相关的课程需

① 宋雪雁，张岩琛，窦芳菲，李梦诗. 基于资源整合的馆际协同合作机制研究[J]. 图书情报工作，2016，60(12)：22-28.

② 刘孝文，张海英. 图书馆\档案馆和博物馆资源整合初探[J]. 兰台世界，2007(16)：47-48.

③ 陆俊，邓瑞芬，胥伟岚. 我国 LAM 资源共享推进机制研究[J]. 图书馆工作与研究，2016(11)：22-26.

④ 朱学芳. 图博档信息资源数字化建设及服务融合探讨[J]. 情报资料工作，2011(5)：57-60.

⑤ Rayward W B. Electronic information and the functional integration of libraries, museums and archives[G]//Higgs E, Ed. History and electronic artifacts, Oxford：Clarendon Press, 1998：207-224.

⑥ Beebe C. Exploring convergence：Digital multimedia collections among museums, archives, and libraries[C]//Kraft D H. ASIS 2000：Proceedings of the 63rd ASIS Annual Meeting. Washington, DC：ERIC, 2000：519.

⑦ Saonn T, Peset F, Ferrer S A. Factors for the adoption of linked data and implementation of web semantics in libraries, archives and museums[J]. Information Research, 2013, 18(1)：16.

求，以促进图档博合作的资源整合的人才培养。①

国内研究方面，秦雪平以世界图书馆为例，探讨如何解决图档博数字资源整合中的元数据互操作、知识产权保护、信息安全管理等问题。② 唐义等探索了基于关联数据的图书馆与档案馆资源整合，以为用户提供全方位的综合数字资源服务。③ 肖希明、郑燃分析了图档博国际合作项目的理论与实践，提出国际图档博数字资源整合的重点是技术与平台建设。④ 赵生辉、朱学芳以图档博服务整合为基础，建立了分析框架，阐述了基于不同发展战略的不同发展趋势，对我国图档博数字资源整合具有重要的参考价值。⑤

(3)图档博协同的服务融合研究。

国际研究方面，Gibson 通过对英美图档博实践的深入调查研究，认为数字化融合是图档博的发展方向。⑥ Yarrow 等在报告中倡导通过深度合作形成涵盖图档博公共文化系统的复合型多元服务体系，提供公共文化资源的协同服务。⑦

国内研究方面，朱学芳认为，我国在图书情报档案一体化的研究主流下忽视了博物馆，由于图档博数字资源的复杂性、管理标准

① Tibbo H R, Lee C A. Convergence through capabilities：Digital curation education[J]. Society for Imaging Science and Technology，2010(1)：53-56.

② 秦雪平. 图书馆、档案馆与博物馆数字资源整合研究——以世界数字图书馆为例[J]. 情报探索，2013(1)：69-72.

③ 郑燃，唐义，戴艳清. 基于关联数据的图书馆、档案馆和博物馆数字资源整合研究[J]. 图书与情报，2012(1)：71-76.

④ 肖希明，郑燃. 国外图书馆、档案馆和博物馆数字资源整合研究进展[J]. 中国图书馆学报，2012，38(3)：26-39.

⑤ 赵生辉，朱学芳. 图书、档案、博物数字化服务融合策略探析[J]. 情报资料工作，2014(4)：68-74.

⑥ Gibson H. Links between libraries and museums：Investigating museum-library collaboration in England and the USA[J]. Libri，2007，57(2)：53-64.

⑦ Yarrow A, Clubb B, Lynn J. Public libraries, archives and museums：Trends in collaboration and cooperation[R]. IFLA Professional Reports，2008：108.

的差异以及技术应用的难度，数字图书馆与博物馆、档案馆联盟的整合与发展实践有待进一步发展。① 赵生辉认为图书馆、档案馆、博物馆数字服务融合是一项综合性工作，是各种外部硬件设施和内部多种因素综合建设的过程。② 穆向阳认为，图书馆、档案馆、博物馆的融合发展是数字资源服务的重新定位，图档博应在注重提供知识、满足用户文化艺术的需要的基础上，充分挖掘数字文化资源的深层价值。③

（4）图档博协同的机制模式研究。

国际研究方面，Timms 从技术层面探讨了图书馆、档案馆和博物馆的合作趋势，提出了图书馆、档案馆和博物馆的合作框架，并在此基础上，尝试构建了图档博综合访问系统，为用户提供资源的统一检索与利用服务。④

国内研究方面，赵生辉、朱学芳提出了图书馆、档案馆与博物馆数字化协作 D-LAM 战略框架。⑤ 肖希明、张芳源总结了国际图档博的合作情况，为我国图书馆、档案馆、博物馆的协同提供了经验借鉴。他同时指出，中国在图书馆、档案馆、博物馆合作发展中应因地制宜地制定适合中国国情的合作模式。⑥ 张卫东基于我国国情，提出以校园/机构模式等为主的多种合作模式，从而推动我国

① 朱学芳．图博档信息资源数字化建设及服务融合探讨［J］．情报资料工作，2011(5)：55-60.

② 赵生辉．图书馆、档案馆、博物数字化服务融合策略探析［J］．情报资料工作，2014(4)：68-72.

③ 穆向阳．图书、博物、档案数字化服务融合模式研究［J］．情报科学，2016(3)：15-18.

④ Timms K. New partnerships for old sibling rivals：The development of integrated access systems for the holdings of archives, libraries, and museums for libraries, archives and museums［J］．Archivaria，2009：68-79.

⑤ 赵生辉，朱学芳．我国图书馆、档案馆、博物馆数字化协作框架 D-LAM 研究［J］．情报资料工作，2013(4)：57-61.

⑥ 肖希明，张芳源．国外公共数字文化资源合作保存模式研究［J］．信息资源管理学报，2014，4(2)：37-44+57.

图档博机构合作的发展。① 罗红全面总结了国内外图档博合作模式的特点。② 王储君从图档博的不同角色入手，分析了三者合作的基础，比较了图书馆、档案馆、博物馆的异同，提出了一种新的合作模式，即利用大数据技术开展图书馆、档案馆与博物馆合作，同时开展人才教育，完善管理制度。③ 李金芮、肖希明将国外图书馆、档案馆、博物馆数字资源整合的管理体制归纳为：政府机构主导模式、机构自发组织模式、合作机构组合模式、专业化组织可持续管理模式、基于联合项目的联盟模式，并剖析了我国图书馆、档案馆、博物馆资源整合管理体系中存在的问题，为我国图书馆、档案馆、博物馆合作中资源整合管理体系的优化提供参考。④

（5）图档博协同的实践进展研究。

国际研究方面，Betsy 等对国际图书馆、档案馆、博物馆合作的案例进行了深入调查分析，⑤ Gibson 等在该调查的基础上进行了补充，为欧美图书馆、档案馆与博物馆的合作提供了重要信息，开辟了合作的研究视角。⑥ Davis 等从政策视角分析了图书馆、档案馆与博物馆合作未来发展的机遇和挑战。⑦ 国际研究还特别关注了

① 张卫东．全球化视野下中国 LAM 合作模式研究[J]．图书情报工作，2016，60(12)：14-21．

② 罗红．LAM(图书馆、档案馆、博物馆)协作内容与模式研究[J]．情报理论与实践，2017，40(6)：33-39．

③ 王储君．试论图书馆与博物馆及档案馆的新型合作模式[J]．科技创新导报，2017，14(5)：126-127．

④ 李金芮，肖希明．国外公共数字文化资源整合管理体制模式及其适用性研究[J]．图书情报工作，2015，59(3)：26-34．

⑤ Betsy D, Sherman D. Hand in hand：Museums and libraries working together[J]. Public Libraries，2003，42(2)：102-105.

⑥ Gibson H, Morris A, Cleeve M. Links between libraries and museums：Investigating museum-library collaboration in England and the USA [J]. Libri，2007，57(2)：53-64

⑦ Davis W, Howard K. Cultural policy and Australia's national cultural heritage：issues and challenges in the GLAM landscape[J]. Australian Library Journal，2013，1(62)：15-26.

图档博协同面临的主要问题，例如，如何解决图档博作为记忆机构在国家意识建设中的政策问题①、何种技术适用于构建图档博信息仓储及门户网站问题②、数字资源整合中标准的缺失问题③、业务外包的风险问题④、知识产权问题⑤⑥等。

国内研究方面，莫振轩基于我国图档博合作现状，提出了以项目为重点、加强技术开发、政府主导的合作发展战略。⑦ 陈京莲系统梳理了我国合作项目的现状和特点，提出我国应加强管理体制创新，推进合作深度，扩大合作范围，构建统一的检索和服务平台。⑧张卫东、赵红颖、李洋总结了欧美国家图书馆、档案馆、博物馆数字服务一体化的成果，为我国文化机构合作提供了经验借鉴。⑨

① Tedd L A. People's Collection Wales：Online access to the heritage of Wales from museums, archives and libraries[J]. Program：Electronic Library & Information Systems, 2011, 45(3)：333-345.

② Hook D. Web-based portal for impact evaluation reveals information needs for Museums, Libraries and Archives[J]. Evidence Based Library and Information Practice, 2007, 2(1)：137.

③ Jeanne D. The preservation management handbook：A 21st-century guide for Libraries, Archives, and Museums[J]. Library Resources & Technical Services, 2015, 59(2)：95-96.

④ Bartlett J A. Project management in libraries, archives and museums：Working with government and other external partners[J]. Reference & User Services Quarterly, 2011, 51(1)：87-88.

⑤ Yakel E. Presidential libraries：Merging public records and private lives[J]. OCLC Systems & Services：International Digital Library Perspectives, 2007, 23(3)：238-241.

⑥ Eleanor S. Copyright and cultural institutions：Guidelines for digitization for U. S. Libraries, Archives, and Museums[J]. Music Library Association. Notes, 2011, 67(3)：557-559.

⑦ 莫振轩. 我国图书馆、档案馆、博物馆馆际合作的现状与发展策略[J]. 图书馆工作与研究, 2012(8)：8-12.

⑧ 陈京莲. 我国图书馆、档案馆、博物馆馆际合作项目分析[J]. 情报探索, 2016(7)：45-48.

⑨ 张卫东, 赵红颖, 李洋. 欧美图书档案数字化融合服务实践及启示[J]. 图书情报工作, 2013, 57(12)：23-27, 22.

1.2.1.2 数字人文视域下的图档博研究

自数字人文的概念产生起，它的研究与发展就同图书馆、档案馆、博物馆，以数字资源为纽带建立了密不可分的关系。Poole 等基于扎根理论与半结构化访谈，调查了美国、加拿大、英国和荷兰四个国家 11 个代表性数字人文项目中的 53 位参与者，发现了图档博人员在数字人文项目中的重要角色，认为数字人文与图档博是"天然的盟友"①。周文泓、刘静通过代表性案例发现与解析数字人文与图情档学科围绕信息活动、项目管理和学科教学的双向构建要点及其具体作用内容，明确了图情档学科的发展途径。② 曾蕾、王晓光、范炜认为图档博的公共数字文化信息资源对数字人文的发展有着举足轻重的作用，图档博利用特有的信息组织手段与方法将这些信息资源从无序变为有序，可以实现数字资源在数字人文中的高效利用。③ 在数字人文与图档博共生发展的推动下，数字人文对图书馆、档案馆与博物馆的理念与实践工作也产生了深远的影响。尽管数字人文实践的开展对图书馆、档案馆与博物馆等公共文化机构的服务范围、服务能力，甚至是实体空间的利用都提出了更高的要求，但同时也促进了图档博加快融入数字时代的脚步，努力适应信息技术带来的变化，不断建设、完善自身服务。

目前数字人文视域下的图档博研究主要集中于以下几个方面：

（1）数字人文视域下的图档博角色定位研究。

数字人文学科的兴起和发展，极大地改变了传统图书馆的研究和服务模式，拓展了人文社会科学的研究范围，使图书馆的工作重

---

① Poole A H, Garwood D A. "Natural Allies"：Librarians, archivists, and big data in international digital humanities project work［J］. Journal of Documentation, 2018, 74(4)：804-826.

② 周文泓, 刘静. 数字人文和图书情报与档案管理的双向构建要点研究［J］. 图书与情报, 2019(6)：101-110.

③ 曾蕾, 王晓光, 范炜. 图档博领域的智慧数据及其在数字人文研究中的角色［J］. 中国图书馆学报, 2018, 44(1)：17-34.

点从资源的利用转向了开发。

Ben 详细介绍了图书馆在数字人文服务中的五个角色：①数据管理者；②嵌入式图书馆员；③数字化和管护专家；④数字保存者；⑤发现和传播者。① 日本学者 Kamada 指出，图书馆负责数字人文中人文社会科学第一手原始资料的收集、整理和数字化，满足学者的个性化数字资源服务需求，承担了"信息提供者"和"项目支持者"的重要角色。② 普林斯顿大学数字人文中心在《数字人文指南》中指出，高校图书馆要把自己定位为数字人文实践开发的主体，与档案馆、博物馆同步配置资源，共享研究成果。③

我国学者朱娜剖析了图书馆与数字人文的内在联系，认为图书馆在数字人文中具有六大作用：①资源提供者；②内容管理员；③课程辅导员；④课题联络员；⑤顾问；⑥研究空间提供者。④ 李洁从机构、会议、期刊三个方面阐述了数字人文学科的全球发展趋势，认为图书馆可以在这一趋势下提供的支撑服务包括：资源管理、文本挖掘、知识发现、咨询服务与知识传播等。⑤ 杜宗明认为，在数字人文环境中，图书馆的作用是：①数字人文的倡导者和推动者；②基础软件的开发和建设者；③共享资源的管理者和传播者；④计算机应用和信息技能的指导者和支持者；⑤跨学科研究中心的参与者和创造者。⑥ 张斌、李子林认为，档案文献凭借其原

① Digital Infrastructure Team[EB/OL]. [2020-10-02]. https：//infteam. jiscinvolve. org/wp/2012/02/23/.

② Kamada H. Digital humanities role for libraries[J]. College and Research Libraries News, 2010, 7(9)：484-485.

③ A short guide to the digital humanities[EB/OL]. [2020-10-02]. http：// jeffreyschnapp. com/wp-content/uploads/2013/01/DH_ Short Guide. pdf.

④ 朱娜. 数字人文的兴起及图书馆的角色[J]. 图书馆, 2016(12)：17-22, 48.

⑤ 李洁. 数字人文背景下图书馆员角色转换[J]. 图书馆研究与工作, 2017(10)：26-30, 37.

⑥ 杜宗明. 数字人文环境下的图书馆角色定位与实践路径[J]. 农业图书情报学刊, 2017, 29(10)：103-106.

始、真实、可信等优势，是数字人文的优质资源。档案收集可以引导数字人文研究者从真实的历史出发，保证项目的真实性和权威性，充分发挥档案资料在构建社会记忆中的作用。①

（2）数字人文视域下图档博业务活动研究。

数字人文的技术方法对图书馆、档案馆、博物馆的业务活动产生了方方面面的影响，革新了图档博的数字资源建设、数字资源利用的内容与手段。

首先，数字人文推进图档博馆藏资源的数字化建设，乃至数据化进程。

Schaffner 与 Erway 提出图书馆的信息资源管理工作要适应人文学科研究范式变化，支持新的研究方法的应用。②

北卡罗来纳大学教堂山分校社会科学馆员 Shawgo 认为，数字人文的研究学者依托图书馆可以更好地完成人文数据的管理与分析，与此同时，人文数据的馆藏利用也已成为图书馆馆员工作的重要组成部分。③

潘连根认为，虽然 20 世纪 90 年代我国的档案数字化工作就已经开始，但以往的档案数字化工作仅仅停留在简单的数字化上，缺乏对数字档案资源内容的深入挖掘，与数字人文对数字资源的要求还有很大的差距。原始的档案数字化以解决存储问题为目的，但难以进行内容检索和分析；数字人文实践的需求则将推动档案数字化工作从单纯的"数字化"走向"数据化"，将数字内容融入档案和影

① 张斌，李子林. 数字人文背景下档案馆发展的新思考［J］. 图书情报知识，2019（6）：68-76.

② Schaffner J, Erway R. Does every research library need a digital humanities center? ［M］. Dublin：OCLC Online Computer Library Center, Inc, 2014.

③ Shawgo K. CFP：Data Driven：Digital Humanities in the Library［EB/OL］. ［2020-10-18］. https：//www. hastac. org/opportunities/cfp-data-driven-digital-humanities-library.

像，推动档案数字化产业化工作的升级。① 赵思渊以"中国地方历史文献数据库"为例，阐述了数据库发展过程中历史文献的数据处理过程，认为数字化人文将是大势所趋。②

与图书馆与档案馆相同，数字人文也为博物馆建设带来了深远的极大变革，甚至在博物馆工作中的应用效果更加直观显著。原野认为，数字人文介入博物馆，可以与数字博物馆完美契合。数字人文在博物馆中的应用将更加深入，不仅可以实现智能化操作，实现信息共享，加强知识的传播，还可以提高博物馆藏品的利用效率。③

其次，数字人文促进了图档博数字资源服务的创新。

Schaffner 等人强调，在数字人文实践中，图书馆提供的服务包括构建机构知识存储空间、提供拍照设备、数据监督服务、协助制定数据管理等领域的研究计划和其他合作计划等。④

Rockenbach 介绍了 Vinopal 和 McCormick 创建的四层数字人文服务模式，旨在提供具有保存和标准化特征的持续和可测量的服务。无论是信息技术的应用、项目的开发和运营，或实现元数据管理和数字保存，图书馆应改进现有的信息基础设施，以方便研究人员使用资源以及创建和传播研究成果。⑤ Rockenbach 认为，尽管数字人文中心通常由图书馆发起，但图书馆员通常仅扮演特定项目咨

① 潘连根. 数字人文在档案领域中应用的理性思考[J]. 档案与建设，2020(7)：6-10.

② 赵思渊. 地方历史文献的数字化、数据化与文本挖掘：以《中国地方历史文献数据库》为例[J]. 清史研究，2016(4)：26-35.

③ 原野. 我国数字人文研究在博物馆中的发展及应用[J]. 创新科技，2016(9)：45-47.

④ Schaffner J, Rick E. Does Every Research Library Need a Digital Humanities[EB/OL]. [2020-10-18]. https：//www. oclc. org/research/publications/2014/oclcresearch-digital-humanities-center-2014-overview. html.

⑤ 杨滋荣，熊回香，蒋合领. 国外图书馆支持数字人文研究进展[J]. 图书情报工作，2016，60(24)：122-129.

询人员的角色，而不是全职员工。①

Mueller 指出，数字项目需要特殊设备的支持。图书馆的信息基础设施是帮助研究人员获取文献和提供与学术活动有关的服务的重要条件。②

郑爽、丁华东指出，传统人文研究主要以档案文献的形式进行，数字人文研究则以数字档案的形式进行。因此，传统档案工作的内容和注意力已从纸质环境下的档案实物保护转向计算机环境下的档案数字化管理。数字人文导致了档案记忆功能的观念和研究方法的变化，为研究人员提供了新的工具和平台，以确保档案记忆功能在新的技术环境中得以实现。③

杨茜茜认为，数字人文优化了数字环境下档案开发利用的服务，数字人文对档案资源的高度宽容性及其分析显示技术的多样性，为档案资源的开发利用提供了转型机遇④：一是关联数据、可视化和人工智能技术的应用，使档案资源的整理和开发更加多样；二是档案资源范围扩大到非档案资料，令传统的档案资源配置与开发"放宽"。与此同时，数字人文也成为档案资源与档案使用者供需相匹配的新途径⑤。

（3）数字人文视域下的图档博实践研究。

随着信息和数字化技术的发展，图书馆、档案馆、博物馆以及

---

① Rockenbach B A. Digital humanities in libraries: New models for scholarly engagement[J]. 2013, 53(1): 10-26.

② Mueller L. Towards information science services: Information science and the digital humanities: ISI2017 Satellite Workshop on the Relationship of Information Science and the Digital Humanities[C]// Berlin: Humboldt University, 2017.

③ 郑爽, 丁华东. 数字人文对档案记忆功能实现的启示[J]. 档案与建设, 2019(7): 23-26.

④ 杨茜茜. 数字人文视野下的历史档案资源整理与开发路径探析——兼论档案管理中的历史主义与逻辑主义思想[J]. 档案学通讯, 2019(2): 17-22.

⑤ 包伟民. 数字人文及其对历史学的新挑战[J]. 史学月刊, 2018(9): 5-12.

高校等文化研究机构依托自身的数字资源建设成果纷纷建立了数字
人文学术研究机构或组织,开展数字人文项目,例如,武汉大学于
2011年成立了国内首个数字人文研究中心。

目前,我国的数字人文项目主要集中在历史文献数据集的构建
与历史数据挖掘、语言文献文本处理与知识探索、人文与数据可视
化等方面。例如,国家图书馆"中国记忆工程"收集史料、书信、
手稿等,整理当代重大事件;中国社科院地理信息服务平台建设项
目基于地理信息系统实现空间信息的模拟与检索;北京大学中国基
础古籍数据库项目将先秦至民国时期的古籍数字化;清华大学数据
可视化与人文艺术项目对我国美展入围作品进行视觉分析;上海财
经大学数字人文知识发现平台的开发为我国电影制作通识教育课程
提供了可视化的知识发现功能。此外,还有上海图书馆的"家谱数
据库"、上海交通大学的"中国传记数据库"等。

图书馆、档案馆和博物馆作为文献信息资源的保存方和供给
方,也参与开展数字人文工程。但与图书馆等文献机构相比,档案
馆与博物馆主导的实践明显不足,需要形成一个较为完整的方法框
架,借助数字人文理论、方法和实践,促进档案信息资源开发利用
的数字化转向。

档案馆方面,很多学者依然从理论层面上探讨了档案馆参与
数字人文实践的资源建设、方式方法、机制路径等。例如,高梦
杰认为档案馆对数字人文的认识和自身作用不明确、相关技术能
力不足、发展主体单一等因素导致档案馆数字人文实践发展滞
后。提倡档案馆更新观念,树立数字人文观念,跟上数字人文发
展的步伐。[①] 具体而言,档案工作可以从提供原始档案资源、开展
技术合作、推进档案数字人文工程、培养数字人文档案工作者、建

---

① 高梦杰. 我国档案馆数字人文服务的现状、障碍及策略研究[J]. 兰
台内外,2020(13):14-15.

立知识产权保护机制等方面参与数字人文。① 目前，我国档案馆已开展的数字人文项目主要有天津市档案馆的"津沽史料"项目②、青岛市档案馆的"老青岛"项目③以及上海市档案馆的"上海记忆"项目④等。

博物馆方面，刘健、陈晴通过对上海博物馆数字人文实践的分析，揭示了数字人文在工具、方法和思想上给博物馆事业带来的巨大变化。他们希望能以数字人文为突破口，推动博物馆的业务建设。⑤ 其中，上海博物馆"董其昌数字人文"项目是对中国博物馆数字人文实践的积极探索，该项目以明代著名书画家董其昌的高清图像数据及相关数字资源为基础，结合了书籍收藏、友谊、教育和遗产等人文背景，通过展示，为寻找董其昌设计了"主题—表达—时代"的复合维度。参考 CIDOC CRM 等国际元数据标准，在链接数据的基础上设计了明清书画本体，揭示了不同维度的扩展和相互作用，以及语义关联和开放连接的许多有趣发现。尝试引入机器学习开发 AI 图像关联引擎，实现博物馆物理特性带来的图像本体的并行化和深入分析，逐步形成绘画元素标准样本的国际平台，为研究范式的转换、传播边界的拓展、内涵的主导和知识的创造提供了新的思路。⑥⑦

---

① 吴加琪. 数字人文兴起及档案工作的参与机制［J］. 档案与建设，2017(12)：12-15.

② 天津档案网［EB/OL］.［2020-09-10］. http：//www. tjdag. gov. cn/tjdag/index/index. html.

③ 青岛档案信息网［EB/OL］.［2020-09-10］. http：//www. qdda. gov. cn/.

④ 上海档案信息网［EB/OL］.［2020-09-10］. http：//www. archives. sh. cn/.

⑤ 刘健，陈晴. 数字人文与博物馆［J］. 中国博物馆，2018(2)：18-24.

⑥ 童茵. 数字人文方法在博物馆研究与展示中的应用［C］//2018 年(第五届)科学与艺术研讨会论文集，2018.

⑦ 童茵，张彬. 董其昌数字人文项目的探索与实践［J］. 中国博物馆，2018(135)：114-118.

1.2.1.3 图档博视域下的数字管护研究

数字管护从科学数据管理逐渐扩展至历史数据、人文数据等文化遗产领域，成为激发数字人文创新的动力，也逐渐走入图档博研究领域，引起了图档博研究学者的关注。在数字管护理念下重构图档博数字资源管理成为了重要议题。

Arjun Sabharwal 在专著 *Digital Curation in the Digital Humanities：Preserving and Promoting Archival and Special Collections* 中提出，与数字人文学科新技术的融合以及开放获取在研究领域日益重要，这意味着人们越来越关注如何以数字方式提供档案和特殊藏品，并对其进行管理和保存。在数字人文学科中，学界、档案馆和图书馆之间的界限越来越模糊。Arjun Sabharwal 在这本书中着眼于展示数字管护的理论和实践观点，探索社交媒体在数字管护中的作用，探索数字管护中的协作和组织结构。[①] Arjun Sabharwal 还认为数字人文代表了一种新兴的数字管护框架，数字人文与数字管护和档案馆之间存在不断发展的关系，强调了研究人员和管护人员应该考虑彼此的观点，以便持续合作。[②] Stacy T. Kowalczyk 撰写的 *Digital Curation for Libraries and Archives* 一书概述了图书馆与档案馆中数字管护的应用前景。[③]

我国学者杨淑娟、陈家翠提出图档博数字管护人员的数据管理需求包括遵循国际科学研究政策惯例与国家数据管理法律框架、明确基金机构数据管理计划要求、遵守学术论文发表的原始研究数据共享规定、承担研究数据保管责任等方面，虽然图书馆员具有满足

23

① Sabharwal A. Digital curation in the digital humanities：Preserving and promoting archival and special collections[M]. Chandos Publishing，2015.

② Sabharwal A. Digital humanities and the emerging framework for digital curation[J]. College & Undergraduate Libraries，2017，24(2-4)：238-256.

③ Kowalczyk S T. Digital Curation for Libraries and Archives[M]. ABC-CLIO，2018.

这些需求的专业优势，但还需要培养其基于数据质量全流程控制的数字监护素养。① 唐义、肖希明介绍了在国际范围内著名的数字管护项目 DigCCurr 的主要特点、数字管护人员所需的职能和技巧、数字管护知识和能力模型以及项目的实施情况，认为我国应该引进数字管护教育，并结合实际解决好数字管护教育与现行图情档学科专业之间的关系、课程设置、培养模式以及同国内外机构合作等问题。②

1.2.2 研究述评

从上述国内外已有的研究成果可以看出，在信息化，甚至数据化建设的大背景下，尽管还鲜少有图档博数字管护协同的直接研究，但涉及的相关问题已经引起了国内外学者的关注。来自图书馆学、档案学、情报学、博物馆学、计算机科学、传播学等多个学科的研究学者以及政府文化部门、图书馆、档案馆、博物馆等文化机构的研究人员与工作人员分别从宏观理论层面、微观实现层面等多个角度对图档博数字管护相关问题进行了研究。不同领域的学者与实践参与人员发挥各自学科优势与经验，共同探讨了图书馆、档案馆、博物馆在数字人文发展的需求推动下，其数字资源建设、数字资源服务、数字资源管理的转向与革新。

进入 21 世纪以来，信息技术的广泛应用促进了数字人文学科的发展，不断深化和改变着人们的认知和人文研究的形式。从学科本质来看，图情档与数字人文都产生于实践，既是一个具有自主话语权的学术领域，也可以为其他领域研究提供支持。从实践的角度来看，无论是图情档还是数字人文，都重视对记录信息和文本的研

① 杨淑娟，陈家翠. 图书馆员数字监护素养研究[J]. 图书馆建设，2013（1）：78-80.

② 唐义，肖希明. 国外数字监控（Digital Curation）教育及对我国的启示——以 DigCCurr 项目为例[J]. 图书与情报，2013（6）：41-46.

究与实践。数字资源存储与服务的共同利益使得图书馆、档案馆、博物馆和数字人文学科有了更多的交叉点。特别是，图书馆、档案馆和博物馆可以在信息组织和描述、数字资源管理以及数字资源的长期保存方面提供强有力的支持。同时，通过数字人文成果的应用，图书馆、档案馆、博物馆可以进一步完善自身的数字资源服务，参与数字人文技术工具的研发和推广，促进人文知识的共享与创新，① 形成良好的合作关系，促进图情档与数字人文学科的协同发展。

数字管护研究作为一个新兴研究领域在近年来开始走进了图档博研究视野，但目前国内外的研究基础与重点还差距较大。数字管护的研究内容涵盖范围十分广泛，数字管护的应用也已经从科学数据管理逐渐向其他领域渗透。在历史人文数据管理的文化遗产领域，未来研究与实践的潜力巨大，必将成为图档博数字资源管理工作的发展方向。

从总体上看，在短短的一二十年间，国内外在图档博数字管护协同相关领域的研究已出现了不少研究成果与实践成果，但从研究视角、研究内容与研究方式等维度来严格审视，国内外在本领域的研究还存在一些不足之处。

首先，从研究视角来看，现有研究成果集中于宏观层面的"提出问题"与微观层面的"具体实现"，理论研究与实践研究存在鸿沟。

图档博数字管护协同研究具有跨学科、跨领域的研究特征，不同学科领域的学者从不同的研究视角对其相关问题进行了研究。宏观层面，例如探讨了数字人文与图档博的双向构建问题、数字人文的这图档博业务活动的影响、数字人文视域下的图档博合作机制等；微观层面，例如探索了关联数据、本体、RFID、信任评估模

25

① 金波，晏秦. 数据管理与档案信息服务创新［J］. 档案学研究，2017（6）：99-104.

型等新技术新方法在图档博数字资源整合与服务融合中的应用。综观相关研究成果，笔者发现现有研究成果集中于宏观层面的"提出问题"与微观层面的"具体实现"，理论研究与实践研究还存在一定差距。如何系统地进行图档博数字资源协同管护研究，将宏观层面的图档博协同机制问题与微观层面的图档博协同实现问题衔接起来，是下一步研究工作的重点。

其次，从研究内容来看，现有研究成果注重图档博数字资源融合，需求分析不受重视，数字管护应用研究刚刚兴起。

馆藏资源是图档博作为公共文化机构的根本，在数字时代，数字资源馆藏的管理便成为图档博机构的重中之重。因此，图档博数字管护协同相关研究的现有成果更加关注对图档博数字资源的整合与利用问题。尽管数字人文下的图档博的角色定位、图档博如何支持数字人文等问题被广泛讨论，但鲜有研究从需求出发，关注其中的数字人文的数字资源需求问题。此外，与数字人文、图档博协同等领域相较，图档博视域下的数字管护研究才刚刚兴起，其研究内容还较为零散，缺乏系统研究。

最后，从研究方式来看，现有研究成果涉及学科广泛，但跨学科、跨领域的交叉研究成果较为少见。

图档博数字管护协同研究涉及了数字人文、数字管护、图档博等多个研究领域，吸引了来自情报学、图书馆学、档案学、博物馆学，甚至是计算机科学、传播学等多个学科的关注，但从研究成果的分布来看仍是以单一学科视角对其进行探讨的研究方式居多，从多个学科领域视角出发、以多个学科领域为基础的跨学科、跨领域的交叉研究成果还较为少见。

因此，本书在现有研究的基础上，进一步以数字人文发展需求为视角，以图档博数字管护实践转向为契机，以图书馆学、档案学、博物馆学、情报学、协同学等多学科理论为基础，对图档博数字管护协同体系及其实现进行了系统研究。

1.3 研究方法

1.3.1 文献调研法

本书结合"图档博数字管护协同体系构建"选题，借助中外文数据库、学术搜索引擎、图书馆馆藏资源等渠道，对相关文献信息资源，如图书作品、期刊论文、学位论文、会议论文、研究报告等进行获取、梳理和分析。一方面综述本书的研究现状基础，另一方面梳理本书的研究理论基础，共同为本书研究的展开和推进提供认识基础。

1.3.2 案例分析法

本书对国内外数字人文项目、图档博协同项目进行综合剖析。通过对数字人文实践开展情况的分析初步了解当前数字人文实践的需求，成为后续图档博数字资源协同管护的目标之一。通过对图档博协同项目开展情况的分析，总结实践过程中的经验，学习参考成功的图档博协同项目中应用的模式、技术、政策等。

1.3.3 实地调查法

数字管护仍是一个新兴的研究与实践领域，还鲜少有对图档博数字管护活动的系统研究，学界与业界对当前图书馆、档案馆、博物馆的数字管护实践情况也都还不甚明晰。因此，本书在明确数字人文实践开展需求之后，进一步选取了代表性的图档博机构进行实地调查，了解图档博机构内最新的数字管护工作情况，分析当前图档博数字管护能力，形成认识基础。

1.3.4　专家访谈法

在明确数字人文实践开展需求与当前图档博机构数字管护实践能力的基础上，本书进一步对调查机构内的工作人员进行了专家访谈，解决数字人文开展需求与图档博数字管护工作衔接及如何促进二者共生发展的问题。通过专家访谈，明确了当前图档博机构内在数字管护协同工作中的理念树立、存在问题、发展趋势等。

1.3.5　归纳演绎法

本书从研究现状、实践现状中归纳总结图档博数字管护协同体系的一般问题、关键要素、可行模式等，再以信息生命周期理论、档案后保管理论、协同理论等为理论支撑，结合调查研究的实践需求，创新性地提出国家文化数字化战略下图档博数字管护的协同体系框架，并探讨该框架的具体实现方式。

1.4　主要研究内容

本书立足我国文化强国建设，以图档博"数字保存"向"数字管护"转向为契机，以服务数字人文发展及传承文化资源为目标，对图档博的协同体系进行了研究。在分析图档博数字资源协同管护的相关研究现状、理论基础、实践调查的基础上，提出了图档博数字资源协同管护的体系框架，并进行了其实现策略设计。

本书依据"发现问题—分析问题—解决问题"的研究思路设置，共分为七个章节，对"国家文化数字化战略下图档博数字管护协同体系构建研究"内容进行组织安排，如图1-1所示。

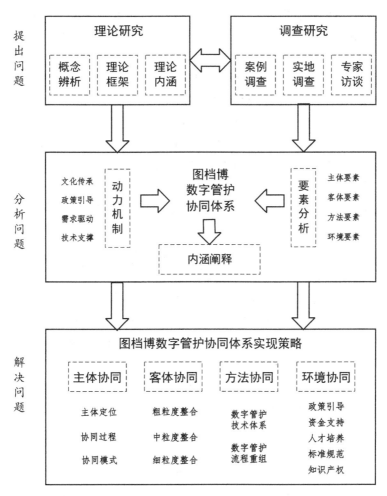

图 1-1 研究思路与框架

1.5 主要创新点

本书主要具有以下几个创新点：

（1）立足我国文化强国建设，在国家文化数字化战略部署下，以图档博"数字保存"向"数字管护"转向为契机，研究图档博数字管护协同体系构建设计问题，拓展了图档博数字资源管理研究视野，为推动多学科多领域的融合提供思路。

本书针对图档博数字资源协同管护研究的跨学科、跨领域问题，在辨析了"LAMs""数字人文""数字管护"核心概念的基础上，引入了"信息周期理论""档案后保管理论""协同理论"，提出了图档博数字资源协同管护的理念，并对其内涵进行了阐释。本书通过对图档博数字资源协同管护研究的理论基础框架构建，促进了情报学、图书馆学、档案学、博物馆学等学科理论的交叉融合，拓展了数字人文、数字管护与图档博协同研究领域的思路，有助于促进数字人文、数字管护与图档博协同交叉研究领域的形成。

(2)以多学科经典理论为支撑，以系统的调查结果为依据，总结图档博数字资源协同管护的实践现状，为认识图档博数字资源协同管护提供全面参考，具有一定的现实指导意义。

本书针对当前图档博数字资源协同管护中数字人文实践需求不明、图档博数字管护能力不明、图档博协同发展趋势不明等问题，开展了系统调查。主要包括：基于数字人文项目的案例调查与需求分析，基于图档博机构的实地调查与能力分析，基于领域专家的访谈调查与趋势分析，揭示总结了当前图档博数字管护实践现状、基础与问题。最后进行了基于图档博协同实践的案例调查，为本书图档博数字资源协同管护的构建提供经验借鉴。通过四个子调查，本书系统地完成了从发现问题、经分析问题、最后到解决问题的实践认识构建，构建了图档博数字资源协同管护的实践基础框架，也为相关研究提供了全面参考，促进了实践工作的反思与优化。

(3)以服务数字人文发展及传承文化资源为目标，剖析图档博数字资源协同管护的内在机理，构建了图档博数字资源协同管护的体系框架，系统地从主体、客体、方法、环境四个维度提出了相应的实现策略。

本书针对当前图档博"数字保存"向"数字管护"转向的契机下，如何以服务数字人文发展及传承文化资源为目标，赋能图档博的协同联动，形成科学系统的协同体系问题，构建了国家文化数字化战略下图档博数字管护协同体系逻辑框架，并分别从主体维度、客体维度、方法维度、环境维度进行了内涵阐释，提出了各个维度上的协同实现策略。该协同体系的提出以数字人文赋能图档博数字管护的协同实现，既为图档博资源服务协同提供了依托与平台，又满足了数字人文研究对数字资源的深度需求，促进公共文化数字资源的融合、长期保存与复用，是对我国大力开展公共数字文化资源与服务协同体系建设的回应，服务文化传播与传承。

第2章　概念辨析与理论基础

从本书的研究背景与研究现状可以看出，数字人文、数字管护都是新兴的研究领域，许多概念定义还存在争议，且交叉了情报学、图书馆学、档案学、博物馆学、协同学等多个学科，因此有必要对本书中的核心概念进行辨析，并融合多学科的经典理论形成理论基础框架。本章主要辨析了"LAMs""数字人文""数字管护"核心概念，对"数字管护"及其相关概念"数字保存""数据管护"进行了对比分析，引入了"信息生命周期理论""档案后保管理论""协同理论"，并对它们的理论适切性进行了阐述。

2.1　概念辨析

2.1.1　LAMs

LAMs(Libraries, Archives, and Museums)是图书馆、档案馆和博物馆的英文首字母缩写。LAMs 概念的产生源于信息科学领域对于信息资源管理的研究。随着信息技术的发展和社会信息化程度的提高，人们对信息资源的需求日益增强，图书馆、档案馆和博物馆作为信息资源的主要提供者，其在信息资源管理方面的共性和差异性引起了学者们的关注。在此背景下，LAMs 概念应运而生。LAMs

概念的发展经历了从单一到综合、从理论到实践的过程。最初，学者们主要从各自的专业角度研究图书馆、档案馆和博物馆，随着跨学科研究的兴起，人们开始关注这三者在信息资源管理方面的共性，从而提出了 LAMs 概念。随后，LAMs 概念从理论研究逐渐转向实践应用，例如在信息资源整合、数字化和网络化等方面的探索。

LAMs，即"图书馆、档案馆和博物馆"，是指在信息资源的收集、保存、组织和服务等方面有共同目标和任务的机构。这个定义来自美国图书馆协会（ALA），反映了 LAMs 作为信息资源的机构的本质。除此之外，国际档案理事会（ICA）也提供了一个权威的 LAMs 定义，即 LAMs 是指在信息资源的管理和服务方面有共同理念和方法的机构。这个定义更加强调了 LAMs 之间的共性和联系，强调了他们在信息资源管理和服务方面的共同目标。国际博物馆理事会（ICOM）也提供了一个 LAMs 的定义，即 LAMs 是指在文化遗产的保护和传播方面有共同责任和使命的机构。这个定义强调了 LAMs 在文化遗产保护和传播方面的重要性，也反映了他们作为文化机构的本质。综合以上定义，本书给出 LAMs 的定义：LAMs 是指在信息资源的收集、保存、组织、服务以及文化遗产的保护和传播方面有共同目标、任务、理念、方法、责任和使命的图书馆、档案馆和博物馆。

我们可以从以下几个方面来理解 LAMs 的内涵：

①LAMs 是信息资源的主要提供者，它们在信息资源的收集、保存、组织和服务方面有共同的目标和任务。

②LAMs 是文化遗产的保护者和传播者，它们在文化遗产的保护和传播方面有共同的责任和使命。

③LAMs 是信息资源管理的实践者，它们在信息资源的管理和服务方面有共同的理念和方法。

④LAMs 是跨学科研究的对象，它们在信息科学、档案学、博物馆学等多个学科的交叉点上，为我们提供了研究信息资源管理的新视角和新方法。

相比于单一机构，LAMs 通过合作和协作实现资源共享和优势

33

互补，提高信息资源的利用效率和服务质量。此外，LAMs 的合作还能带来更广泛的影响力和社会效益，如提高信息素养、促进社会和谐、推动人类文明的发展等。在当前的信息时代，LAMs 的合作更为必要。信息资源的数量不断增加，单一机构难以满足社会的信息需求。同时，数字化技术的发展也让信息资源的共享和利用变得更加容易。因此，LAMs 之间的合作和协作能够更好地满足社会的信息需求，提高信息资源的利用效率和服务质量。

2.1.2　数字人文

数字人文（Digital Humanities，DH）是以人文计算为根基，将信息技术与人文学科交叉而形成的新兴学术研究与实践领域。① 2001年，《数字人文指南》一书明确提出了"数字人文"的规范概念，② 数字人文实践也开始进入蓬勃发展阶段。随后，2005 年数字人文组织联盟（The Alliance of Digital Humanities Organizations，ADHO）成立，2007 年人文中心网络（CenterNet）成立。在专门的数字人文组织机构的引领下，数字人文的研究与实践已取得了巨大进展。

尽管"数字人文"已经成为当前国内外多个领域的热点前沿，但作为新兴的研究领域，对于数字人文的定义和内涵，学界还没有完全地达成一致。

美国弗吉尼亚大学图书馆馆长 Unsworth 教授 2002 年在《什么是人文计算，什么不是?》一文中对数字人文思想进行了详细的阐述，虽然文章中使用的是"人文计算"，但是其定义体现了与传统人文计算的区别，被视为"数字人文"的经典定义。③ 之后，对"数

---

①　Svensson P. Humanities Computing as Digital Humanities[J/OL]. Digital Humanities Quarterly, 2009, 3(3). [2020-09-03]. http://digitalhumanities.org/dhq/vol/3/3/000065/000065.html.

②　宋丹丹, 戴凡, 王安萌, 等. 国内图书馆数字人文研究综述[J]. 晋图学刊, 2017(5): 74-78.

③　周琼, 胡礼忠. 图书馆员在"数字人文"中的作为——"2011 数字人文国际大会"后的感想[J]. 图书馆建设, 2012(3): 82-84.

字人文"概念的讨论从未停止，目前国内外常用的数字人文概念可大致总结如表2-1。

表2-1 国内外常用"数字人文"概念

时间	学者	概念/定义
2002年	John Unsworth	"数字人文"是一种由高效计算和人文研究的需要一起形成的描述性实践，是一种建模或模拟的途径，是一种推理的方法和一系列本体化的限定①
2010年	王晓光	"数字人文"得以产生与发展受益于数字技术的进步和应用，通过将现代信息技术和网络科技高度融合于传统的人文研究和教学，进而形成的新兴跨学科研究领域②
2011年	Daniel J. Cohen; Federica Frabetti; Dino Buzzetti	"数字人文"是运用数字媒体和技术推进人文学科思想、理论与实践的全面发展，包括从学术资源创造到学术资源研究再到同行、师生对研究结果的交流与互动③
2012年	Melissa Terras	对于人文学科和计算科学而言，数字人文是在信息技术的使用中产生的一种新的研究和教学范式，用于研究信息技术对文化遗产、典藏机构及数字文化资源的影响④

---

① Unsworth J. What is humanities computing and what is not[J]. Defining Digital Humanities：A Reader，2002：35-48.

② 王晓光."数字人文"的产生、发展与前沿[M]//全国高校社会科学科研管理研究会组编.方法创新与哲学社会科学发展.武汉：武汉大学出版社，2010：11.

③ Cohen D J, Frabetti F, Buzzetti D, et al. Defining the Digital Humanities[EB/OL].[2020-09-05]. https：//academiccommons. columbia. edu/doi/10. 7916/D8MS41Z1.

④ Terras M. Quantifying Digital Humanities[EB/OL].[2020-09-05]. https：//melissaterras. org/2012/01/20/infographic-quantifying-digital-humanities/.

续表

时间	学者	概念/定义
2012 年	Katie Fitzpatrick	"数字人文"是利用信息技术来研究传统人文科学中存在的疑惑，在这一过程中发掘新的人文导向的问题①
2012 年	Anne Burdick； Johanna Drucker； Peter Lunenfeld； Todd Presner； Jeffrey Schnapp	"数字人文"可以定义为是跨学科的机构之间进行合作，利用计算机技术进行学术研究、教学和出版的一种新兴的学术与实践模式②
2016 年	Patricia Hswe； Stewart Varner	"数字人文"不仅是一种利用计算机进行定量分析的人文研究方法，而且越来越强调数字技术文化与环境中的人文研究，即，将人文问题与数字技术、媒体研究相结合，探讨复杂数字环境下人类知识生产与发展的现状与问题。数字人文可以视为新兴数字技术与传统人文探究之间动态交流、沟通碰撞的结果③
2017 年	徐力恒；陈静	"数字人文"是一套对于学术问题进行指出、重新定义和解释的更智能的方法，即不仅仅是人文学者在对曾经早已提出的学术问题解释过程中使用数字工具来辅助，也应该包含学者由于研究中信息技术的引入而带来的思维方式革新，进而产生新的研究方向甚至是新的研究范式④

---

① Fitzpatrick K. The Humanities, Done Digitally［EB/OL］.［2020-09-05］. https：//minnesota. universitypressscholarship. com/view/10. 5749/minnesota/9780 816677948. 001. 0001/upso-9780816677948-chapter-2.

② Burdick A, Drucker J, Lunenfeld P, et al. Digital humanities［M］. Cambridge, MA：MIT Press, 2012：122.

③ Varner S, Hswe P. Special report：Digital humanities in libraries［J］. American Libraries, 2016, 47(1/2)：36-41.

④ 徐力恒，陈静. 我们为什么需要数字人文［EB/OL］.［2020-09-16］. https：//www. chinesefolklore. org. cn/web/index. php？NewsID=15993.

综上所述，"数字人文"可被看作面向人文社会科学领域特定研究对象知识本体的数字化保存和应用所开展的相关信息资源搜集、处理、组织、研究、教育、服务等活动总称。[①] 数字人文实现了人文学科与现代数字技术的融合，体现了创新协作、开放共享的理念。

首先，数字人文从最初利用文本处理技术在文本索引、文本分析等方面的应用，到后来的数据库、可视化等技术在人文学科的应用，都表现出数字人文与计算机等学科的融合。数字人文的研究机构与人员更是包含历史学、文学、艺术学、传播学等多个领域与学科的专业机构与专业人才，他们在数字人文实践中共同协作，发挥各自的学科优势和特长，高效地创造出数字人文实践成果。

其次，数字人文实践的本质决定了由于单个的研究者很难独自搜集到一个交叉学科领域的完整研究内容，因而数字人文实践更倾向于数据资料的开放共享，整合利用跨机构、跨领域的人文资料成为数字人文实践开展的必要条件。

最后，在信息时代，数字处理技术把学者从繁重的文本数据处理中解放出来，并能在数据可视化分析等技术中看到更为直观的现象，也能在其他学者提供的资料帮助下打开新思路。因此，数字人文实践对数字资源管理的需求提升到了协同、整合、语义、复用等更高的层次，推动了作为数字资源聚集地的图书馆、档案馆与博物馆对数字资源管理的优化提升。

2.1.3　数字管护

随着数字技术的应用和推广，人们可以更加快捷方便地使用信息，信息的传输、共享、复制难度降低。然而，数字资源具有脆弱性，容易被使用主体篡改、删除和盗取；数字资源对其他环境或对

---

① 赵生辉，朱学芳. 我国高校数字人文中心建设初探[J]. 图书情报工作，2014(6)：64-69.

象的依赖度也较高，如对相关信息的整合、标准规范和软硬件的需求等，因此，数字资源往往容易因软硬件或信息环境的变化而退化甚至被淘汰。同时，相较于印刷纸本内容，数字资源内容也更容易被盗取和篡改。随着图书馆、档案馆、博物馆内数字馆藏的积累，图档博逐渐意识到数字资源的保存与利用难度相较实体信息而言更大且更为复杂，数字保存的内涵、策略、技术、手段、困境等问题开始被广泛讨论。①②③

为了探索可以实现数字资源长期保存利用的技术方法，研究图书馆联盟和美国保存和获取委员会 1994 年成立了特别研究小组，④并于两年后对外公开了特别小组的研究成果——《保存数字资源》（*Preserving Digital Information*）。⑤ 该报告详细阐明数字保存的定义、需求和难点等内容，是该领域的奠基性文献。⑥ 该报告指出储存介质的破坏是信息丢失的重要原因，但现阶段信息丢失的原因是退化淘汰的软硬件技术。该报告分析了数字图书馆系统和数字档案系统的差别，指出后者可以实现资源的长时间储存和长期访问。该报告提出了实现数字馆藏的规范标准和具体要求，为了保证系统安全，要实施标准认证程序和建立故障保险机制，在此基础上形成了可信数字储存的定义。

---

① Conway P. Archival preservation practice in a nationwide context［J］. American Archivist，1990，53（2）：204-222.

② Conway P. Digitizing preservation［J］. Library Journal，1994，119（2）：42-45.

③ Hedstrom M. Digital preservation：A time bomb for digital libraries［J］. Computers and the Humanities，1998（31）：189-202.

④ Garrett J R. Task Force on Archiving of Digital Information［J/OL］. D-Lib Magazine，1995.［2020-11-25］. http：//www. dlib. org/dlib/september95/09garrett. html.

⑤ Andre P，Besser H，Elkington N，et al. Preserving Digital Information：Report of the Task Force on Archiving of Digital Information［EB/OL］.［2020-11-24］. http：//www. clir. org/pubs/reports/pub63watersgarrett. pdf.

⑥ Higgins S. Digital curation：The emergence of a new discipline［J］. International Journal of Digital Curation，2011，6（2）：78-88.

　　该报告指出保存数字信息的核心要点是数字信息完整性的保存，同时从不同角度详细阐明了保存数字信息的完整性的内容①：①保存全部。它涉及保存不同层面的数字内容的完整性，包括知识层、呈现层、结构层和比特层等。②维持稳固性。通过独立完整的单元保存数字信息，他人无法改变或调整数字信息的稳固状态。③实现唯一标识。实现数字信息的被唯一标识，可通过唯一标识引用该资源。④追溯来源。管理流程、保存操作和来源等应全部被完整记录。⑤保存环境，包括社会环境、沟通环境和关联信息等。

　　保存数字信息报告阐明的定义和提出的策略方法，极大影响了数字保存领域，众多研究机构和研究者们纷纷开始探讨数字保存问题，相关的研究实践活动逐渐增多。1990 年以后，原型系统和数字保存项目逐渐兴起。② 如，牛津大学、剑桥大学与利兹大学等机构耗费较长时间与精力开展的 CEDARS 项目研究③；1998—2000 年，欧洲国家图书馆与会常设委员会合作共同研究 NEDLIB 项目；④ 2000 年后，荷兰国家图书馆分析探究和尝试建设 e-Depot。⑤ 21 世纪初，美国从国家角度通过颁布和发起具体法案《国家数字信息基础设置和保存计划》（NDIIPP），掀起研究数字保护的热潮。⑥

----

① Andre P，Besser H，Elkington N，et al. Preserving Digital Information：Report of the Task Force on Archiving of Digital Information[EB/OL]．[2020-11-24]. http：//www.clir.org/pubs/reports/pub63watersgarrett.pdf.

② 张智雄，郭家义，吴振新，等．基于 OAIS 的主要数字保存系统研究[J]．现代图书情报技术，2005(11)：1-13.

③ CEDARS. Curl Exemplars in Digital ARchiveS[EB/OL]．[2020-11-23]. http：//www.elbib.ru/index.phtml? page=elbib/rus/journal/1999/part4/fox.

④ The NEDLIB Project[EB/OL]．[2020-11-23]. http：//www.dlib.org/dlib/september99/vanderwerf/09vanderwerf.html.

⑤ ltmans E，van Wijngaarden H. The KB e-Depot digital archiving policy[J]. Library Hi Tech，2006，24(4)：604-613.

⑥ A Collaborative Initiative of the Library of Congress. Preserving Our Digital Heritage：Plan for the National Digital Information Infrastructure and Preservation Program[EB/OL]．[2020-11-25]. http：//www.digitalpreservation.gov/documents/ndiipp_plan.pdf.

21 世纪初，空间数据系统咨询委员会（CCSDS）分析研究数字保护问题时，建立"开放存档信息系统参考模型"（OAIS），① 明确规定该系统的保存规划、管理要求、信息包划分标准、保存信息和功能作用，指导不同主体有效实施数字保存活动。2002 年 5 月，RLG 和 OCLC 参考借鉴 OAIS 标准，发布《可信赖仓储：属性及职责》的研究报告，② 详细描述了可信赖仓储的概念，明确说明了可信赖仓储的不同要求，为开展认证审计工作提供参考依据。建立 OAIS 参考模型，发布可信赖仓储报告，表明学术界已经围绕数字保存建立较为完整成熟的理论研究体系，学术界已经形成统一的数字保存概念。

随着数字保存概念的统一和成熟，科技界将科学数据的管理概括为"数据管护"（Digital Curation）。21 世纪初，"Digital Curation"这一新术语问世，进一步丰富和补充管护（Curation）的内涵。

2011 年，英国数字保存联盟在伦敦举办"Digital Curation：Digital Archives，Libraries and E-Science Seminar"研讨会，第一次提出"数字管护"。Beagrie③ 指出组织者费心筛选后在会议上提出"数字管护"，"数字管护"的出现，表明既要保存管理资源或数据，还要保证知识增长，指明增值管理数据的重要性。2002 年，Tony Hey 就"数字管护"问题，建立专项工作组，立足于英国原始研究数据以及科学数据，开发保存管理战略。于同年 11 月 26 日举办头脑风暴会，组内成员深入分析研究"数字管护"问题并发布会议报

① Consultative Committee for Space Data Systems：Reference Model for an Open Archival Information System（OAIS）［EB/OL］.［2020-11-23］. http：// public. ccsds. org/publications/archive/650x0b1s. pdf.

② Beagrie N，Lupovici C，Doerr M. Trusted Digital Repositories：Attributes and Responsibilities［EB/OL］.［2020-11-22］. http：//www. oclc. org/content/dam/research/activities/trustedrep/repositories. pdf.

③ Beagrie N. Digital curation for science，digital libraries，and individuals ［J］. International Journal of Digital Curation，2008，1（1）：3-16.

告。会议报告①指出，专项工作组成员对数字管护概念的认知和看法各不相同，大家都认可"Curation"，指出 e-Science 界急需解决的问题全部包含在"Curation"中，e-Science 界应对的问题和数字保存的问题存在交叉区。

JISC 研究支持委员会委托 Lord 等②分析研究 Curation 问题，于2003 年公开发布 *e-Science Curation Report*。该报告进一步阐明Curation 的定义。报告指出在"Curator"英文含义的基础上得到Curation 的概念。"Curator"是个体保护管理某些事物以维护公共利益，开展 Curator 体现保管东西的价值。作者阐明实施 Curation 的意义，首先是实施数据共享政策维护公共利益，其次是数据管护人员要发挥主观能动性，主动管理保存信息并实现增值目标。报告认为"Curation"早期属于数据库管理工作，是指管理被标注的相关数据和管理标注的工作。报告作者指出，"数字管护"概念属于宽泛概念，涉及内容较多，不仅包括管理和标注存档内容，而且立足于科研领域保存和管理科研记录，从逐渐延长的科研链中系统分析考虑原始研究数据的管理问题，甚至可以将这一研究视角拓展到科研生命周期领域，分析研究保存、利用、管理科学数据的问题。Lord等认为"数字管护"的出现时间较短，阐明它的构成核心概念和主要活动可通过"实用性定义"，包括：①Curation：根据应用目的，从数据出现开始管理利用数据的活动，使数据可以被检索、重用、持续更新和丰富，保证动态数据集可以满足应用目标。从更高层次角度来说，Curation 的管理内容包括数据、相关数据标注和其他数据内容关系。②Archiving：属于 Curation 行为，科学筛选、合理储存和正确访问数据，即使时间延长，也能有效维护数据的完整性和

41

----

① Macdonald A, Lord P. Digital Data Curation Task Force：Report of the Task Force Strategy Discussion Day ［EB/OL］．［2020-11-24］．http：//www.jisc.ac.uk/uploaded_documents/CurationTaskForceFinal1.pdf.

② Lord P, Macdonald A. E-Science Curation Report，Data Curation for e-Science in the UK：An Audit to Establish Requirements for Future Curation and Provision ［EB/OL］．［2020-11-26］．http：//www.jisc.ac.uk/uploaded _ documents/e-ScienceReportFinal.pdf.

逻辑，实现数据的真实性、完整性和安全性。③Preservation：属于 Archiving 行为，定期维护特定数据，存取利用数据不会受到时间的干扰和影响，技术退化和更新换代不会影响数据的可用性。实用性定义仍然存在一些漏洞和矛盾点，然而数字管护作为一个独立的概念出现，获得众多学者专家的认可和支持，表明它与"数字保存"概念的区别。

　　2004—2006 年，众多研究机构纷纷探究数字管护课题，如成立英国数据管护中心（Digital Curation Centre，DCC）①、召开国际数字管护会议（International Digital Curation Conference）②、发布《国际数字管护期刊》（*International Journal of Digital Curation*）③。2007—2010 年，众多机构将数字管护作为名称，成立众多研究所和管护中心，研究数字管护问题，如希腊数字管护单元（The Greek Digital Curation Unit，DCU）④、加州大学管护中心（University of California Curation Center，UC3）⑤、数字研究和管护中心（The Digital Research and Curation Center）⑥ 和数字管护研究所（The Digital Curation Institute）⑦等。

　　维基百科阐明数字管护的概念为：筛选保管、维护整理、归档数字资产的流程，以满足现阶段和未来数字使用需求的目标，建立数字仓储并开展数字资产维护管理，保证数据增值的活动。众多研

---

①　Digital Curation Centre［EB/OL］.［2020-11-23］. http：//www. dcc. ac. uk/.

②　International Digital Curation Conference［EB/OL］.［2020-11-23］. http：//www. dcc. ac. uk/events/internationaldigitalcura-tion-conference-idcc.

③　International Journal of Digital Curation［EB/OL］.［2020-11-23］. http：//www. ijdc. net/.

④　Digital Curation Unit［EB/OL］.［2020-11-24］. http：//www. dcu. gr/.

⑤　UC3：University of California Curation Center［EB/OL］.［2020-11-24］. http：//www. cdlib. org/services/uc3/.

⑥　Digital Research and Curation Center［EB/OL］.［2020-11-24］. http：//ldp. library. jhu. edu/dkc.

⑦　The Digital Curation Institute［EB/OL］.［2020-11-24］. http：//dci. ischool. utoronto. ca/.

究机构和学者专家对这一概念的外延和内涵有不同的理解和看法，笔者归纳整理了较为经典的概念，如表2-2所示。其中，我国学术界尚未统一和确定"Digital Curation"的标准翻译，部分研究者应用"数字监护"或"数字策展"等表述，在介绍这些研究观点时并不更改原表述方式。

表 2-2　国内外常用"数字管护"概念

时间	学者/机构	概念/定义
2003 年	Lord 和 Macdonald①	保证现阶段可以使用发现利用数据，从数据出现就管理、利用数据的活动即为数字管护，要持续进行动态数据集的补充、更新和丰富，增加动态数据集与目标的匹配度。从高层次角度来说，Curation 设计内容覆盖到链接其他出版物、标注、维持等
2003 年	JISC②	满足现阶段和未来用户的使用需求，维护利用研究结论和数字数据全部生命周期的管理行为，即为"数字管护"。从科学领域的角度来说，数字管护维护众多可信数据，表示不同学科领域的知识研究进展。数字归档保存流程、数据产生管理流程，实现知识语言和新信息的增值目标，这些都属于数据管护的内容。众多研究者立足于不同的研究视角来分析研究数据管护问题，相较于保存归档关联源数据和源数据来说，数据管护更重要的是捕获"知识"。围绕数据消费者的需求，数字管护实现创作提供者和管理者、消费者的良性互动。用户可以利用现阶段的手段和工具，有效利用数据，这就是有效的数据管护

　　① Lord P，Macdonald A. Data curation for e-Science in the UK：An audit to establish requirements for future curation and provision，e-Science curation report［R］. Twickenham：Digital Archiving Consultancy Limited，2003.

　　② JISC. JISC Circular 6/03（Revised）：An Invitation for Expressions of Interest to Establish a New Digital Curation Centre for Research into and Support of the Curation and Preservation of Digital Data and Publications［EB/OL］.［2020-10-18］. http://www.jisc.ac.uk/fundingopportunities/funding_calls/2003/09/digcentre_townmeeting.aspx.uk/fundingopportunities/funding_calls/2003/09/funding_digcentre.aspx.

续表

时间	学者/机构	概念/定义
2007 年	Dallas①	通过自动"询问"持续、动态协同调整、规范展示数字资源认知/务实内容等，维护、利用可信数字资源并实现增值目标，即为数字管护
2007 年	Lee 和 Tibbo②	建立档案仓储后，以数字资产为核心，捕捉不断变化调整的情景信息，在数据全部生命周期实施数字管护活动，以实现全程管理为目标，从数据出现、设计系统、建立文件格式、产生其他数据标准阶段就已经开始进行数字对象的管理。可持续存取利用关键信息资料，生产管理主体的筛选和判断、开展持续增值的知识存取服务、进行数据转换调整和冗余存储，这些就是数字管护的内容。数字管护是通过管理提供真实可靠的数字数据和再生利用数据资产的活动工作
2007 年	Pennock③	满足现阶段和未来用户的使用需求，维护利用可信数字资源并实现增值目标的活动，即为数字管护，它的重点是主动管理和筛选判定数据生命周期内的学术信息和科研资料
2007 年	Yakel④	信息专家发挥主观能动性，参与管理数字数据的可持续利用，保存数据的活动，即为数字管护

① Dallas C. An agency-oriented approach to digital curation theory and practice [C]//Trant J, Bearman D. Proceedings：International Symposium on "Information and Communication Technologies in Cultural Heritage". Toronto：Archives & Museum Informatics, 2008：49-72.

② Lee C A, Tibbo H. Where's the archivist in digital curation? Exploring the possibilities through a matrix of knowledge and skills[J]. Archivaria, 2011(72)：123-168.

③ Pennock M. Digital curation：A life-cycle approach to managing and preserving usable digital information[J]. Library &Archives, 2007(1)：1-3.

④ Yakel E. Digital curation [J]. OCLC Systems &Services：International Digital Library Perspectives, 2007, 23(4)：335-340.

续表

时间	学者/机构	概念/定义
2008 年	Abbott①	持续管理和保存数字数据的活动就是数字管护。数据出现开展的规划活动，开展的数字化活动，文件归档的实践活动，保证现阶段和未来阶段可利用发现数据，保证数据的真实性、适用性和完整性，通过开展这些活动进行数据的管理利用，这些都属于数据管控的内容。数据管护的管理对象还包括众多数据集，开展日常管理工作，检索、利用、读取和引用这些数据集，就是数字管护的目标。所以，数字管护与信息生命周期的众多流程密切相关，适用性较强，包括资助者、管理者、元数据创造者和数字化人员等
2010 年	Harvey②	保证再现、利用、增值数据信息，从数据出现到废弃使用数据，数字管护会全程主动管理个体所需且满足兴趣爱好的数据、行政管理数据和科学研究数据，即使时间推移也可以获得完整可信的数据，能够持续保存数据并实现数据的易用性。相较于数字保存或数字归档等概念来说，数据管护的涉及内容更多，属于宽泛概念。它与数据全生命周期的全部流程工作息息相关，实施全程处理管理。明确数据采集的标准，出现"Curation-ready"（在未来某一阶段利用或维护数据时，能够保持良好的状态）的数据。尚未出现数据就实施数字管护活动，为了实现再利用和增值数据集的目标，可以采用标注或附加元数据的方式

① Abbott D. What is Digital Curation？［EB/OL］.［2020-12-02］. http：//www. dcc. ac. uk/resources/briefing-papers/introduction-curation/what-digital-curation.

② Harvey R. Curation in the curriculum：Equipping the profession to ensure the preservation of information［C］//Unsworth J. iConference 2010 proceedings. Urbana-Champaign：University of Illinois，2010.

续表

时间	学者/机构	概念/定义
2011 年	杨鹤林①	阐明数据监护的主要特征：第一，它是一项长期开展的活动；第二，系统持续维护数据；第三，围绕推送数据提供科研服务，数据监护的最终目标是保证数据价值
2014 年	DCC②	围绕数字科研数据的全生命周期开展维护、利用、保护工作，实现此类数据的增值目标，这就是数字管护。主动管理、维护和利用科研数据，减慢数字老化速度，减少长期研究价值的干扰威胁因素，将可信数字仓储中的数据信息，实现全英国科学界的共享共用，通过生产科研数据的共享共用，防止出现重复劳动和劳动效率低下的问题。通过数字管护保证未来也能获取和利用现有数据，延长现有数据的利用寿命和实现长期价值的提升
2014 年	李翔和张斌③	数字策展通过管理其他数字资产和可信数字数据，实现此类数字数据的再现、重用目标。而且，保证数据知识库的可信度，长期开发和增值数字知识库；坚持科学创建、获取和利用元数据原则；按照统一规范的开放标准确定文件格式和数字编码；提高信息管理素养等，对持续利用数字资源和有效开展策展工作来说，这些都是重要的影响因素

　　众多研究机构和研究者分析研究数字管护问题，得到不同的概念定义，综合这些研究成果，发现这些研究主体虽然立足于不同的

　　①　杨鹤林．数据监护：美国高校图书馆的新探索[J]．大学图书馆学报，2011(2)：18-21，41．

　　②　Digital Curation Center. What is digital curation? [EB/OL]．[2020-10-08]．http：//www.dcc.ac.uk/resources/briefing-papers/introduction-curation/what-digital-curation.

　　③　李翔，张斌．数字策展的研究进展[J]．情报杂志，2014，33(8)：130-138.

研究角度，但是具有相同的内核。结合不同学者专家的研究观点，阐明本书数字管护的概念为：以复用、共享数字资源并保证数字资源的增值为目标，由不同相关人员(创造者、消费者、使用者和管理者等)主动开展覆盖数字资源全生命周期的管理活动。数字管护的本质是保存数字资源，保存归档数字资源、保证数字资源的安全性、完整性和可信性，长期存取和利用数据资料。数字管护既要保存数字资源，还要在不同领域和不同学科进行数字资源的复用和共享，突破领域学科的限制，理解和操作这些数据资料，补充数字资料的内涵、丰富数字资料的用途，完成增值目标。

2.2 理论基础

2.2.1 信息生命周期理论及其适切性

2.2.1.1 信息生命周期理论的产生发展

信息生命周期理论(Information Lifecycle Theory)是指信息在其生命周期内所经历的各个阶段，包括信息的创造、获取、组织、存储、传播和利用等。这一理论的产生可以追溯到 20 世纪 60 年代，随着计算机技术的发展和信息管理的需求，信息生命周期理论逐渐成为信息管理和信息科学领域的重要理论之一。

20 世纪 60 年代末和 70 年代初，美国荷兰裔信息学家费利克斯·德拉威特(Felix de la Vega)提出了信息生命周期模型(Information Lifecycle Model)，并将其应用于国家档案馆的信息管理工作中。德拉威特的模型将信息分为三个阶段：创造、使用和保留。其中，创造阶段包括信息的产生和采集，使用阶段包括信息的处理和分发，保留阶段则包括信息的保存和销毁。德拉威特的模型被认为是信息生命周期理论的早期代表之一，为后来的研究奠定了基础。

随着信息技术的发展和信息管理的需求日益增长，信息生命周期理论逐渐成为信息管理和信息科学领域的重要理论之一。到了20世纪80年代，信息生命周期理论开始应用于数字化信息管理和数字档案管理领域。此时，信息生命周期理论的研究重点逐渐由信息的生产和流通转向了数字化信息的保存和管理。同时，信息生命周期理论也开始关注信息的价值和风险管理问题，将信息生命周期理论应用于信息安全和风险管理等领域。在这一阶段，信息生命周期理论的研究成果主要包括数字化信息的生命周期模型和数字档案的生命周期管理方法等。

21世纪初，随着数字化时代的到来，信息生命周期理论又得到了进一步的发展。信息生命周期理论开始关注信息的生命周期管理问题，将信息生命周期管理视为一种全面的信息管理方法，包括信息的创造、获取、存储、组织、传播和利用等各个阶段。同时，信息生命周期理论也开始关注信息的可持续性和环境问题，将信息生命周期管理与可持续性发展和环境保护联系起来。在这一阶段，信息生命周期理论的研究成果主要包括信息生命周期管理的理论框架、方法和技术等。

信息生命周期理论的实践应用也得到了广泛的推广。在数字化信息管理和数字档案管理领域，信息生命周期理论被广泛应用于数字档案的生命周期管理、数字化文化遗产的保护和传承等方面。在信息安全和风险管理领域，信息生命周期理论被应用于信息安全风险评估、安全控制和安全管理等方面。在信息资源管理和信息服务领域，信息生命周期理论被应用于信息资源的管理和服务流程的优化等方面。在企业信息管理和知识管理等领域，信息生命周期理论被应用于企业信息资源的生命周期管理和知识管理等方面。

48

2.2.1.2　信息生命周期理论的内核阐释

基于生命周期的内涵，人们认识到诸多社会现象与事物均具备近似于生命的特征，即均会历经自产生到最终消亡的过程，且在现象、事物等所处的各个阶段呈现出相应的价值形态，此时即需基于事物所处的各个阶段，依托其实际特点与价值来选定相应策略、方法开展管理工作，以使应有价值得到充分体现，此即生命周期方法论。①

在计算机科学、管理学以及经济学等学科领域中应用生命周期方法论，进而形成包括用户、信息系统、国家、产品生命周期等在内的各类生命周期理论。不论上述生命周期拥有何种内涵、管理对象，上述对象均体现出存在的有限性、生命特征等共同特征。其中，存在有限性即所有生命的存在往往均极为有限，必然最终需历经死亡阶段，虽然部分事物在通过变迁或是演化后将进入另一生命周期，如社会变迁、王朝更迭等。

在信息管理领域中应用生命周期理论，信息生命周期理论随之产生。Kevitan 于 20 世纪 80 年代提出，信息属于一类特殊商品，在生产、维护以及分配等方面呈现生命周期特征。1985 年，Horton 明确提出，信息属于生命周期较为显著的一类资源，逻辑上互为关联的诸多阶段共同构成其生命周期，信息运动的普遍规律随之得到体现。② 专家们对 Horton 提出的信息生命周期理论较为认可，也使得信息资源管理理论深入针对上述热点问题所开展的探究工作。信息资源管理的整体研究、应用等工作也随之进入全新阶段。

两大类信息生命周期由 Horton 提出，其一即构成七大阶段的需求定义、传播以及利用等；其二即涉及十大阶段的创造、维护、处置、再包装等。③

第一类生命周期的切入点为信息需求，通过收集以及传递等环节，再至利用并令信息需求得到满足，此种信息生命周期属于闭环进程。但在持续产生新任务、新问题后，全新信息需求将由信息用户提出，信息生命的全新过程随之开始。所以，信息生命周期属于一种持续上升、多循环的进程。划分此类信息生命周期的方法即主体为信息管理者，与信息资源管理进程互为对应。

49

---

① 朱晓峰. 生命周期方法论[J]. 科学学研究，2004(6)：7-12.

② 郑鑫. 基于生命周期的信息传播模型构建与研究[D]. 长春：吉林大学，2018：6-7.

③ 周九常. 霍顿信息管理思想简论[J]. 情报科学，2006(8)：1137-1140.

　　第二类生命周期即主体明确为信息载体而开展分析活动，近似于人类生产以及进行信息交流的过程。以生成信息为起点，通过信息交换与维护等各大环节，信息即可基本发挥自身作用，价值随之得以实现，此后即进入处置信息的阶段。处置各类信息的方式不一而足，但均为其进入此后生命周期奠定基础。所以，此种生命周期流程也属于闭环流程。完成一次信息生命过程并非表明彻底完结，信息在处置后将重生于全新条件以及环境之下，并显现为全新信息形式，生命的全新历程随之开始，应有的信息价值持续实现，这也体现出信息生命历程属于一种多重循环进程。

　　结合上述理论，可明确信息具备流动性，且仅可基于这种流动性才能使其整体价值作用得以发挥。流动进程中的信息可区分为有序、无序，而利于用户的仅为有序信息流，若想使信息流动变得更为有序，即需对此开展相应的管理工作，即管理信息生命周期。走位全球数据存储管理的供应商们就数据存储提出一种全新理念，信息生命周期管理就属于一类全新的信息管理模型。希望针对信息资源的整体生命周期开展管理工作，自创建、使用至归档以及处理。希望通过信息生命周期管理以便处于不同阶段的用户能够以最小成本实现最大价值。换言之，即依据所处各个阶段的信息作用与价值，对其施行程度不一的管理活动，以便提供最佳服务。在档案馆、图书馆、博物馆等方面，生命周期管理理念在馆藏资源建设与管理中的应用为信息服务奠定了重要的基础。这样就可以进行深度延伸，将图书馆信息服务与信息生命周期直接整合，并根据每个阶段呈现的信息价值提供相应的服务内容，从而充分利用各种信息资源。

2.2.1.3　信息生命周期理论在本研究的适切性

　　信息生命周期理论是数字资源管理的重要理论依据，它为形成数字管护模型奠定了基础。信息生命周期涵盖了从信息资源的产生、利用、老化到最终消亡的整体动态循环进程。随着信息价值在信息生命周期内的形成和增值，数字资源管理方式和重点也随之改变。

数字馆藏资源是图书馆、档案馆和博物馆文化信息资源的重要组成部分，其信息生命周期的变化规律和形态与普通信息生命周期规律相似，包括形成、存储和销毁数字资源等各种管理环节。只有以信息生命周期理论为依托，全方位、全过程地对图档博数字资源的产生、循环使用或最终消亡的各个阶段开展管护工作，才能让这类资源得到增值，为图档博数字资源的长期保存和存储提供保障，实现资源的融合复用、共建共享，并最终达成数字管护协同的目标。

信息生命周期理论有助于数字资源管理工作者深入了解数字资源的内在规律和特点。数字资源的生命周期被划分为不同的阶段，包括创造、获取、组织、描述、存储、维护、使用和销毁等。在这些阶段中，数字资源需要不同的管理策略和技术支持。例如，在数字资源创造和获取阶段，需要采用数字化技术对原始材料进行数字化处理，以确保数字资源的质量和可访问性。在数字资源存储和维护阶段，需要采取适当的存储策略和技术，以确保数字资源的长期保存和可持续使用。在数字资源使用和销毁阶段，需要采用合适的访问控制和销毁策略，以确保数字资源的安全性和保密性。

因此，数字资源管理应遵循信息生命周期理论的原则和方法，全面考虑数字资源的生命周期，采用恰当的技术和策略，以确保数字资源的长期保存和可持续使用，以实现数字馆藏资源的融合复用、共建共享，并最终达成数字管护协同的目标。

2.2.2 档案后保管理论及其适切性

2.2.2.1 档案后保管理论的产生发展

20 世纪 70 年代，Gerald Ham 受后现代主义思潮影响，提出诸多有关档案保管的革新思想，且于 1981 年率先使用了"后保管"，并提出档案工作的变革主要受社会对信息加以记录、存储以及利用等方式的影响，我们依托信息革命逐步进入档案历史的后保管时代。① 就保管时代来看，档案总量相对偏少，形成、检索以及文件存储的技术相对简单，在明确档案命运的过程中，档案工作者属于被动且消极的一类角色，仅可体现出保管职能、保管材料的唯一性，内省倾向较为显著。而特征呈现为分布式计算机环境的后保管时代，所有个体均可作为文件的管理者。② Gerald Ham 提出以增加档案规划、分散档案馆藏作为信息社会对保管时代的主要体现。基于上述改变，在后保管时代制定形成的档案战略具体涉及统一接收规划的制定，提供针对更为分散以及复杂的馆藏的高效查询，并提议结合拓展、研发以及合作等各大战略措施以便服务得以加强，承担诸多全新职责，使得更多档案介入信息管理进程中。③

此后，Terry Cook 明确后保管的实质与概念，并获得国际档案界的一致认可。其提出，作为实体保管员的档案工作者逐步过渡为知识供应者，是为应对电子时代的相关挑战，也是自保管过渡至后保管时代的具体要求。档案实体保管作为传统工作的重点，将逐步被注重档案实际来源、形成进程、档案、立档单位的关联、形成档案者的职权范围等全新重点所加强或取代。④ Cook 于相关会议上系统地就档案后保管这一思想进行阐述，提出此类范例转变传统理论由注重实体文件转变为注重文件形成进程、形成者以及文件的关联、可靠性等。上述内容则均无法依托于传统的文件档案保管得到满足。⑤ 2011 年，Cook 针对自 19 世纪 40 年代以来的西方档案学的内在发展逻辑进行总结，抽象性地提出四大档案范式，即

---

① 刘越男. 后保管时代的档案战略[J]. 档案, 2000(6)：26-29.

② 杰拉尔德·汉姆. 档案边缘[J]. 刘越男, 译. 山西档案, 1999(1)：14-17.

③ 杰拉尔德·汉姆. 后保管时代的档案战略[J]. 刘越男, 译. 档案, 2000(6)：26-29.

④ 特里·库克. 电子文件与纸质文件观念：后保管及后现代主义社会里信息与档案管理中面临的一场革命[J]. 刘越男, 译. 山西档案, 1997(2)：7-13.

⑤ 特里·库克. 1898 年荷兰手册出版以来档案理论与实践的相互影响. 第十三届国际档案大会文件报告集[R]. 黄霄羽, 译. 北京：中国档案出版社, 1997：143-176.

Evidence、Memory、Identity、Community,① 后保管的基本内涵随之得以发展且日益深化。

2.2.2.2 档案后保管理论的内核阐释

（1）重新定义档案来源，关注档案背景与联系。

在后保管思想的诠释方面，Terry Cook 等专家明确表示，日后开展的档案工作并非保管物理客体，而是对形成结构、动态功能、文件内部概念关系的产生等加以把握。② 进而明确，档案来源将在后保管时代逐步自文件形成的单一机构向抽象逻辑关系演变，文件归档以后更具演变性、开放性且历史关联性更为突出。③ 后保管范式即转变传统理论由注重实体文件为注重文件形成进程以及文件之间的关联、可靠性等。

（2）重新审视档案功能，拓展档案管理。

此前始终认为档案属于形成于社会实践活动之中的一类副产品。在社会治理日益深化、社会民主持续发展的同时，档案在社会与国家治理领域中发挥的多元功能随之受到关注，体现为对文化多元性、民族差异性的尊重，以多面叙事作为社区记忆的连接方式，服务提供方式的多样化、加强主体自身的自我认知等。④ 如此，为令档案在数字时代被赋予的全新功能得以实现，与之相关的管理工作也需进入全新阶段。

21 世纪之后，针对档案后保管理论开展的研究工作再次挑战

---

① 特里·库克. 四个范式：欧洲档案学的观念和战略的变化——1840 年以来西方档案观念与战略的变化[J]. 李音，译. 档案学研究，2011（3）：81-87.

② Cook T. The concept of the archival fonds：Theory，description，and provenance in the post-custodial era[J]. The Archival Fonds：From Theory to Practice，1992：31-85.

③ 特里·库克. 对数字时代来源原则的反思[J]. 李音，译. 档案学研究，2011（1）：82-85.

④ Battley B，Daniels E，Rolan G. Archives as multifaceted narratives：Linking the touchstones of community memory[J]. Archives and Manuscript，2014，42（2）：155-157.

了档案馆的更多职责，促使档案馆介入信息的产生与管理进程，强调转变档案管理工作的定位以及功能扩展。Terry Cook 档案工作者应该从被动的档案保管转变为主动的档案塑造者，并逐步从实体保管者转变为知识提供者。数字时代实现知识服务的核心是将对档案实体的关注转变为对档案资源的关注，并重新定义资源的来源，使之既能反映形成文件的机构，又能涉及其形成等背景条件，以便在更广泛的背景下鉴定资源，从而提供和创造新知识。① 上述扩展以及转变也在档案管理的方法与原则方面得到体现，如依据职能活动的宏观鉴定法即后保管鉴定法，而关注对职能关系、档案背景加以描述的著录方式即为后保管著录。Cook 提出，上述方面均是对传统档案保管的超越，所以以后保管模式来代称。在持续扩展之中，档案管理也逐步变得更为开放。

（3）重新思考保管模式，走向连续合作。

档案工作者基于档案后保管模式需主动在档案生命周期的最前端介入，密切与档案形成机构开展合作，在指导机构工作以及监督的进程中，针对档案开展全程管理、前端控制等工作。

首先，保管活动呈现连续性。Hans Hofman 提出，传统档案管理往往以条块分割的形式开展，各主体分别完成生成、利用、保存等各大环节；但档案管理在进入数字时代后则呈现出显著的连续性，档案生成机构以档案作为关键资产，具备对其进行选择、描述以及利用等多方面活动的权力。因此，当档案生命阶段整体界限相对模糊时，管理活动段落边界、概念等的坚持对档案管理工作而言并无价值，反而加重了档案管理工作的负担。自分割管理阶段中跳脱出来，在连续的档案运行之中全程落实保管活动，对比节点式传统保管理念而言，后保管理念呈现的显著进步就显得尤为重要。

其次，保管活动呈现合作性。为使得保管连续性得以实现，档案馆、形成档案机构之间需强化合作，保证档案馆提前参与并在早期管理档案工作中介入，基于保管职能实现档案馆在档案管理中的

---

① 冯惠玲，加小双. 档案后保管理论的演进与核心思想[J]. 档案学通讯，2019，248（4）：4-12.

鉴定、监督功能。2007 年之后，数字连续性行动以及相关计划相继于澳大利亚、英国等国家与地区启动。该计划通过整合技术、人员以及流程等核心要素，一体化推进国家档案馆在数字档案管理中发挥监督、指导等各类作用，并提供完整的支持与服务。①②

2.2.2.3 档案后保管理论在本文的适切性

后保管呈现的象征意义、符号特征往往对应于保管时代，表明纸质的档案工作时代逐步过渡至数字时代，也表明档案范式出现转移与改变。自提出档案后保管理论以来，始终基于数字环境提升保管档案的成效并降低成本，确保自对业务需求的支持至社会利用整体价值得以满足，进而对档案进行调整并加以完善，以此来更新档案观念，针对档案管理施行全流程再造、扩展并对档案馆社会责任、职能等进行重塑。③ 结合实际来看，诸多与后保管模式相关的应用已大量出现于世界各国，不仅为档案实践在数字时代拓展空间，且将强大活力注入政府信息资源管理、社区档案建设等各个领域。

国家文化数字化战略部署下，博物馆、档案馆以及图书馆如何建设数字资源、如何开展数字服务、如何实现长期的数字资源保存以及利用等目标、如何共享并提高数字资源的整体可信度？图档博机构也针对上述问题开展深入探究工作，而正是基于档案后保管理论的提出与发展，才使得数字管护这一理念被引入图档博之中并加以实践。该理论针对数字资源管理阐述其模式、路径等也从理论上为图档博数字管护工作提供重要指导。

① 周文泓，张宁. 全球数字连续性的行动全景与启示——基于英国，新西兰，澳大利亚与美国国家政策的探讨[J]. 情报理论与实践，2017(1)：138-142.

② 加小双. 新西兰数字连续性行动计划的分析与启示[J]. 图书情报工作，2016，60(1)：45-51.

③ 肖秋会，李冉. 档案后保管理论与档案多元论比较[J]. 档案管理，2021，249(2)：18-20.

2.2.3　协同理论及其适切性

2.2.3.1　协同理论的产生发展

协同理论是关于个体如何共同合作完成任务的理论，它主要研究人类在团队或群体协作过程中所表现出的行为和心理。协同理论的产生和发展历程可以追溯到 20 世纪初期的行为主义心理学和社会心理学，但是直到 20 世纪 80 年代才开始形成独立的研究领域。

20 世纪初期，行为主义心理学和社会心理学开始关注个体在群体中的行为和心理特点。在这个时期，研究者主要关注的是集体行为和动物群体行为的特点，并将其应用到人类群体行为中。在这个时期，研究者发现，个体会在群体中表现出与其个体行为不同的行为和心理特点，这种现象被称为"社会影响"。

20 世纪 50 年代，社会心理学家梅文·谢里夫（Muzafer Sherif）开展了一系列实验，探究人类在群体中的行为和心理特点。他的研究表明，群体中的个体会相互影响和互相协调，形成一个相对稳定的群体结构。这种结构是基于相互依赖和相互作用的，个体在其中会表现出合作、竞争和权力分配等特点。这一研究成果为协同理论的发展奠定了基础。

到了 20 世纪 80 年代，协同理论开始形成独立的研究领域。加拿大心理学家皮埃尔·莱文（Pierre Lévy）于 1984 年提出了"协同性"（collaborativité）这一概念，并将其应用到信息技术和组织管理中。他认为，协同性是指个体之间建立一种相互依存的关系，共同参与任务的完成，并在过程中互相交流、学习和创新。莱文的理论为协同理论的发展奠定了基础。

在莱文之后，一些研究者开始将协同理论应用到组织管理和信息技术领域。例如，美国信息科学家道格拉斯·英格尔巴特森（Douglas Engelbart）提出了"协同工作"的概念，并开发了一系列支持协同工作的计算机系统。他的研究成果为协同理论在信息技术领域的应用提供了范例。

随着互联网和移动通信技术的快速发展，协同理论在信息技术领域的应用越来越广泛。研究者开始关注协同技术的设计和实现，以支持个体之间的合作和协调。例如，美国计算机科学家本·沃泽（Ben Shneiderman）提出了"信息可视化"（Information Visualization）的概念，并开发了一系列支持协同工作的信息可视化工具。他的研究成果为协同技术的设计和实现提供了思路和方法。

在协同理论的发展过程中，研究者主要关注了协同行为的本质、协同行为的特点和协同技术的设计和实现。协同理论的主要贡献在于提供了一种理论和方法，帮助人们深入了解个体在协同行为中所表现出的行为和心理特点，并为设计和实现支持协同行为的技术提供了指导。同时，协同理论的发展也反映了社会和技术的变革，特别是信息技术的快速发展，为人们探索和实现更有效的协同工作提供了新的机遇和挑战。

总之，协同理论的产生和发展历程可以追溯到20世纪初期的行为主义心理学和社会心理学，但直到20世纪80年代才开始形成独立的研究领域。协同理论的发展主要关注了协同行为的本质、协同行为的特点和协同技术的设计和实现，并为人们探索和实现更有效的协同工作提供了新的机遇和挑战。

2.2.3.2 协同理论的内核阐释

协同理论的核心概念包括协同性、协同行为、协同技术等。协同性是指个体之间建立一种相互依存的关系，共同参与任务的完成，并在过程中互相交流、学习和创新。协同性是协同行为的前提和基础，是个体之间协调和合作的核心。协同行为是指个体在共同完成任务的过程中所表现出来的行为和心理特点。协同行为包括合作、竞争、权力分配、沟通、学习等方面，是协同性的具体体现。协同技术是指支持个体之间协同工作的技术和工具。协同技术包括通信技术、信息技术、计算机技术等方面，是实现协同性和协同行为的重要手段。

协同是指个体在共同完成任务的过程中相互影响、相互协调，以达到共同目标的过程。协同是一种相互依存的关系，个体之间需要相互配合、相互学习、相互支持，才能完成任务。协同的本质在于个体之间的相互依存和相互作用。个体在协同过程中需要相互交流、相互学习、相互支持，以达到共同目标。协同的本质是基于相互依存和相互作用的，是个体之间协调和合作的核心。协同的特点包括：①相互依存性。协同关系是建立在个体之间的相互依存性基础上的，个体之间需要相互配合、相互支持，才能完成任务。②相互作用性。协同关系是建立在个体之间的相互作用基础上的，个体之间需要相互交流、相互学习、相互影响，才能达到共同目标。③相互影响性。个体之间的行为和心理特点会相互影响和互相协调。个体在群体中表现出的行为和心理特点与其个体行为不同。

可以从以下三个方面理解协同理论的内涵：①协同的社会心理学基础。协同理论的社会心理学基础在于个体之间的相互依存和相互作用。个体在协同过程中需要相互交流、相互学习、相互支持，以达到共同目标。协同的成功与否取决于个体之间的社会心理学因素，如信任、合作、沟通等。②协同技术的设计和实现。协同理论的另一个重要方面是协同技术的设计和实现。协同技术是支持个体之间协同工作的技术和工具，包括通信技术、信息技术、计算机技术等方面。协同技术的设计和实现需要考虑个体之间的交流、学习、协调和支持等方面，以提高协同效果。③协同的管理和组织。协同理论的第三个重要方面是协同的管理和组织。协同需要一个有效的管理和组织结构，以促进个体之间的合作和协调。协同的管理和组织需要考虑任务的分配、个体之间的沟通和协调、反馈和评估等方面，以提高协同效果。

总之，协同理论是关于个体如何共同合作完成任务的理论，其核心概念包括协同性、协同行为、协同技术等。协同理论的基本内容包括协同的定义、协同的本质、协同的特点、协同的类型、协同的过程、协同的效果等。协同理论的内涵包括协同的社会心理学基础、协同技术的设计和实现、协同的管理和组织等方面。协同理论的发展为人们探索和实现更有效的协同工作提供了新的机遇和挑战。

2.2.3.2 协同理论在本文的适切性

协同理论是指通过协同性、协同行为和协同技术等协同理论的基本概念,来促进知识共享、合作和创新的理论框架。在图书馆、档案馆和博物馆的数字馆藏管理中,协同理论的应用无疑可以促进图档博之间的知识共享、合作和创新,提高数字资源管理的效率和质量。

首先,图书馆、档案馆和博物馆的建设需要涉及多个领域和专业,例如图书馆学、档案学、博物馆学、信息技术等。协同理论可以帮助各领域和专业之间进行有效的协同合作,提高数字资源管理的效率和质量。

其次,图书馆、档案馆和博物馆的数字资料需要进行分类、标注、存储和共享等多个环节的处理。协同理论可以帮助图档博之间制定分类、标注、存储和共享规范,共同完成数字资源管理的各环节任务,提高数字化管理的效率和一致性。

最后,图书馆、档案馆和博物馆的数字化管理需要与社会、公众和其他相关机构进行有效的协同。协同理论可以帮助图档博之间建立协同网络,促进知识共享、合作和创新,以更好地服务于社会和公众。

2.3 本章小结

本章针对 LAMs、数字人文、数字管护等核心理念进行了辨别,同时对数字管护、数据管护以及数字保存等概念开展了对比、分析等工作。本书引入了协同理论、档案后保管理论、信息生命周期等理论,构建了研究框架,并以此确定了研究的理论基础。

通过辨析,本书提出了可界定数字管护的概念,即在数字资料的全生命周期中,为可复用数字资料、共享并实现增值,与数字资料相关的生产、消费以及管理者、关联人员主动在其中介入并开展管理活动。图档博数字资源是指提供自图档博的、直接对用户科

59

研、生活等各类活动提供支持的一类结构化数字资源，由原生数字资源和数字化实体馆藏资源两大块共同构成。

就当前的数字资源管理而言，信息生命周期理论作为一大重要理论依据，为形成数字管护模型奠定了基础。而图档博在革新数字管护工作方面，往往以档案后保管理论为重要理念并提供理论指导，阐述数字资源管理模式、路径等。在博物馆、档案馆以及图书馆构成的不平衡系统内运用协同理论，基于协同理念使得上述系统得以相互调节，最终实现平衡目标。图档博系统的互为合作、协调、资源高度集成与共享是协同学理念在图档博领域中的具体体现。本书将源自协同学、情报学、档案学的三大学科经典理论引入其中，融入以数字人文为对象的图档博数字资源协同管护框架内，为本书研究工作奠定了理论基础。

然而，数字管护、数字人文等是近年来的新兴实践与研究领域，数字人文实践项目的开展状况、如何将数字管护创新理念应用于图档博机构之中、以数字人文为对象的图档博数字管护的未来发展方向，以及已有图档博机构已实现何种协同合作等问题目前尚未有清晰认识。因此，深入广泛地调查这些问题，是图档博数字管护协同系统体系实践认知形成的重要环节。

第3章　国家文化数字化战略下图档博数字管护的现状调查与分析

本章在理论框架的基础上，分别以数字人文项目、公共文化机构、数字管护领域专家、图档博协同实践为调查对象，开展系统的现状调查。围绕"图档博数字管护"进行了四个阶段的案例分析、实地调查与专家访谈，依次剖析了当前数字人文实践的需求、图档博机构的数字管护能力、图档博数字管护发展趋势以及现有的图档博协同模式，为本书国家文化数字化战略下图档博数字管护协同体系构建研究建立认知基础。

3.1　调查设计

3.1.1　调查目标的确立

本书旨在通过系统的现状调查，明确数字人文实践开展的需求，明确图档博机构的数字管护能力，明确图档博机构数字管护的发展趋势以及分析当前图档博协同实践的基础，以此为基础构建图档博数字资源协同管护体系，为数字人文实践和图档博数字资源管理的发展提供理论和实践支持。

第一，数字人文实践是以跨学科、跨领域、跨团体为显著特征的一种实践形式，它的开展需求对于推进数字人文领域的发展至关重要。然而，从第1章中数字人文视域下的图档博研究概况可以发现，目前图档博领域的数字人文更加关注数字人文技术的应用，数字人文开展需求的研究不受重视。因此，明确数字人文实践开展的需求是本调查的目标之一，也是后续调查的前提与基础。

第二，随着数字化技术的发展，数字资源管理也在逐步向数字管护转变，即通过对数字资源进行规范化、标准化、安全化、可持续化等措施，实现数字资源的有效利用和长期保存。在图档博数字转型时期，图档博机构的数字管护能力是非常重要的，然而目前图档博机构的数字管护能力如何、实践进展如何还未可知。因此，明确图档博机构的数字管护能力是本调查的主要内容，是后续图档博数字管护协同体系构建设计的重要实践依据。

第三，图档博数字资源管理发展的重要议题之一是明确图档博机构数字管护的发展趋势。在信息技术革新推动下，在图档博机构数字资源管理优化的牵引下，未来图档博机构如何继续支持数字人文的发展，如何为社会公众更好地提供文化信息资源服务，如何保障民族文化传承，都是图档博机构数字资源管理发展的重要议题。因此，本调查需要在现有实践基础上进一步探讨图档博机构数字管护的发展理念，为后续图档博数字资源协同管护的引导提供理论参考。

第四，图档博机构同作为社会文化资源的聚集地，其数字资源服务体系是数字资源协同体系中不可或缺的一部分，因此图档博协同合作的研究与实践也非常重要。尽管目前图档博数字管护实践刚刚起步，但是已经有了丰富的成果。因此，剖析图档博协同实践的成功经验，了解当前已形成了怎样的图档博协同模式，是后续图档博数字资源协同管护的构建重要参考。这也是本书所要探讨的内容之一。

综上所述，本书通过明确数字人文实践的开展需求、图档博机构的数字管护能力、图档博机构数字管护的发展趋势以及分析当前图档博协同实践的基础，为构建图档博数字资源协同管护体系提供了理论和实践支持。对于数字人文实践和图档博数字资源管理的发展具有重要的指导意义。

3.1.2 调查范围的选取

本次图档博数字资源协同管护现状调查的调查范围主要包括四个方面，分别是国内外具有较大影响力的数字人文项目、国内外图档博机构代表、国内外领域内专家代表以及国内外具有较大影响力的图档博协同项目。

第一，国内外具有较大影响力的数字人文项目是本次调查的重要调查对象之一。这些项目涉及数字人文领域的不同方向和领域，如数字人文技术、数字文化遗产保护、数字艺术等。通过对这些数字人文项目的调查，可以更好地了解数字人文实践的开展需求，为后续的数字人文实践提供理论和实践支持。

第二，国内外图档博机构代表也是本次调查的重要调查对象之一。这些机构是数字资源管理和数字管护的重要承担者，对于图档博数字资源协同管护体系的构建和实践具有重要作用。通过调查这些机构的数字管护能力、数字资源服务能力以及数字资源协同合作现状，可以更好地了解图档博数字资源管理的发展趋势和建设方向。

第三，国内外领域内专家代表也是本次调查的重要调查对象之一。这些专家代表包括学者、研究员、专业技术人员等，他们在数字人文、数字资源管理、数字管护等领域具有较高的知名度和专业性。通过对这些专家代表的调查，可以更好地了解数字人文实践和图档博数字资源管理的发展趋势，为后续的调查和研究提供理论和实践支持。

第四，国内外具有较大影响力的图档博协同项目也是本次调查的重要调查对象之一。这些协同项目是图档博数字资源协同管护体系的重要组成部分，通过对这些协同项目的调查，可以更好地了解当前图档博协同实践的基础和成功经验，为后续图档博数字资源协同管护体系的构建和实践提供重要参考。

针对不同的调查对象，本次调查采用网络调查、实地调查、访谈调查等合适的调查方式。通过这些方式，可以获得真实可靠、可反映调查内容的数据和信息，为后续的调查和研究提供理论和实践支持。

3.1.3　调查策略的制定

为了全面反映图档博数字管护现状，本书采取系统调查的方法，包括由四个子调查组成的调查方案，分别是基于数字人文项目的案例调查、基于图档博机构的实地调查、基于领域专家的访谈调查以及基于图档博协同实践的案例调查。

首先，基于数字人文项目的案例调查，通过选取具有代表性的数字人文项目，分析它们的参与机构、实践内容、政策标准、资金投入等开展情况，了解当前数字人文的实践概况与发展需求。数字人文作为数字化时代的一种文化创新方式，其实践应用涉及数字技术、文化遗产保护等多个方面，通过对数字人文项目的调查，可以更好地了解数字人文的实践概况和发展需求，为后续数字人文实践提供参考。

其次，基于图档博机构的实地调查，通过选取具有代表性的图档博机构，实地考察它们的数字资源建设、数字管护工作及机构内外的合作开展，了解当前图档博机构的数字管护实践概况与实践能力。图档博机构作为数字资源的管理和保护者，其数字管护实践涉及数字资源的获取、整合、存储、服务等多个方面，通过对图档博机构的实地调查，可以更好地了解图档博机构的数字管护实践概况和实践能力，为后续图档博数字资源管理和保护提供参考。

再次，基于领域专家的访谈调查，通过针对性的图档博领域内专家访谈，深入探讨图档博机构数字管护与数字人文发展的关系，预测图档博机构将如何进一步服务数字人文，优化公共文化资源服务。图档博领域内的专家具有丰富的学术经验和实践经验，他们对数字资源的管理和保护具有独到的见解和认识，通过对专家的访谈调查，可以更好地了解数字资源管理和保护的前沿研究进展，为后续图档博数字资源协同管护提供参考。

最后，基于图档博协同实践的案例调查，通过选取具有代表性的图档博协同项目，分析它们的数字资源整合、存储、服务情况及合作模式，了解当前图档博协同的实践成果，为图档博数字管护协同提供借鉴。图档博协同实践是图档博数字资源协同管护体系的重要组成部分，通过对图档博协同实践的案例调查，可以更好地了解当前图档博协同的实践成果和管理模式，为后续图档博数字资源协同管护提供参考。

本调查四个调查阶段的主要策略可总结如表 3-1 所示。

表 3-1 图档博数字管护现状调查策略

调查阶段	调查方式	调查对象	调查目标
第一阶段	文献调研、网络调查	数字人文项目	分析数字人文实践的开展需求
第二阶段	实地调查	图档博机构	明确图档博机构数字管护能力
第三阶段	访谈调查	图档博领域专家	预测图档博机构数字管护发展趋势
第四阶段	文献调研、网络调查	图档博协同项目	剖析图档博协同现有模式

在数字人文项目的案例调查中，重点关注数字技术在文化遗产保护、文化创意产业、数字艺术等领域的应用，了解数字人文项目的实践情况和发展方向，为数字人文实践的推广和发展提供参考。在图档博机构的实地调查中，重点关注数字资源的获取、整合、存储、服务等方面，了解图档博机构的数字管护实践概况和实践能力，为图档博数字资源保护和管理提供参考。在基于领域专家的访谈调查中，聚焦于数字资源管理和保护的前沿研究和实践，了解专家对于数字资源管理和保护的见解和认识，为图档博数字资源协同管护提供理论指导。在基于图档博协同实践的案例调查中，重点关注数字资源整合、存储、服务等方面，了解协同实践的实践成果和管理模式，为图档博数字资源协同管护提供参考。

65

本书采取系统调查的方法，通过由四个子调查组成的调查方案，全面反映图档博数字管护现状。四个子调查可以互相印证、相互补充，深入了解数字资源的管理和保护，为后续图档博数字资源协同管护提供理论和实践支持。

3.2　图档博数字管护现状调查

3.2.1　数字人文实践现状的案例调查

数字人文实践具有跨学科、跨领域、跨机构的强烈特征，目前一般以项目制开展。当前，全世界建设的数字人文项目众多，涉及多个领域。为进一步明确当前数字人文实践的开展情况，剖析数字人文发展的需求，本书对数字人文项目进行了案例调查。但由于数字人文项目众多，本书依照下列原则对数字人文项目进行了筛选：

第一，权威性原则。数字人文项目数量规模巨大，其中，牵涉的领域与受众规模有显著差别，本书在选取项目的时候选择有广泛影响力而且受众规模庞大、牵涉领域众多的项目。

第二，专业性原则。调查选取的数字人文项目需要在图书情报与档案管理学科领域内，即是研究图情档的工作人员在图书馆以及档案馆等的主导下参加的项目，或者是与其相关的图档数字资源的项目。

第三，可阅读性原则。数字人文项目在国际上广泛开展，参与的机构多种多样，涵盖了多个国家、多种语言。由于需对数字人文项目情况进行深入的调查，因此要求数字人文项目所使用的主语言对笔者来说必须可阅读。否则仅能从间接资料中获取相关信息，难以深入数字人文项目的具体情况。

本书以英文、中文为主语言的数字人文项目调查为主。经筛选后，本书共选取了国内外 15 项具有广泛影响力且已产生一定研究成果的数字人文项目，其中国外项目 8 项，国内项目 7 项。各数字人文项目的基本情况总结如表 3-2 所示。

表3-2 国内外代表性数字人项目调查

序号	项目名称	主持开展机构	合作机构	数字资源	数字资源格式	信息技术应用	资源服务
1	African Online Digital Library①（非洲在线数字图书馆）	密歇根州立大学数字人文与社会科学中心	密歇根州立大学非洲研究中心；大英图书馆；非洲国民代表大会的历史文件馆；美国博物馆协会；波士顿大学；冈比亚国家档案局	非洲国家和社区以及有关非洲国家和社区的文化遗产材料，包括以多种非洲语言汇集的数字化的照片、视频、档案文件、地图、访谈和口述历史	文本，图片，音频	数字化技术	浏览服务，简单检索服务
2	The Opening the Archives②（开放档案馆）	布朗大学数字学术中心	布朗大学；马林加州立大学；国家安全档案馆；巴西国家档案馆	1960年至1980年期间同与美国有关的巴西政府档案数字化资源	文本，图片	数字化技术	浏览服务，简单检索服务，下载服务
3	Envisioning Baroque Rome③（想象巴洛克式的罗马）	埃默里大学数字学术中心	迈克尔·卡托斯博物馆；埃默里大学图书馆；斯图尔特·A.罗斯手稿档案和稀有书籍图书馆	以乔瓦尼·巴蒂斯塔·法尔达（Giovanni Battista Falda（1643—1678）那年华的鸟瞰图为基础，结合艺术家刻蚀的三百多幅城市美景图	文本，图片，GIF，动图，视频	数字化技术，可视化技术，GIS	浏览服务，简单检索服务，交互式地图

① African Online Digital Library[EB/OL]. [2020-10-23]. https://aodl.org/.
② The Opening the Archives[EB/OL]. [2020-10-23]. https://library.brown.edu/create/cds/opening-the-archive/.
③ Envisioning Baroque Rome[EB/OL]. [2020-10-23]. https://www.baroquerome.org/.

续表

序号	项目名称	主持开展机构	合作机构	数字资源	数字资源格式	信息技术应用	资源服务
4	Mapping Expatriate Paris①（映射外籍巴黎）	普林斯顿大学数字人文中心	/	稀有书籍和特藏书部的 Syl-via Beach 论文中的文件、书籍和纪念品数字化资源	文本，图片	数字化技术	浏览服务，检索服务
5	Cleveland Histori-cal②（克利夫兰的历史）	克利夫兰州立大学公共历史及数字人文中心	科罗拉多州立大学迈克尔·施瓦茨图书馆特藏书部门；克利夫兰公共图书馆；西方保护区历史学会	基于克利夫兰地图，并结合相关历史、人物等文献资料数字化资源	文本，图片，音频	数字化技术，可视化技术，GIS 技术	浏览服务，简单检索服务，交互式地图
6	The Walt Whitman Archive③（沃尔特惠特曼档案）	马里兰大学人文技术研究机构	得克萨斯大学奥斯汀分校；内布拉斯加州林肯大学人文数字研究中心	沃尔特·惠特曼档案数字化资源，包括著作、书面教材等	文本，图片	数字化技术	浏览服务，检索服务

① Mapping Expatriate Paris[EB/OL].[2020-10-23].https：//teachwithcollections.princeton.edu/mapping-expatriate-paris-the-shakespeare-and-company-lending-library-project-mep/.

② Cleveland Historical[EB/OL].[2020-10-23].https：//clevel-andhistorical.org/.

③ The Walt Whitman Archive[EB/OL].[2020-10-23].https：//whit-manarchive.org/.

续表

序号	项目名称	主持开展机构	合作机构	数字资源	数字资源格式	信息技术应用	资源服务
7	The Chaco Research Archive①（查科研究档案）	弗吉尼亚大学人文高新技术研究所	美国自然历史博物馆人类学系；查科文化国家历史公园；拉丁美洲国家图书馆；内布拉斯加林肯大学人文数字研究中心；史密森尼国家人类学档案馆	新墨西哥 Chaco Canyon 考古研究档案及查科文化国家历史公园及其他地区发掘的数十处遗址及其资料	文本，图片	数字化技术、可视化技术、GIS技术、数据库技术	浏览服务，简单检索服务，交互式地图下载服务
8	Ensemble @ Yale②(耶鲁合奏团)	耶鲁大学数字人文实验室	罗伯特·哈斯家庭艺术图书馆；耶鲁话剧团	耶鲁大学戏剧学院、耶鲁话剧团，校园内的其他戏剧团体资料	文本，图片	数字化技术	浏览服务，简单检索服务
9	中国家谱知识服务平台③	上海图书馆数字人文开放数据平台	/	家谱数字化资源，例如《中国家谱总目》编录的姓氏数量众多，姓谱总目有 608 个，而且来源地也如日广，包含很多国家和地区如日	文本，图片	数字化、可视化技术、GIS技术	浏览服务，简单检索服务，交互式地图，时空检索服务

69

① The Chaco Research Archive[EB/OL]. [2020-10-23]. http://www.chacoarchive.org/cra/.
② Ensemble @ Yale[EB/OL]. [2020-10-23]. https://web.library.yale.edu/dhlab/ensemble.
③ 中国家谱知识服务平台[EB/OL]. [2020-10-23]. https://jiapu.library.sh.cn/#/.

续表

序号	项目名称	主持开展机构	合作机构	数字资源	数字资源格式	信息技术应用	资源服务
				日等。这些收藏机构仅收藏姓氏家谱编录就达 50000 多种，析出姓氏 608 个，先祖名人 7 万余个，谱籍地名 1600 余个，堂号 3 万余个			
10	盛宣怀档案抄录项目①	上海图书馆数字人文开放数据平台	/	15.7 万件日记、文稿、信机、电文、账册、合同、章程，是盛宣怀家族自 1850 年至 1936 年间的记录，内容涉及政治、经济、社会、军事、外交、贸易、金融、教育各方面，被称为中国私人档案第一藏，是研究中国近代史的第一手史料宝库	文本、图片	数字化技术	浏览服务、简单检索服务

① 盛宣怀档案抄录项目［EB/OL］.［2020-10-23］. http://zb.library.sh.cn/frontProject.jspx? completeType＝0.

续表

序号	项目名称	主持开展机构	合作机构	数字资源	数字资源格式	信息技术应用	资源服务
11	中文古籍联合目录及循证平台①	上海图书馆数字人文开放数据平台	加州伯克利大学东亚图书馆；哈佛燕京大学图书馆；澳门大学图书馆；美国哥伦比亚大学东亚馆	1400余家机构的古籍馆藏目录，其中上海图书馆的古籍馆藏，加州伯克利大学东亚图书馆的中文馆藏，哈佛燕京图书馆的中文善本馆藏，澳门大学图书馆的中文古籍馆藏可在线访问部分扫描影像全文	文本，图片	数字化技术	浏览服务，简单检索服务
12	数字方志集成平台②	华东师范大学数字方志集成平台	语文（上海）信息科技有限公司；中文在线；北京师范大学图书馆；上海师范大学图书馆	数字方志集成平台以"全国师范院校图书馆联盟"部分参建馆的方志资源馆藏为基础，集成包括纸质、电子和数字方志资料，力求整理方志在所有资源建设途径、馆藏收藏情况以及获取图书方志元数据和电子资源方志数据库元数据	文本，图片	数字化技术，图像可视化技术，GIS技术	浏览服务，简单检索服务，交互式地图服务，时空检索

① 中文古籍联合目录及循证平台[EB/OL]. [2020-10-23]. https://gj.library.sh.cn/index.
② 数字方志集成平台[EB/OL]. [2020-10-23]. http://fangzhi.ecnu.edu.cn/.

续表

序号	项目名称	主持开展机构	合作机构	数字资源	数字资源格式	信息技术应用	资源服务
13	北京记忆①	中国人文大学人文北京研究中心	/	以北京 3000 多年的城建史、850 多年的建都史为基础构建信息时代北京的数字记忆。包括宫殿园林、坛庙寺观、胡同宅院、古籍画卷、人情故事、五行八作、方言艺术、节日礼仪、古柏杨柳、四季花草等内容的多维全景	文本、图片、音频、视频	数字化技术、可视化技术、GIS 技术	浏览服务、检索服务、交互式地图
14	中国历史地理信息系统（CHGIS）②	复旦大学历史地理研究中心	哈佛大学；格林菲斯大学	中国历史时期连续变化的基础地理信息库，为研究者 GIS 数据平台，时间统计以及查询工具和模型	文本、图片	数字化技术、可视化技术	浏览服务、简单检索服务、下载服务

① 北京记忆[EB/OL]. [2020-10-23]. http://www. pekingmemory. cn/.

② 中国历史地理信息系统[EB/OL]. [2020-10-23]. http://yugong. fudan. edu. cn/views/chgis_index. php.

续表

序号	项目名称	主持开展机构	合作机构	数字资源	数字资源格式	信息技术应用	资源服务
15	唐宋文学编年地图①	中南民族大学唐宋文学编年地图	/	约90万首古今诗词作品数字化资源，其中近现代及之前的诗词作品约83万	文本、图片、视频	数字化技术、可视化技术、GIS技术	浏览服务，简单检索服务，交互式地图，下载服务

① 唐宋文学编年地图[EB/OL]. [2020-10-23]. https：//sou-yun. cn/PoetLifeMap. aspx.

详细调查内容如下：

（1）非洲在线数字图书馆。

非洲在线数字图书馆（African Online Digital Library，AODL）项目是由密歇根大学非洲研究中心（University of Michigan African Studies Center）于2000年发起的，旨在为非洲的教育、研究和文化振兴提供数字化资源支持。AODL项目的发展历程经历了多个阶段。在项目的初期，AODL主要是通过数字化扫描、图像处理等技术手段，将非洲文化遗产中的文献、图片、音频、视频等数字资源数字化，并通过网络平台进行在线发布。随着技术的不断发展，AODL项目逐渐增加了数字资源的种类和数量，同时也在数字资源的分类、检索、分享等方面做了不断的完善和创新。目前，AODL项目已经成为非洲研究领域最大、最全面的数字化资源库之一，涵盖了非洲历史、文化、艺术、音乐、人文地理等多个领域。

从数字资源基础方面来看，AODL项目的资源种类和数量十分丰富，包括文献、图片、音频、视频等多种类型的数字资源，涵盖了非洲历史、文化、艺术、音乐、人文地理等多个领域。这些数字资源的收集和整理不仅为非洲研究领域提供了重要的数据支撑，同时也为非洲国家和地区的文化遗产保护和传承作出了积极的贡献。

从信息技术应用方面来看，AODL项目采用了多种信息技术手段，包括数字化扫描、图像处理、数据库管理、网络应用等，为数字资源的获取、整合、存储、服务提供了先进的技术支持。AODL项目还采用了开放式的技术平台，为用户提供了方便、快捷的数字资源检索和分享服务，同时也促进了数字资源的共享和合作。

从数字资源服务方面来看，AODL项目通过数字化资源的建设和管理，为非洲的教育、研究和文化振兴提供了重要的支持。AODL项目还为广大用户提供了丰富、多样的数字资源服务，包括数字资源的检索、浏览、下载、分享等多种功能，为非洲文化的传播和推广作出了积极的贡献。

综上所述，AODL项目的发展历程体现了数字化资源对文化遗产保护和传承的重要作用，同时也为非洲研究领域提供了重要的数据支撑。AODL项目在资源种类和数量丰富、信息技术应用先进、数字资源服务多样化等方面表现出色，为数字化资源的建设和管理提供了重要的参考和支持。

（2）开放档案馆。

开放档案馆(The Opening the Archives)是一个旨在推动全球档案馆数字化和在线开放的项目。该项目最初由美国国家档案和记录管理局于2010年发起，其目的是促进全球档案馆的数字化转型，使公众可以更方便地访问和利用这些珍贵的历史文献。

从数字资源基础来看，开放档案馆项目利用现代数字化技术，将传统档案馆中的文献材料进行数字化处理，形成高质量、可检索的数字资源库。这些数字资源不仅可以在国内使用，还可以在全球范围内共享和利用。数字化的档案资源不仅能够保护原件的完整性和安全性，也能够让更多人更加便捷地获取信息，促进文化交流和学术合作。

从信息技术应用来看，开放档案馆项目将现代信息技术应用于档案馆管理和服务中。项目利用数字技术，实现了档案资源的数字化、存储、检索、传输等全流程管理，并通过技术手段，将档案资源向公众开放，实现了在线查询和利用。同时，项目还致力于开发利用人工智能、大数据等技术手段，提高档案资源的数字化和管理水平。

从数字资源服务来看，开放档案馆项目不仅仅是数字化档案资源，更是提供数字资源服务的平台。项目为公众提供了在线查询、浏览、下载和分享等服务，让普通人可以更加方便地获取档案资源，并且通过利用社交媒体等工具，让公众更好地参与档案资源的传播和利用。此外，项目还为学术研究和教育培训等提供了数字资源支持，促进了文化知识的普及和传承。

总的来说，开放档案馆项目是一个高质量、可持续的数字档案资源服务平台，其数字化基础、信息技术应用、数字资源服务等方面都具有很高的水平和影响力。通过该项目的推广和实践，可以促进全球档案馆的数字化转型和共享，更好地保护和传承人类的历史文化遗产。

（3）想象巴洛克式的罗马。

想象巴洛克式的罗马（Envisioning Baroque Rome）项目旨在重建 17 世纪罗马市的城市景观和文化遗产。该项目的产生和发展源于对罗马巴洛克时期城市历史、建筑和艺术的研究和兴趣。该项目于 2006 年启动，其主要目标是通过数字重建和可视化技术，呈现罗马城市在 17 世纪的面貌。

数字资源基础方面，该项目使用了大量的数字资源，如历史文献、地图、建筑图纸和艺术作品等。这些数字资源通过数字化技术被转化成了可供计算机处理的数据，为项目的数字重建提供了基础。

信息技术应用方面，该项目采用了多种信息技术，如三维建模、虚拟现实和互动式可视化等。这些技术使得用户可以在计算机上进行虚拟漫游，探索 17 世纪罗马城市的各个角落，并对其进行深入的了解和研究。

数字资源服务方面，该项目提供了丰富的数字资源服务，如在线展览、交互式应用程序和虚拟现实体验等。这些服务使得用户可以更加便捷地了解罗马巴洛克时期的城市历史和文化遗产，同时也促进了数字人文的发展。

总体而言，想象巴洛克式的罗马项目通过数字化技术和信息技术的应用，为研究罗马巴洛克时期城市历史和文化遗产提供了新的方式和途径。同时，该项目也为数字资源基础的建设和数字资源服务的创新提供了典范和经验。

（4）映射外籍巴黎。

映射外籍巴黎（Mapping Expatriate Paris）项目旨在通过数字资源记录和展示巴黎外籍人士的生活和活动。该项目的产生和发展可以追溯到 2018 年，由法国国家科学研究中心（CNRS）和法国国家图书馆（BnF）共同发起。该项目的初衷是为了挖掘和保存巴黎乃至法国历史上外籍人士的文化和社会贡献，以及他们在法国文化、政治、经济等方面的影响。项目团队通过数字化技术手段，收集整理巴黎历史上的外籍人士相关文献、照片、音频和视频等数字资源，并以地图为基础，将这些数字资源呈现出来，展示外籍人士的生活、工作和文化交流等方面的历史信息。

从数字资源基础方面来看，Mapping Expatriate Paris 项目充分利用了数字化技术，收集了大量的历史文献、照片和音视频等数字资源，丰富了巴黎历史的数字资源库。这些数字资源不仅有助于了解巴黎历史上外籍人士的生活和活动，也为后人提供了研究和探索巴黎历史的宝贵资料。

从信息技术应用方面来看，Mapping Expatriate Paris 项目采用了先进的地图技术和数据可视化技术，将数字资源呈现在地图上，使用户可以通过地图直观地了解巴黎不同地区外籍人士的生活和活动。同时，项目还采用了自然语言处理技术和语义分析技术，为用户提供更加精准和智能化的搜索和查询功能，提升了用户体验。

从数字资源服务方面来看，Mapping Expatriate Paris 项目不仅提供了数字化历史文献的收集和整理，还为用户提供了数字资源的在线访问和搜索服务，使用户可以随时随地访问和查询巴黎历史上外籍人士的相关信息。此外，项目还提供了多语言支持，为国际用户提供了更加便捷和友好的服务。

总体来说，映射外籍巴黎项目充分利用了数字化技术和信息技术，突破了传统历史研究的时空限制和语言障碍，为用户提供了更加直观、精准和智能化的历史信息服务，具有很高的价值和意义。

（5）克利夫兰的历史。

克利夫兰的历史（Cleveland Historical）项目旨在通过数字化媒介和现代技术来推广和传承克利夫兰的历史文化。该项目由克利夫兰州立大学历史系和克利夫兰历史学会合作创建，于 2011 年正式推出。克利夫兰的历史项目通过数字化和整合历史地图、照片、音频、视频等多种数字资源，为用户提供了一个全方位、多媒体的克利夫兰历史体验。用户可以在该平台上探索城市的历史遗迹、文化事件、人物故事等内容，并通过互动式的地图和时间线来深入了解克利夫兰的历史演变。

从数字资源基础方面来看，克利夫兰的历史项目积极收集和整合了大量的历史文化资源，为用户提供了多样化、全面性的历史体验。从信息技术应用方面来看，该项目采用了先进的技术手段，如数字地图、互动式时间线、多媒体展示等，提升了用户的交互性和

77

参与感。从数字资源服务方面来看，该项目为用户提供了方便、快捷、多样化的历史资源服务，同时也为克利夫兰的历史文化保护和传承作出了积极贡献。

克利夫兰的历史项目是一个优秀的数字历史项目，通过数字化手段和现代技术为用户提供了全面、多媒体的历史文化体验。该项目不仅充分发掘和保护了克利夫兰的历史文化遗产，也提高了用户对历史文化的认识和参与度。

（6）沃尔特惠特曼档案。

沃尔特惠特曼档案（The Walt Whitman Archive）项目旨在收集、保存和展示美国诗人沃尔特惠特曼的文学作品、手稿、信件、照片等相关文献资料，以促进人们对惠特曼的研究和了解。该项目于1995 年开始筹备，1999 年正式上线，至今已经成为全球最大的惠特曼数字化档案之一。

数字资源基础方面，该项目利用信息技术手段，将惠特曼的文学作品、手稿、信件、照片等相关文献资料数字化，并进行分类、标注和索引，使得这些文献资料能够被更广泛地利用和传播。此外，该项目还采用了多种数字化技术和工具，如 OCR（光学字符识别）、GIS（地理信息系统）、XML（可扩展标记语言）等，以提高文本的可读性和数据的可视化程度。

信息技术应用方面，该项目在数字资源的组织、存储、检索和展示等方面，充分利用了现代信息技术的优势，为研究者和读者提供了更加便捷和高效的数字资源服务。例如，该项目提供了高级搜索、交互式地图、全文可视化和多媒体展示等功能，以支持用户对文献资料的深入挖掘和理解。

数字资源服务方面，该项目在推广、教育和社会服务等方面，为公众提供了丰富多样的数字资源服务。例如，该项目提供了在线教育课程、数字展览、数字出版等服务，以满足不同用户的需求和兴趣。此外，该项目还积极推进数字资源的互联互通和共享，与其他相关机构和项目建立了伙伴关系，共同促进数字资源的开发和利用。

总的来说，沃尔特惠特曼档案项目是一个具有重要意义的数字文化遗产项目，为惠特曼研究和美国文化史研究提供了重要的数字资源基础和信息技术支撑，同时也为数字资源服务和社会服务提供了良好的范例和参考。

（7）查科研究档案。

查科研究档案（The Chaco Research Archive）项目是一个旨在保存、保护和分享查科文化遗产的数字资源库。该项目起源于20世纪80年代，当时考古学家和人类学家发现了美国新墨西哥州的查科文化遗址，并开始对这些遗址进行深入研究。随着研究的深入，研究人员发现了大量的文化资料，包括石器、建筑、绘画和文物等。为了保存这些遗产并让更多的人了解查科文化，研究人员开始收集和整理这些资料，并建立了查科研究档案项目。

从数字资源基础方面来看，该项目收集了大量的查科文化遗产数字资源，并利用数字化技术将其整理、分类和存储，使得这些资源能够长期保存和分享。这为后续的研究提供了重要的数据和信息来源。

从信息技术应用方面来看，该项目利用了多种数字技术和工具，包括数字化扫描、图像处理、数据库管理和网络技术等，使得这些文化遗产能够以多种形式呈现，如图像、视频、文本等，并提供了多种检索和浏览方式。

从数字资源服务方面来看，该项目提供了多种数字资源服务，如在线阅读、下载、检索和共享等，为研究人员和公众提供了便捷和全面的访问方式。此外，该项目还提供了多种培训和教育资源，为教育和普及查科文化作出了重要贡献。

（8）耶鲁合奏团。

耶鲁合奏团（Ensemble @ Yale）项目是耶鲁大学音乐系的一个重要项目，旨在培养和促进学生们的音乐才能、音乐素养和音乐文化交流。该项目产生于20世纪初期，当时耶鲁大学的音乐系开始组织学生们进行音乐演出和合奏练习，逐渐形成了耶鲁合奏团这一品牌。

从数字资源基础方面来看，耶鲁合奏团项目收集了大量的音乐演出和合奏练习的数字资源，并利用数字化技术将其整理、分类和存储，使得这些资源能够长期保存和分享。这些数字资源包括音频和视频记录、乐谱、演出计划和音乐会评论等，为后续的音乐研究和教育提供了重要的数据和信息来源。

从信息技术应用方面来看，该项目利用了多种数字技术和工具，如数字化录音和视频设备、音乐编辑软件和网络技术等，使得这些音乐演出和合奏练习的数字资源能够以多种形式呈现，如音频、视频、乐谱等，并提供了多种检索和浏览方式。

从数字资源服务方面来看，该项目提供了多种数字资源服务，如在线阅读、下载、检索和共享等，为研究人员、音乐爱好者和公众提供了便捷和全面的访问方式。此外，该项目还提供了多种音乐教育和艺术活动，如音乐会、讲座和大师班等，为学生们提供了丰富的音乐学习和表演机会。

耶鲁合奏团项目为音乐教育、音乐研究和音乐文化交流作出了重要贡献。

(9)中国家谱知识服务平台。

中国家谱知识服务平台项目是一个旨在促进家谱文化传承和家族文化研究的数字资源服务平台，它的产生和发展得益于现代科技的进步和社会对家谱文化的重视。该项目先后经历了三个发展阶段：

①初始阶段：20世纪80年代至90年代初，由于社会对家谱文化的传承和研究缺乏统一的平台和标准，许多家族只能自行创建或购买家谱书籍，因此家谱文化流传和研究受到一定的限制。

②数字化阶段：随着互联网技术的发展和数字化时代的到来，家谱文化传承和研究也开始向数字化转型。21世纪初，一些机构和个人开始尝试将家谱资料数字化，建立了一些家谱网站和数据库，但由于技术和资源限制，这些平台的数据质量和可靠性有待提高。

③统一平台阶段：近年来，随着政府和社会的重视，家谱文化传承和研究得到了更多的支持和资源。2016年，国家文物局发布了《关于加强和改进家谱文化传承工作的意见》，提出了家谱数字化和网络化建设的目标和要求。2017年，中国家谱网正式启动，

成为一个统一的家谱数字资源服务平台，为广大家族提供数字化的家谱服务。

从数字资源基础来看，中国家谱知识服务平台项目具备广泛的数字资源基础，包括家谱文化相关资料的数字化数据、文献、图片等，这些数字资源为家谱文化传承和研究提供了强大的支持。

从信息技术应用来看，中国家谱知识服务平台项目充分应用了信息技术，包括互联网技术、大数据技术、人工智能等，为用户提供了多样化的家谱服务，例如家谱制作、家族成员管理、家族文化研究等。

从数字资源服务来看，中国家谱知识服务平台项目通过数字化手段，为广大家族提供了高质量、便捷的家谱服务，例如家谱制作、家族文化交流、家族历史研究等，有力促进了家谱文化的传承和研究。

中国家谱知识服务平台项目的产生和发展，充分展示了数字化时代创新技术和传统文化相结合的优势，为家谱文化的传承和研究提供了全方位的数字资源服务，具有重要的社会意义和文化价值。

（10）盛宣怀档案抄录项目。

盛宣怀档案抄录项目旨在将盛宣怀先生的重要历史文献资料进行数字化保存和传播。该项目由北京大学历史学系和北京大学图书馆联合发起，于2012年开始启动，并在接下来的几年中逐步发展壮大。

该项目的数字资源基础主要包括盛宣怀先生的手稿、信件、日记、照片等文献材料的数字化复制和整理，以及相关的元数据和文献描述信息。这些数字资源可以通过互联网进行在线访问，并提供多种检索和查询功能，方便用户进行学术研究和阅读。

在信息技术应用方面，盛宣怀档案抄录项目采用了先进的数字化技术，包括高分辨率图像采集技术、OCR文字识别技术、语音识别技术、数字化文献管理系统等，来实现数字化档案的快速、准确、高效处理。这些技术的应用，不仅提高了数字化档案的处理效率，也提高了数字资源的质量和可靠性。

在数字资源服务方面，盛宣怀档案抄录项目提供了多种数字资源服务，包括在线阅读、文献检索、全文下载、数据分析等，为用户提供了便捷的学术资源和服务。此外，项目还与其他机构和学术团体合作，为学术研究和文化传播提供更多的支持和资源。

盛宣怀档案抄录项目通过数字化处理和传播盛宣怀先生的历史文献资料，不仅保护了珍贵的历史文化遗产，也为学术研究和文化传承作出了重要贡献。

（11）中文古籍联合目录及循证平台。

中文古籍联合目录旨在整合全球范围内的中文古籍资源，为学术研究提供便利。该项目始于1992年，由台湾大学图书馆主持，经过多年的努力，已经建立了包括中国、日本、韩国、新加坡、美国、欧洲等国家和地区的中文古籍联合目录数据库。该数据库包含超过1.2亿条古籍记录，涵盖了从古代到现代的各种文献类型，如书籍、碑刻、手稿、文集等。循证平台项目是中文古籍联合目录的发展延伸，旨在为研究人员提供更加便捷的数字资源服务。该项目于2012年启动，集成了中文古籍联合目录和其他相关数字资源，如期刊论文、学位论文、考古资料等，通过信息技术手段，为学者提供全面、准确、可信的数字资源检索和文献引证服务，促进学术研究的循证推进。

从数字资源基础方面来看，中文古籍联合目录和循证平台项目建立了庞大的中文古籍数字资源库，为中文古籍的数字化保存、整理和传播作出了重要贡献。同时，该项目也整合了其他相关的数字资源，丰富了学术研究的资源基础。

从信息技术应用方面来看，中文古籍联合目录和循证平台项目采用了先进的信息技术手段，如数据挖掘、人工智能、自然语言处理等，实现了对庞大文献数据的高效管理、检索和利用，提高了信息的利用价值和效率。

从数字资源服务方面来看，中文古籍联合目录和循证平台项目为学术研究提供了全方位的数字资源服务，包括文献检索、文献引证、文献传递等，为学术研究提供了便利和支持。

中文古籍联合目录和循证平台项目是一项重要的数字人文项目，为中文古籍的数字化保存、整理和传播作出了巨大贡献，同时也为学术研究提供了便捷的数字资源服务。该项目的建设和发展，不仅是中文古籍文化保护的重要举措，也是数字人文领域信息技术应用的重要探索。

（12）数字方志集成平台。

数字方志集成平台项目是一个整合中国方志资源的数字化平台，旨在为研究者、学生和公众提供方便的访问、检索和利用方志文献的服务。该平台的建设先后经历了三个阶段：

①初期建设阶段（2006—2009 年）：该阶段主要是对全国范围内的地方志文献进行整合和数字化处理，形成了数字方志集成平台的初步框架。

②增量建设阶段（2009—2012 年）：该阶段在初期建设的基础上，继续增加了各地方志文献的数字资源，并开发了更加完善的检索和展示功能。

③服务拓展阶段（2012 年至今）：该阶段的主要任务是将数字方志集成平台服务拓展到更广泛的用户群体，包括学校、图书馆、博物馆等机构和个人用户，并不断完善平台的功能和服务。

从数字资源基础方面来看，数字方志集成平台项目是在中国方志数字化的基础上建设起来的。随着各地方志文献数字化工作的不断推进，数字方志集成平台所涵盖的数字资源也不断增加，使得用户能够更加方便地获取各地的方志文献。

从信息技术应用方面来看，数字方志集成平台项目采用了先进的信息技术，包括数字化处理、文本挖掘、自然语言处理等技术，将原本分散的方志文献整合到一个平台上，为用户提供了高效、便捷的访问和检索服务。

从数字资源服务方面来看，数字方志集成平台项目为用户提供了丰富的数字资源服务，包括检索、查看、下载、打印等功能，为用户的学术研究和教学提供了很大的帮助。此外，数字方志集成平台还开展了一系列的学术研讨会、培训班等活动，为用户提供更加全面的服务。

数字方志集成平台项目为研究者、学生和公众提供了丰富的方志资源和便捷的服务，同时也推动了中国方志数字化工作的发展。

（13）北京记忆。

北京记忆项目是由北京市档案馆和北京市图书馆合作创建的数字文化遗产保护与利用平台。该项目旨在通过数字化技术将北京市的历史文化遗产进行全面、系统的记录、整理和传承，以推动北京市文化遗产的保护、传承和利用。该项目的产生与发展可以追溯到2006 年，当时北京市档案馆和北京市图书馆开始合作建设数字文化遗产保护项目。随着技术的不断发展和数字化处理技术的日益成熟，该项目得以不断完善和扩展，目前已经成为北京市数字文化遗产保护的重要平台之一。

在数字资源基础方面，北京记忆项目建立了一个庞大的数字化文化遗产数据库，包括图片、音频、视频、文献等多种形式的文化遗产资源。这些数字资源的建设和整理，不仅为北京市的文化遗产保护提供了基础数据，也为学者和公众提供了一个海量的文化遗产资源库。

在信息技术应用方面，北京记忆项目应用了多种数字化技术，如数字化拍摄、数字化修复、数字化处理等，将文化遗产资源进行数字化加工和修复，使其更好地保存和传承。此外，该项目还应用了大数据、人工智能等技术，为公众提供更加智能化、个性化的服务。

在数字资源服务方面，北京记忆项目为学者和公众提供了多种服务，包括数字文物展览、数字图书馆、数字地图等。这些数字资源服务不仅可以满足公众对于文化遗产的知识和欣赏需求，也为学术研究提供了宝贵的资料和平台。

北京记忆项目为北京市文化遗产的保护、传承和利用提供了重要的数字化平台和资源支撑。通过数字化技术的应用和数字资源服务的提供，该项目促进了文化遗产的数字化保护和数字文化产业的发展。同时，这个项目也为其他城市的文化遗产保护提供了有益的借鉴和参考。

（14）中国历史地理信息系统（CHGIS）。

中国历史地理信息系统（CHGIS）项目是一个旨在整合中国历史地理信息的数字化资源的项目。该项目始于 1999 年，由哈佛大学人文学科中心和中国科学院地理科学与资源研究所合作创立。其目的是通过数字化的方式，将中国历史地理信息整合在一起，以便更好地研究中国历史和地理。

数字资源基础方面，CHGIS项目收集了大量的历史地理信息，包括中国各时期的行政区划、地名、地理坐标、人口统计数据等。这些信息被整合到一个数据库中，并通过数字化技术进行管理和维护，使其更方便使用和查询。

信息技术应用方面，CHGIS项目采用了先进的数字化技术，包括数据库管理系统、地理信息系统、Web技术等。这些技术可以帮助用户在数据库中快速搜索和查询历史地理信息，同时还可以将这些信息与其他数字化资源结合，进行更深入的研究和分析。

数字资源服务方面，CHGIS项目提供了多种数字资源服务，包括在线地图浏览器、数据下载和API接口等。这些服务可以帮助研究人员更加方便地访问和利用历史地理信息，从而促进中国历史和地理研究的发展。

中国历史地理信息系统(CHGIS)项目为研究中国历史和地理提供了重要的数字资源。其数字资源基础丰富，信息技术应用先进，数字资源服务丰富，为研究人员提供了更加便捷、高效的研究手段。

(15)唐宋文学编年地图。

唐宋文学编年地图项目是一个基于数字资源的文学研究项目，旨在通过地图展示唐宋时期文学作品的创作地、流传地、文化背景等信息，以便更好地了解和研究中国古代文学。该项目的产生和发展主要得益于数字化技术的发展。数字化技术使得大量的文学作品能够以数字化形式保存、管理、传播和利用，为文学研究提供了更广阔的空间和更多的可能性。同时，数字化技术也使得文学研究可以更好地融合跨学科的知识和方法，促进了文学研究的创新和进步。

从数字资源基础方面来看，唐宋文学编年地图项目充分利用了数字化技术的优势，将大量的文学作品数字化并整合成数据库，为文学研究提供了方便快捷的数据支持。同时，该项目还通过地图展示文学作品的地理分布和文化背景等信息，为读者提供了更直观、更丰富的阅读体验。

从信息技术应用方面来看，唐宋文学编年地图项目采用了多种先进的信息技术手段，如大数据分析、人工智能、可视化技术等，将文学作品与地图相结合，实现了文学空间信息的可视化和交互式展示。这些技术的应用不仅提高了文学研究的效率和精度，还为文学研究提供了更多的创新思路和研究方法。

从数字资源服务方面来看，唐宋文学编年地图项目为文学研究提供了丰富的数字资源服务，如全文检索、数据下载、在线阅读等，为研究者提供了便捷的数据获取和利用途径。同时，该项目还通过线上讲座、学术研讨会等形式，促进了学术交流和合作，为文学研究提供了更广泛的平台。

唐宋文学编年地图项目是一项充分利用数字化技术的文学研究项目，不仅为文学研究提供了丰富的数字资源支持和技术手段，而且拓展了文学研究的视野和思路，为文学研究的创新和进步作出了积极的贡献。

3.2.2　图档博数字管护现状的实地调查

本书选取了代表性的图档博机构进行实地调查，以考察它们的数字资源建设、数字管护工作及机构内外的合作开展。在实地调查的开展中，受不可抗力因素的限制，① 笔者对波士顿公共图书馆、康奈尔大学图书馆珍本和手稿收藏部、纽约现代艺术博物馆、麻省理工学院数字保存中心进行了翔实有序的实地调查。后续则通过网络访问、统计数据、文献调研等方式继续间接调查了美国国家档案馆、哈佛燕京图书馆等多家图档博机构，获取了部分信息作为辅助参考，以评估当前图档博机构的数字管护能力与实践现状。

---

①　注释：笔者于 2019 年 9 月—2020 年 9 月以访问学者身份学习于美国西蒙斯大学档案管理专业。本调查于 2019 年 11 月至 2020 年 3 月开展，后因新冠疫情调整了调查内容与方式。

3.2.2.1 波士顿公共图书馆

波士顿公共图书馆(Boston Public Library，BPL)于1854年向公众开放，从那时起，它在美国公共图书馆运动中积累了许多历史性的"第一"。通过接受捐赠的重要藏品的积累，波士顿公共图书馆迅速发展成为一个具有重要影响力的研究图书馆和借阅机构。波士顿公共图书馆现在拥有大约120万卷的流通藏品和2200多万件的研究藏品，包括珍本、手稿、档案、地图、版画、录音和照片。波士顿公共图书馆在过去的十年间致力于馆藏的数字化与在线访问服务的建设。通过实地调查，笔者获得了波士顿公共图书馆进行数字资料的管理工作，情况如下：

(1)数字资源建设。

波士顿公共图书馆现有藏书超过1500万册，藏书量仅次于美国国会图书馆和哈佛大学图书馆。针对如此庞大的馆藏，波士顿公共图书馆的数字资源建设工作显得十分重要。

早期波士顿公共图书馆将以小规模试点的方式进行了部分的馆藏数字化项目，其目的主要是为了让波士顿公共图书馆尝试使用新技术，在试验中探索适合波士顿公共图书馆的数字化流程。2005年，波士顿公共图书馆从博物馆与图书馆服务研究所(Institute of Museum and library Services)获得拨款，开始启动波士顿公共图书馆的数字化工作。最早的数字化内容以数字服务团队从电子表格和文件系统开始构建。直到2009年，波士顿公共图书馆终于建立了第一个数字存储库系统。为了进一步实现数字资源建设的可持续性与可扩展性，2007年，波士顿公共图书馆决定与Internet Archive(IA)合作，成立了一个IA的区域扫描中心，配备先进的设备和方法来处理数据卷。IA的设备补充了波士顿公共图书馆自己的摄影实验室，该实验室有更好的设备来扫描图书馆的大型印刷品和照片馆藏。在IA的支持下，数千本波士顿公共图书馆的珍本书已被扫描，并通过IA网站提供公开的访问与使用。随着这次合作的成功，波士顿公共图书馆随后同意将大约二十万条记录的所有权转让给IA。这些数字资源将通过IA网站，在获得波士顿公共图书馆授权信任的条件下实现免费、公开的在线访问。波士顿公共图书馆与 IA 的合作促进了波士顿公共图书馆实现更高效与优质的馆藏资源数字化以及数字资源的存储、保存与利用，是波士顿公共图书馆一次寻找优化提升其数字资源建设能力路径的成功尝试。

经过波士顿公共图书馆十几年的馆藏数字化实践，现在的数字化项目开展已经成为波士顿公共图书馆数字资源建设的重要战略内容。在过去的十几年间，波士顿公共图书馆的数字化工作流程不断优化，逐渐成熟，数字化规模不断扩大，但随之而来的是波士顿公共图书馆在数字化项目选择时的困难。波士顿公共图书馆拥有近2300 万件的实体馆藏资源，其中存在一些知识产权问题、资源重复建设等问题，因此波士顿公共图书馆不可能将全部馆藏数字化，那么决定数字化的先后顺序是数字管护人员的重要决策。目前，波士顿公共图书馆的数字管护人员在数字化项目决策问题上十分慎重，更加关注波士顿公共图书馆的特色馆藏建设（Special Collections）。但从整体而言，实现绝大部分馆藏的数字化与在线访问仍是波士顿公共图书馆数字资源建设的最终目标。

（2）数字管护实践。

技术变革是推动波士顿公共图书馆数字管护实践发展的重要推动力。在波士顿公共图书馆的数字管护战略中与数字联邦（Digital Commonwealth）的合作是一个主要例子。波士顿公共图书馆加入数字联邦后通过专门的自主软件开发人员，开发了 Fedora 存储库替代了早期的 DSpace 系统，并同时加入了 Hydra 项目。Hydra 项目通过专门为图书馆、档案馆、博物馆设计的稳定、可信的存储应用程序来实现 Fedora 存储系统。Hydra 项目集成了多访问节点，波士顿公共图书馆可以从公共存储资源库中提取资源。作为一个开源的设计框架，Hydra 具有高度的灵活性和可扩展性，可以同时支持数字联邦存储与波士顿公共图书馆本地的数字资源集合存储。

此外，波士顿公共图书馆还在日常工作中发现图书馆物理空间的变化也会直接影响用户在使用图书馆数字资源时的体验。因此，2016 年，波士顿公共图书馆完成了对其位于波士顿的中央图书馆建筑设施的重大改造，将数字资源服务的基础设施融入物理空间，让数字资源"活"起来，让人们能够亲身体验。

波士顿公共图书馆沉浸式数字体验的一个关键例子是电子书（E-book）服务。2015 年，波士顿公共图书馆的电子书下载量首次达到 100 万次，此后用户对电子书的需求持续呈指数上升。尽管从波士顿公共图书馆的图书借阅数据来看纸质版图书资源的下降速度近一年已经在遭受数字化资源冲击后有所放缓，甚至可以说达到了一个平稳期，但波士顿公共图书馆认为他们仍有必要在电子书和纸质图书之间的使用和消费之间取得适当的平衡。未来用户可能会分为三个部分：一部分用户可能会坚持只阅读纸质图书；一部分用户可能会坚持只阅读电子书；而另一部分用户可能更喜欢二者兼而有之。要取得这种平衡，其根本是波士顿公共图书馆要解决目前面临的电子书因知识产权限制而产生的可用性问题。但无论如何，电子书具有极大的利用潜力。过去一本书是一个有页面、有图片的三维物体，电子书不仅可以通过 pdf 或是 epub 等格式将这个物体数字化展示，更能在此基础上通过信息技术的融合使用丰富读者的多媒体与视听体验，而这在以前是无法做到的。

（3）机构合作开展。

上文中笔者已经提到在波士顿公共图书馆数字管护实践的不断尝试中，数字联邦起到了非常关键的推动作用。数字联邦是一个波士顿图书馆、档案馆、博物馆的联盟，成立于 2007 年。波士顿公共图书馆在 2011 年加入数字联邦后，在数字联邦的财政支持下，以开源技术构建了定制的数字资源管理系统。2012 年，波士顿公共图书馆在国家财政拨款 220 万美元的支持下，在该系统的基础上开始向马萨诸塞州全州的文化遗产机构提供免费的数字资源服务，并托管了数字联邦的数字资源库。

波士顿公共图书馆与数字联邦的合作标志着"从印刷世界到 21 世纪数字世界的转变"。波士顿公共图书馆已经从过去单一服务的图书馆成为英联邦图书馆。对于马萨诸塞州的其他图书馆、档案馆与博物馆来说，通过数字联邦提供的免费数字化服务丰富了自身机构的数字资源建设内容与共享。数字联邦门户网站提供的数字资源在图档博的合作中呈指数快速增长，2015 年数字联邦正式启动，向用户开放时已包含了来自 120 多个机构的近 20 万张图片，且在一年后完成了翻倍，超过 40 万张图片资源可通过网络在线访问。

目前，在这种数据中心的模式下，数字化服务部已经成为波士顿公共图书馆数字管护工作的一个重要方面。当数字联邦内的其他图档博机构提出馆藏资源的数字化要求时，波士顿公共图书馆的数字管护人员会进行实地考察以评估、鉴定作为数字化候选材料的资源，同时考察该机构数字资源访问与保存的需求。波士顿公共图书馆设立了专门的元数据协调员，根据数字联邦图档博使用的标准规范创建元数据，向成员机构提供元数据方案建议。

随着数字联邦的成功，为了实现更大范围内的数字资源共享共建，以波士顿公共图书馆为资源中心的数字联邦进一步扩大了自己的合作范围，加入了美国数字公共图书馆(The Digital Public Library of America，DPLA)，并逐渐成为 DPLA 的一个重要资源服务中心。数字联邦的成员通过 DPLA 的接口在全国范围内共享数字资源，并通过数字联邦自己的访问系统实现全州范围内的数字资源共建。

对于波士顿公共图书馆来说，与这些图档博机构的合作促进了其自身数字资源存储库的基础设施的优化设计。在解决一系列合作中的组织与技术问题后，波士顿公共图书馆的数字管护工作已经成为波士顿公共图书馆未来发展的战略内容，馆藏数字资源的价值得到了最佳实现。

3.2.2.2　康奈尔大学图书馆珍本和手稿收藏部

康奈尔大学(The Cornell University Library，CUL)图书馆的珍本和手稿收藏部(Division of Rare and Manuscript Collections，RMC)[①]的馆藏包括大量不同的资料，有超过 50 万册印刷品、8000 万份手稿和 100 万件其他物品，包括照片、绘画和印刷品。珍本和手稿收藏部一直关注特殊藏品如何在整个生命周期中适应数字资源管理的挑战，从数字资源建设到在线访问和长期保存都是珍本和手稿收藏

---

① 康奈尔大学图书馆珍本与手稿收藏部[EB/OL]. [2020-10-28]. https：//rare. library. cornell. edu/.

部数字资源管理的重点。经实地调查，珍本和手稿收藏部数字资源建设、数字管护实践以及与其他机构的合作情况如下。

（1）数字资源建设。

珍本和手稿收藏部作为康奈尔大学主要的珍本手稿收藏部门，拥有非常广泛的馆藏资源，包括历史、文学、音乐、艺术、科学、自然历史和技术方面的稀有书籍、手稿和档案材料。馆藏资源包括超过5万册印刷量，超过8000万份手稿，以及100万张照片、绘画、版画和其他视觉媒体资源。面对庞大的馆藏，珍本和手稿收藏部的数字资源建设一直是重要工作，且在实践中遇到了一些困难。

首先，珍本和手稿收藏部之前一直专注于围绕短期的机构目标进行数字资源项目。这导致了目前珍本和手稿收藏部开展数字化项目相对孤立，进而导致以这些项目为基础的日常工作也出现了分隔。珍本和手稿收藏部内部数字资源建设人员在不同的数字项目中都专注于他们自己的领域，而不管数字资源建设的成果形式如何。在珍本和手稿收藏部内部都还未能有统一的政策、标准或是一致的数字资源建设流程。从而导致了珍本和手稿收藏部数字馆藏从内容到形式的分裂。珍本和手稿收藏部需要解决如何将这些孤立的项目融合形成更常规的、更可持续的、具有一定时间跨度的数字资源建设项目，实现珍本和手稿收藏部数字资源建设的系统化。

其次，随着珍本和手稿收藏部数字馆藏的不断增长，保存与访问问题成为数字资源创建时需要重点考虑的问题。珍本和手稿收藏部认为数字资源建设颠覆了以往博物馆藏品管理的流程，而数字档案的管理往往比纸质档案的管理更难。珍本和手稿收藏部需要不断调整优化自己的数字管护流程才能保证这些增长的数字资源的可信存储与稳定的长期访问。

然后，对原生数字资源的管理成了当前数字资源建设的新挑战。珍本和手稿收藏部认为在原生数字资源的管理中，其整个生命周期管理的沟通透明十分重要。珍本和手稿收藏部要求数字资源采集人员了解这些数字资源后续将被如何组织、存储，进行数字资源组织存储的人员应该了解它们将被如何访问并提供服务，反之亦然。这是因为每个阶段的数字管护工作都对最终数字资源服务有着决定性的影响，基于数字资源生命周期的管理是数字管护人员的集体责任。

最后，尽管珍本和手稿收藏部的数字馆藏规模与很多大型的图书馆、档案馆相比还非常小，但在面对信息组织的挑战与技术应用的风险上，多学科团队合作的必要性已经凸显。对数字资源的连续性管理，需要跨学科跨部门的数字管护人员的高度协调，需要流畅的、专门的数字管护流程，需要实现数字资源统一的、标准的整合。目前，与波士顿公共图书馆一样，珍本和手稿收藏部在经过评估后选择了加入 Hydra 项目，建立了基于开放源码的共享数字仓库。

（2）数字管护实践。

珍本和手稿收藏部的数字化工作已经开展了近二十年，尽管珍本和手稿收藏部已经采取了许多重要措施来完成数字管护，但不是珍本和手稿收藏部的常规工作，尤其是对原生数字资源的管理。在此之前，珍本和手稿收藏部更习惯与使用光盘对数字资源进行存储，这些光盘代表了各种媒体类型（DVD、CD、Zip 等）和文件格式。这些光盘通常附在或嵌入纸质文件中运抵珍本和手稿收藏部，只有在处理实物材料时才被发现，这使珍本和手稿收藏部的档案工作流程变得复杂。这些数据中的大部分显然是有风险的，珍本和手稿收藏部的工作人员承认有必要尽快识别和描述这些文件，并使用值得保存的存储介质和文件格式来获取其内容。但是，珍本和手稿收藏部在处理这些材料时仍然有大量的落后记录，特别是大量的人工干预往往需要识别单个文件的内容，确定它们与纸质记录的关系，并决定如何防止因技术过时而导致数据丢失的风险。

尽管珍本和手稿收藏部一直关注自己的数字资源的保存工作，但总体而言，珍本和手稿收藏部还缺少数字保存的基础设施建设，而更依赖康奈尔大学来实现他们的数字资源存储。康奈尔大学的图书档案资源使用基于 Fedora 的系统来进行存储，该系统具有较强的"低接触"性，更像一个数字化的档案库房，关注存储而非访问。因此，近年来珍本和手稿收藏部开始希望能够完全依靠自己完成数字馆藏资源的管护工作，已经开始着手制订全面完善的数字保存计划。珍本和手稿收藏部希望通过数字管护工作来实现数字资源更高级的管理服务，例如格式化、迁移、模拟等数字资源长期保存的需要。

（3）机构合作开展。

珍本和手稿收藏部通过 2016 年成立的跨部门数字资产管理委员会，积极地与康奈尔大学的其他单位合作制订技术计划。该委员会负责评估图书馆各种系统如何协同工作，并制订新系统计划以满足康奈尔大学的馆藏管理需求。在管理数字化项目的过程中，珍本和手稿收藏部清楚地看到了在元数据、质量控制和文件格式方面需要一致的政策，而不是在每个项目的基础上制定政策，这种做法导致了不同项目之间的巨大差异。这种呼吁贯穿整个信息生命周期的对数字资源管理的透明化、标准化思想也体现在了珍本和手稿收藏部的整个数字资源建设流程中。

3.2.2.3 纽约现代艺术博物馆

纽约现代艺术博物馆（Museum of Modern Arts，MoMA）的使命是记录在世的艺术家和运动。自 1929 年成立以来，MoMA 成功地汇集了众多 20 世纪艺术的世界顶级收藏品。为了履行其博物馆的使命，纽约现代艺术博物馆的图书馆特色馆藏和机构档案馆还提供了有关 20 世纪艺术的重要文献。通过实地调查，笔者整理了纽约现代艺术博物馆数字资源管理工作的情况。

（1）数字资源建设。

纽约现代艺术博物馆地址在美国纽约州曼哈顿城，属于目前全球最具重要地位的现当代美术展馆之一。目前，纽约现代艺术博物馆的艺术藏品数目已积累至 15 万件。除此之外，纽约现代艺术博物馆还设有图书、档案部门以为博物馆的数字管护人员提供相关的资源支持。

与大型的综合博物馆相比，纽约现代艺术博物馆的策展部门相对较小，博物馆策展人通常能够在各自的馆藏区域内保持相当程度的独立性。也因此，要求纽约现代艺术博物馆内能够保持高度的跨部门协作，其中，博物馆馆藏资源与图书档案资源的整合就是重要部分。针对此需求，纽约现代艺术博物馆制定了详细完善的馆藏管理政策，使所有的相关工作人员都更容易了解如何进行馆藏建设与策展推广。

　　纽约现代艺术博物馆认为如果不适用图书档案的文献材料，他们的特色馆藏资源就像昙花一现，很难真正讲述现代艺术的故事。因此，从 20 世纪 90 年代开始，纽约现代艺术博物馆的图书档案部门就开始从机构外部采集博物馆永久收藏品与展览中的艺术家的相关信息资源。纽约现代艺术博物馆的管护工作从被动变为有意识的主动。纽约现代艺术博物馆的数字资源馆藏也不断扩大增长。

　　（2）数字管护实践。

　　在上述灵活的数字资源建设的理念指导下，纽约现代艺术博物馆的图书档案部门进行了许多有价值的数字资源采集工作，直接补充、支持了博物馆的策展工作。纽约现代艺术博物馆通过实践证明原始资料在博物馆策展中新的突出地位与重要用途。

　　随着图书档案资料在博物馆工作中的重要性日益突出，2014年，纽约现代艺术博物馆将图书馆与档案部门分离，分别设立了单独的纽约现代艺术博物馆的档案馆与图书馆。保持图书馆、档案馆在纽约现代艺术博物馆数字馆藏建设中的核心作用，支持其他部门共同合作成为纽约现代艺术博物馆数字管护工作的主要内容。纽约现代艺术博物馆的数字管护人员希望可以在博物馆内划分出更多的角色，将图书、档案的利用传播到全体职工。为此，纽约现代艺术博物馆的档案馆正在进行为期两年的测试项目，希望为纽约现代艺术博物馆建立一个完整的数字资源存储库，以应对快速增长的数字资源存储及共享利用需求。

　　纽约现代艺术博物馆一直致力于完善提升自己的数字管护能力，促进数字资源保存部门之间的合作。2014 年，纽约现代艺术博物馆专门设立了数字内容管理与战略总监职位，将各种数据仓库整合，优化机构的资源网络。随后，在该岗位人员的推动下，2016年纽约现代艺术博物馆开启了开创性的历史展览项目，完成了自1929 开馆以来每个博物馆曾举办的展览的线上访问。该历史展览项目旨在通过结合数字化的新闻稿、档案资源、图书资源、照片等记录纽约现代艺术博物馆的展览历史。可以说该项目的启动与完成代表了纽约现代艺术博物馆自图书馆档案部门设立后的档案管理工作的顶峰。同时，该项目也成功推动了纽约现代艺术博物馆其他档案与特色馆藏数字化的进程，目前纽约现代艺术博物馆的图像数据库已包含超过 4 万幅的数字化图像。

（3）机构合作开展。

纽约现代艺术博物馆始终坚持认为跨部门和机构的合作是图书馆、档案馆和博物馆价值实现的最佳途径。2006 年，纽约艺术资源联合会（New York Art Resources Consortium，NYARC）成立，纽约现代艺术博物馆是其中的重要成员之一。NYARC 是一项以图书馆为主导的倡议，纽约现代艺术博物馆专门成立了与该项目的合作机构部门，完成在该联盟中和其他图档博机构进行合作。在纽约现代艺术博物馆面临资源与技术限制的情况下，纽约艺术资源联合会总能给予纽约现代艺术博物馆适当的协助，使联盟内的图档博机构在数字化的道路上共同前进。目前，纽约艺术资源联合会已经改进多机构的接入系统，并发起网络存档服务，促进了联盟内图档博机构的数字化基础设施建设。

3.2.2.4　麻省理工学院数字保存中心

麻省理工学院数字保存中心（Digital Preservation Center at Massachusetts Institute of Technology）隶属于麻省理工学院图书馆，负责麻省理工学院全部的数字资源管理工作。通过实地调查，本书整理了麻省理工学院数字保存中心的数字资源管理工作情况。

（1）数字资源建设。

目前，麻省理工学院有藏书 500 万册、杂志 19000 种以及缩微资料、乐谱、地图等资源。麻省理工学院数字保存中心主要负责制定麻省理工学院数字保存的战略，来确保数字管护人员能够和整个图书馆以及其他图书馆的人员开展合作，实现麻省理工学院图书馆数字馆藏的长期保存与利用。麻省理工学院数字资源建设的目标主要是：①完成长期保存数字资源的鉴定工作，确保长期保存的数字

95

资源可以为麻省理工学院当前与今后的研究人员使用；②发挥数字保存中心的领导作用，为麻省理工学院数字保存工作树立榜样；③融合长期保存技术、数据复用技术，更新数字资源管理工具与方法，保障与现行数字保存标准与实践的一致性。

在数字资源建设目标指导下，麻省理工学院数字保存中心负责管理的数字资源集主要包含：电子书（E-Books）、论文资源（Theses）、数字化动图与音频（Digital Moving Image and Sound）、机构档案（Institute Records）、员工档案（Faculty Archives）、教育档案（Scholarly Record）、研究数据（Research Data）、空间数据（Spatial Information）、可视化资源（Visual Resources）、网页资源（Web Content）。

（2）数字管护的开展。

麻省理工学院数字保存中心对数字资源的保存与管护工作目前主要包括：

第一，数字保存工作。麻省理工学院数字保存中心开发了多种用于数字保存的工作流程，以及他们共同遵循的十项数字保存原则。数字保存原则这十项原则包含了当前数字社区标准和实践的基础。该10项数字保存原则为：

①在责任范围内鉴定数字内容。麻省理工学院图书馆已经对麻省理工学院现有和预期的数字资源进行了高层次的清单编制。

②指定要保留的数字内容。麻省理工学院图书馆正在确定数字内容中需要保留的部分。

③建立保存格式存储文件的标准。麻省理工学院图书馆正在确定特定于每种数字内容类型的保存要求。

④确定（并审查）用于存储数字内容的最佳选择。麻省理工学院图书馆正在规定适合内容且可行的存储标准。

⑤在日常活动中验证数字内容是否安全。麻省理工学院图书馆正在努力满足麻省理工学院对数字内容的使用权利及对保密性和安全性的要求。

⑥确保数字内容为紧急情况做好了准备。麻省理工学院图书馆正在拓展灾难应急计划，使其明确包含数字内容。

⑦制订(和审查)随着时间的推移管理数字内容的计划。麻省理工学院图书馆已经为数字内容建立并维持有效的长期保存计划。

⑧定义基于标准的政策框架,以开发和管理生命周期计划。麻省理工学院图书馆正在最终审批维护一个符合标准规范的数字保存框架。

⑨证明长期访问数字内容是数字保存的目的。麻省理工学院图书馆正在确定数字保存流程,使其能够在需要时对其选定的数字内容进行访问。

⑩规定向用户交付数字内容的方式将保持最新。麻省理工学院图书馆将确保对其内容的访问利用同期的信息技术。

2011 年,麻省理工学院数字保存中心主任为美国国会图书馆赞助的数字保存外展和教育计划制定了数字保存原则。麻省理工学院的图书馆在 2013 年 8 月采用了这些原则,并在 2015 年对其进行了更新,并将其用作开发和维护可持续性数字保存的框架。这 10 项原则是麻省理工学院图书馆不断提升数字保存实践的依据,概括了现行麻省理工学院数字保存标准与实践的基础。

第二,数字保存基础架构。

麻省理工学院在上述数字保存原则的指导下,进一步开展了数字保存基础架构的建设。

数字保存的基础设施包括人员,技术,资源以及整个图书馆及其他图书馆之间的协作连接,以支持持续访问麻省理工学院的数字馆藏。全面数字保存服务(CDPS)是麻省理工学院数字保存基础架构的核心,该项目于 2020 年 6 月启动,目前还处于设计与尝试阶段。

目前的 CDPS 包括 Archivematica(一种为麻省理工学院图书馆托管的数字保存系统,用于帮助保存我们的数字内容)和 DP Storage(两个包含麻省理工学院累积的保存副本的托管数字存储空间)两个部分。麻省理工学院的数字保存原则指导了 CDPS 的实施。目前麻省理工学院数字保存中心正在致力于开发 CDPS 的指南,以确保其能够在麻省理工学院内良好的运行。

第三，数字可持续发展实验室。

数字可持续性实验室是麻省理工学院数字保存中心设立的一个调查和实验的空间，以开发实用的解决方案来应对跨代技术对数字内容管理的挑战。

在实验室中进行的实验将着重于改善各种数字内容的获取、处理、保存、可访问性和审计，以支持麻省理工学院的教学、研究和管理。在实验室中完成的研究主题可能涉及诸如以下方面的主题：用于保存的最佳文件格式，存储媒体问题，对象打包，身份验证，数字内容的完整性，生命周期元数据以及数字内容在各种平台上的有效传递等。

该实验室开发的解决方案将满足麻省理工学院的本地需求，并在符合麻省理工学院数字管护和保存标准和实践的基础上与更广泛的机构部门共享。

（3）机构合作的开展。

麻省理工学院使用"DSpace"系统作为数字图书馆系统，该系统由麻省理工学院与美国惠普公司联合开发，成为高校搜集、保存与利用数字化科研成果的模板。麻省理工学院选择采用"开放源"软件进行"DSpace"系统的开发，使其他高校甚至一些小的学院，能够不必支付使用费，通过直接利用或改写软件，创建自己的数字图书馆系统并与其他学校联网。

麻省理工学院通过主导并推广"DSpace"系统的使用，一方面实现麻省理工学院内部数字资源的高度共享整合与可获取，另一方面也希望能够有越来越多的高校接入该系统，形成高校的信息资源网络。

3.2.3　图档博数字管护发展的专家访谈

在基于图档博机构的实地调查期间，为进一步剖析图档博数字管护发展趋势，了解当前图档博领域专家的认识与观点，本书在实地调查结果的基础上，进一步开展了专家访谈调查。

本次专家访谈申请了美国西蒙斯大学(Simmons University)审查委员会(Institutional Review Board，IRB)的批准①。此次访谈的 IRB 项目申请书详见附录 I。

此次访谈调查最终共有 5 位专家接受了笔者的专家访谈邀请，依据 IRB 项目条款要求，此次访谈结果需进行匿名处理，因此，本书仅对访谈内容与分析结果进行阐述，对访谈对象个人信息等相关问题进行回避。

本书通过专家访谈，希望回答以下问题：

(1)图书馆、档案馆和博物馆中数字管护工作的现状如何？

(2)图书馆、档案馆和博物馆目前正在开展哪些数字人文项目或相关工作？图档博在其中扮演什么角色？

(3)为了满足数字人文发展的要求，图档博应该如何在数字管护工作中进行协作？

围绕上述目标，本次专家访谈调查设计了 3 个部分，共 11 个问题，访谈提纲如表3-3 所示。

表 3-3 图档博数字管护发展专家访谈提纲

访谈主题	访谈题序	提问(英文)	提问(中文)
Part 1 Digital Curation (第一部分 数字管护)	Q1	Would you please briefly describe the digital collections in your institution?	请简要描述贵机构的数字馆藏情况。

99

① 注释：机构审查委员会(IRB)是美国设立的行政机构，旨在保护被招募参加其附属机构主持的研究活动的人类研究对象的权利和福利。专家访谈调查期间笔者正于美国西蒙斯大学档案管理专业进行为期一年的访问，依据西蒙斯大学要求，任何涉及"人"的调查研究都应通过 IRB 的审核后才能进行。

续表

访谈主题	访谈题序	提问（英文）	提问（中文）
	Q2	Would you please describe the main procedures or workflows of digital curation in your institution?	请描述贵机构数字管护的主要程序和工作流程。
	Q3	Are there any standards or guidance for digital curation（or digital archiving, digital preservation, digital collection stewardship）in your institution?	贵机构是否制定了任何数字管护、数字保存或数字资源管理的相关标准与指南？如果有，请您简要介绍。
	Q4	Would you please describe what kind of services your institution provides to other institutions and the public for its digital collections, such as metadata interoperability, accessibility, interaction with users?	请描述贵机构为其他机构和公众提供的数字馆藏服务，例如元数据互操作性、可访问性、与用户的互动等。
Part 2 Digital Humanities Projects（第二部分 数字人文项目）	Q5	Has your institution participated in or carried out digital humanities projects? What changes do you think the digital humanities projects have brought to your institution（e. g. collections, workflows, services, outreach, academic support）？	贵机构是否参与或开展过数字人文项目？数字人文项目对贵机构（如藏品、工作流程、服务、宣传、学术支持）带来了哪些变化？
	Q6	In your opinion, what challenges or problems did your institution encounter in participating or carrying out digital humanities projects? What support is needed for future success?	您认为贵机构参与或开展数字人文项目遇到了哪些挑战或问题？未来需要什么支持？

续表

访谈主题	访谈题序	提问(英文)	提问(中文)
	Q7	What do you think could be done for the digital humanities projects by your institution that it isn't doing now?	您认为贵机构可以为数字人文项目做些什么，目前还没有做到的?
Part 3 LAMs Collaboration (第三部分 图档博合作)	Q8	What collaboration projects does your institution currently have with other LAMs? Have you participated in these projects? If yes, would you please talk about your experience? (not only in digital humanities projects)	贵机构目前与其他LAMs有哪些合作项目? 您是否参与了这些项目? 如果是，请谈谈您的经验。(不仅限于数字人文项目)
	Q9	Do you think it is necessary to collaborate with other libraries, archives or museums in digital curation? As far as you are concerned, what advantages and disadvantages does the collaboration have for your institution? (not only in digital humanities projects)	您认为在数字管护方面与其他图书馆、档案馆或博物馆合作是必要的吗? 就您个人而言，合作对贵机构有哪些优缺点? (不仅限于数字人文项目)
	Q10	If several LAMs prepare to start a collaborative digital humanities project, what do you think the difficulties or problems would be? What key factors do you think determine whether the institution carries out collaborative projects with other LAMs?	如果几个LAMs准备开始一项协作数字人文项目，您认为困难或问题会是什么? 您认为哪些关键因素决定机构是否与其他LAMs开展协作项目?

101

续表

访谈主题	访谈题序	提问(英文)	提问(中文)
	Q11	In your opinion, what kinds of LAMs collaborations are the most effective and beneficial (to institutions, to the public) of their digital curation in digital humanities projects? Could you give some examples?	您认为哪些 LAMs 协作形式在数字人文项目的数字管护方面是最有效和有益的(对机构和公众)? 能否举例说明?

3.2.4 图档博协同实践的案例调查

本书通过文献调研、网络调研,筛选了以下 10 个具有广泛国际影响力的图档博协同项目对它们的数字资源情况、合作情况等进行分析,如表3-4 所示。

详细调查内容如下:

(1)世界数字图书馆。

世界数字图书馆(World Digital Library,WDL)是一个由联合国教科文组织(UNESCO)和美国国会图书馆(Library of Congress)共同发起的数字文化遗产项目。该项目旨在通过数字化技术和互联网,将世界各地的文化遗产数字化并向全球公众免费开放。WDL 项目的发展可以追溯到 2005 年,当时美国国会图书馆的一位研究员建议创建一个数字化的国际图书馆,以便更好地保护和传承世界文化遗产。2009 年 4 月,WDL 正式启动,当时共有 19 个参与国家,包括美国、巴西、埃及、中国等国家,提供了来自各自国家图书馆和博物馆的数字文化遗产资源。

表 3-4 图档博协同项目调查

序号	国家	项目名称	合作机构	项目目标	资源类型	信息技术	资源服务
1	全球	世界数字图书馆(WDL)①	联合国教科文组织和19个国家的32个公共团体	推进图书、博物、档案三位一体的服务时间,促使思想自由沟通、信息资源共享知识共享等,增加文化的多元化发展	文本、图片	数字化技术,可视化技术	浏览服务,检索服务
2	全球	国际敦煌项目(IDP)②	中国国家图书馆和英国国家图书馆、新德里博物图书馆等	使敦煌及丝绸之路东段其他考古遗址出土的写本、绘画、纺织品以及艺术品的信息与图像能在线上自由查阅,并利用教育和研究项目鼓励受众充分利用这些宝贵的资源	文本、图片	数字化技术	浏览服务,检索服务

① 世界数字图书馆[EB/OL]. [2020-11-06]. https://www.wdl.org/zh/.
② 国际敦煌项目[EB/OL]. [2020-11-06]. http://idp.bl.uk/.

续表

序号	国家	项目名称	合作机构	项目目标	资源类型	信息技术	资源服务
3	欧洲	欧洲数字图书馆（Europeana）①	欧盟27个成员国的图书馆、博物馆、档案馆和各文化机构	通过建设统一的互联网云平台，对欧洲国家具有典型代表性的文化遗产进行规整，为了人们增进对欧洲历史文化的了解提供一站式检索和浏览服务，达到欧洲数字文化资料的更加广泛传播和共享的目的	文本，图片	数字化技术	浏览服务，检索服务
4	美国	美国记忆（American Memory）②	美国国会图书馆	把那些对国家历史中有详细记录的宝贵的历史文件、照片、视频、音频等通过用数字转换的方式进行保存，并通过美国记忆网站提供服务	文本，图片，音频，视频	数字化技术	浏览服务，检索服务

① Europeana[EB/OL].[2020-11-06].https：//www.europeana.eu/en.
② Armrican Memory[EB/OL].[2020-11-06].http：//memory.loc.gov/ammem/index.html.

续表

序号	国家	项目名称	合作机构	项目目标	资源类型	信息技术	资源服务
5	美国	美国数字公共图书馆(DPLA)①	美国所有图书馆、档案馆、博物馆和文化馆	集中美国全部丰富的馆藏将图书馆、档案馆、博物馆文化遗产一起，并对受众免费开放。供需要者无偿使用	文本、图片	数字化技术	浏览服务、检索服务
6	英国	聚宝盆项目(Cornucopia)②	由英国博物馆、图书馆及档案馆理事会(MLA)策划实施的包含英国博物馆、图书馆等102个机构、6000多件藏品的在线数据库	系统整合各种文化资源，协助受众认识和了解英国藏品	文本、图片	数字化技术、数据库技术	浏览服务、检索服务
7	加拿大	加拿大国家图书档案馆(LAC)③	加拿大国家图书馆和国家档案馆	对加拿大各种有形文化遗产进行搜集和保存并加以传播，重新组合加拿大公共数字文化资料并采取统一保存和显示的模式，为进一步发掘知识宝库打下基础	文本、图片	数字化技术	浏览服务、检索服务、预约访问、问答服务

① DPLA[EB/OL]. [2020-11-06]. https://dp.la/.
② Cornucopia[EB/OL]. [2020-11-06]. http://www.ariadne.ac.uk/issue/40/turner/.
③ LAC[EB/OL]. [2020-11-06]. https://www.ba-lac.ge.ca/eng/Pages/home.aspx.

续表

序号	国家	项目名称	合作机构	项目目标	资源类型	信息技术	资源服务
8	澳大利亚	澳大利亚国家图书馆 TROVE 项目①	澳大利亚 100 多所图书馆、档案馆、艺术馆、博物馆、历史学会等	对澳大利亚图书馆藏资料和一系列出版物进行收集和保存，对于世界人民研究澳大利亚提供支持，为当下和将来的研究提供依据	文本，图片，音频，视频	数字化技术	浏览服务，检索服务
9	日本	日本国立国会图书馆②	中央图书馆部、收集书志部、电子信息部、支部图书馆的国际儿童图书馆、司法部门设置的 27 所支部图书馆	对国内外的所有资料和信息进行收集、保存，为知识文化做好基础储基，协助国会工作，同时为行政司法机关和民众提供图书馆服务	文本，图，图片	数字化技术，可视化技术	浏览服务，检索服务

① TROVE[EB/OL]. [2020-11-06]. https://trove.nla.gov.au/.

② 日本国立国会图书馆[EB/OL]. [2020-11-06]. https://www.ndl.go.jp/zh/index.html.

续表

序号	国家	项目名称	合作机构	项目目标	资源类型	信息技术	资源服务
10	中国	全国文化信息资源共享工程①	全国图书馆、博物馆、美术馆、艺术研究等机构的文化信息资源联合目录	建成互联网上的中华文化信息中心和网络中心，并通过覆盖全国所有省、自治区、直辖市和大部分地（市）、县（市）以及部分乡镇、街道（社区）的文化信息资源网络传输系统，实现优秀文化信息在全国范围内的共建共享	文本，图片，视频	数字化技术	浏览服务，检索服务，预约访问

① 全国文化信息资源共享工程文化云[EB/OL]. [2020-11-06]. https://www.culturedc.cn/web2.1/index.html.

　　WDL 项目的数字资源基础主要由各个参与国家的图书馆、博物馆和档案馆提供，它们通过数字化技术将珍贵的文化遗产数字化，并提供给 WDL 平台。这些数字资源包括书籍、照片、地图、音乐、艺术品等多种类型的文化遗产。

　　WDL 项目利用信息技术实现数字资源的存储、管理、传输和展示。该平台采用多语种、多媒体的方式呈现数字资源，使用户可以通过互联网方便地访问和学习各种文化遗产。此外，WDL 还提供了搜索、浏览、下载、分享等多种功能，方便用户进行文化遗产资源的利用和传播。

　　WDL 项目的数字资源服务情况不断得到改进和拓展。截至目前，WDL 平台已经收录了来自 147 个国家和地区的超过 20000 份文化遗产数字资源，并提供了 7 种语言的支持。此外，WDL 还与各个参与国家的机构合作，共同推动文化遗产的数字化和保护，为全球公众提供更加全面和丰富的文化遗产数字资源。

　　WDL 项目中的机构合作非常重要。WDL 平台是由联合国教科文组织和美国国会图书馆共同发起的，各个参与国家的图书馆、博物馆和档案馆也是 WDL 项目的重要合作伙伴。这些机构提供数字资源，并共同制定平台的发展战略和规划。此外，WDL 还与国际组织、学术团体、社会组织等合作，共同推动文化遗产数字化和保护的进程。这些机构的合作，促进了数字资源的共享与交流，推动了文化遗产的数字化与保护的进程。

　　(2)国际敦煌项目。

　　国际敦煌项目(International Dunhuang Project，IDP)是一个旨在保护、研究和推广敦煌遗产的国际合作项目，始于 1994 年。该项目由英国图书馆、法国国立东方语言文化学院、德国柏林州立图书馆、俄罗斯国家图书馆和中国国家图书馆等机构共同发起，旨在收集、保存、数字化和研究敦煌莫高窟及其他敦煌遗址的文物和文献。

　　IDP 的数字资源基础主要是以敦煌文献为核心，包括了敦煌莫高窟、敦煌藏经洞、西域文书、敦煌遗址等文物和文献。通过数字化技术，将这些文物和文献转换成数字形式，建立了一个全球最大的敦煌数字图书馆,为世界各地的研究人员提供了方便快捷的获取途径。

IDP 采用了先进的信息技术,包括数字化、计算机视觉、人工智能等技术,对数字资源进行处理、分类、检索和解析。这些技术的应用使得研究人员能够更加全面和深入地了解敦煌文献的内容和历史背景,为研究敦煌文化提供了强有力的支持。

IDP 的数字资源服务情况十分丰富,包括数字图书馆、数字展览、数字研究工具等。其中,数字图书馆是 IDP 最核心的服务之一,提供了数万件敦煌文献的数字化版本,包括书籍、手稿、画像、照片等。数字展览则将这些文物和文献以数字化形式呈现给观众,使得观众可以在不受时间和空间限制的情况下,了解和欣赏敦煌文化。数字研究工具则为研究人员提供了方便快捷的工具,包括数字化处理工具、文本解析工具、计算机视觉工具等。

在机构合作方面,IDP 是一个涉及多个国家和机构的国际合作项目。除了发起机构外,还有许多其他机构参与其中,包括美国国会图书馆、日本东洋文化研究所、加拿大渥太华大学等。这些机构的共同参与,为数字化和研究敦煌文献提供了广泛的支持。同时,IDP 也积极与中国国内的机构合作,如敦煌研究院、中国科学院等,为研究敦煌文化提供了更加广泛和深入的资源。

(3)欧洲数字图书馆。

欧洲数字图书馆(Europeana)项目是一个旨在将欧洲文化遗产数字化并共享给公众的在线数字图书馆项目。该项目最初由欧洲委员会于 2005 年提出,旨在将欧洲的文化遗产数字化并使其可供公众访问。该项目于 2008 年 11 月正式推出,并于 2010 年 4 月进行第一次重大更新,增加了更多的数字资源和功能。

Europeana 的数字资源基础非常丰富,收录来自欧洲各地的超过 4000 万件数字化文化遗产,包括图书、报纸、照片、音频、视频、艺术品和文物等。这些数字资源来自欧洲各个国家和地区的图书馆、档案馆、博物馆和其他文化机构。这些文化机构通过数字化自己的收藏品,将其上传到 Europeana 平台,以便公众在线访问和使用。

Europeana 采用先进的信息技术应用来实现数字资源的管理和共享。其中，Europeana 采用了开放式 API(应用程序接口)的方式，使得第三方开发者可以通过 Europeana 的 API 来访问和利用 Europeana 的数字资源。此外，Europeana 还使用各种元数据标准，以确保数字资源的组织和描述的一致性。

Europeana 提供了多种数字资源服务，以满足不同用户的需求。其中，Europeana 的搜索功能允许用户通过关键词搜索数字资源，并根据不同的分类方式进行筛选和排序。此外，Europeana 还提供了多种在线展览和虚拟游览，以便用户更深入地了解欧洲的文化遗产。此外，Europeana 还提供了一些教育和研究工具，以帮助用户更好地利用数字资源进行学习和研究。

Europeana 与欧洲各地的数百家文化机构合作，这些机构向 Europeana 提供数字资源，并与 Europeana 共同开发和实施项目。此外，Europeana 还与其他数字图书馆和文化遗产机构合作，以促进数字文化遗产的共享和交流，并推动数字文化遗产的保护和传承。

(4)美国记忆。

美国记忆(American Memory)项目是由美国国会图书馆于 1990 年发起的一个数字化文化遗产项目，旨在将美国历史、文化和创新成果数字化，以方便公众访问和使用。该项目的产生和发展与信息技术和数字化技术的进步密不可分，也是数字化文化遗产保护和利用的典型案例之一。

美国记忆项目的数字资源基础是美国国会图书馆的丰富藏品，包括书籍、地图、照片、音频、视频等多种形式的文献和物品。这些资源经过数字化处理和整理，通过互联网向公众开放，可以免费在线访问和使用。截至 2021 年，美国记忆项目已经数字化了超过 1500 万件文献和物品，包括美国历史上的重要文件、照片、音频、视频等，涵盖了从殖民时期到现代的各个方面。

为实现数字化文化遗产的保护和利用，美国记忆项目采用了多种信息技术和数字化技术，包括数字化扫描、图像处理、文献标注等。这些技术使得原本需要在图书馆等实体场所查阅的文献和物品，可以通过互联网全球范围内实现访问和使用，大大提高了文化遗产的可访问性和利用效率。

美国记忆项目还提供了多种数字资源服务，包括在线搜索、文献浏览、下载、打印等功能，方便公众进行学术研究、教育教学、文化交流等活动。此外，该项目还针对不同用户群体提供定制化服务，包括学生、教师、研究人员、文化爱好者等，提供了多种在线工具和教学资源，支持学术研究和文化教育。

在机构合作方面，美国记忆项目与多个机构合作，包括博物馆、图书馆、大学等，共同完成数字化文化遗产的保护和利用工作。其中，美国国家档案馆、史密森尼学会、美国国家公共电台等机构与美国记忆项目有着紧密的合作关系，共同推动了数字化文化遗产的发展和利用。此外，该项目还与多个国际组织和机构合作，促进数字化文化遗产保护和利用的国际交流和合作。

（5）美国数字公共图书馆。

美国数字公共图书馆（Digital Public Library of America，DPLA）项目是一个由非营利性机构发起的数字图书馆项目。该项目旨在建立一个全国性的数字公共图书馆，让公众可以免费访问数百万本书籍、照片、地图、档案和其他文化遗产资源。DPLA 项目的产生源于美国国会图书馆和互联网档案馆的数字化计划，这些计划旨在将图书馆和档案馆中的文化遗产数字化，以便让更多人可以访问并使用这些资源。在这些计划的基础上，DPLA 项目成立于 2010 年，并在 2013 年正式启动。

DPLA 项目的数字资源基础非常强大，目前已经收录来自美国各地的 2900 个机构的超过 3600 万件数字资源，包括图书、报纸、照片、音频、视频、地图和档案等。这些资源都可以通过 DPLA 项目的网站免费访问。

DPLA 项目还采用了先进的信息技术应用，例如使用人工智能技术对数字资源进行分类和索引，以便用户更轻松地找到他们需要的资源。此外，DPLA 还提供了一些数字资源服务，例如数字化档案馆、数字化图书馆和数字化展览等，以便更多的文化遗产资源可以被数字化保存和访问。

　　DPLA 项目的一个重要特点是机构合作情况。该项目与美国各地的图书馆、博物馆、档案馆等文化机构密切合作，共同收集、数字化和提供文化遗产资源。这些合作机构包括美国国会图书馆、哈佛大学图书馆、史密森尼学会、纽约公共图书馆等知名机构。这些机构的参与使得 DPLA 项目的数字资源和服务更加丰富和可靠，也为更多的文化机构提供了数字化的机会和平台。

　　(6) 聚宝盆项目。

　　聚宝盆项目(Cornucopia)是一个由英国文化遗产机构联合创立的数字资源平台，旨在为用户提供英国文化遗产的数字化资源以及相关信息服务。该项目的产生和发展可以追溯到 2001 年，当时英国的一些文化遗产机构开始意识到数字技术的重要性，希望能够将自己的馆藏、档案和文献等资源数字化，以便更好地保存、展示和传播。为此，这些机构开始合作建立了 Cornucopia 项目，希望能够通过数字技术让更多人了解和欣赏英国的文化遗产。随着技术的不断发展和项目的不断完善，Cornucopia 项目逐渐成为一个包括多个机构合作的数字资源平台，为用户提供丰富的数字资源和信息服务。

　　Cornucopia 项目的数字资源基础主要包括英国各大博物馆、图书馆和档案馆的数字化馆藏、文献、图片、音频和视频等资源。这些资源通过 Cornucopia 平台进行整合和展示，用户可以通过网站或者移动应用程序访问这些资源。

　　在信息技术应用方面，Cornucopia 项目采用先进的数字技术，如数字化扫描、图像处理、数据库管理和知识图谱等技术，以确保数字资源的质量和可访问性。此外，该项目还采用人工智能和机器学习等技术，以提供更加智能化的服务，例如根据用户的兴趣推荐相关资源。

　　Cornucopia 项目也提供了多种数字资源服务，包括数字化馆藏的在线浏览、在线搜索和下载等服务，同时还提供了相关的研究和教育资源，如数字化文献的阅读、搜索和分析工具以及在线学习课程等。

　　在机构合作方面，Cornucopia 项目涵盖众多英国文化遗产机构，如大英博物馆、大英图书馆、国家档案馆和维多利亚与艾伯特博物馆等。这些机构共同参与项目的数字化资源建设、技术研发、信息服务和用户体验等方面，形成了一个强大的合作体系，为用户提供丰富的数字资源和优质的服务。

（7）加拿大国家图书档案馆。

加拿大国家图书档案馆（Library and Archives Canada，LAC）是加拿大的一个重要文化机构，成立于2004年，由加拿大国家档案馆、加拿大国家图书馆和加拿大国家音频档案馆三个机构合并而成。这个机构的任务是收集、保存和传承加拿大的文化遗产，包括历史文献、政府文献、音频和视频记录等。

LAC在数字化领域的发展非常重要。它拥有世界上最大的数字化图书馆之一，收录了大量的数字化文献、图片、音频和视频记录等。为了支持这一数字化工作，LAC采用了先进的信息技术，包括数字化扫描技术、数字储存技术、数字化内容管理系统等。这些技术使得LAC能够更好地保存和传承加拿大的文化遗产，并向公众提供更好的服务。

LAC的数字资源服务非常丰富，包括在线图书馆、数字化档案馆、数字化音频馆等。这些服务允许用户在任何时间、任何地点访问LAC的数字化文献和其他资源。此外，LAC还提供一系列的数字化研究工具和服务，如数字化内容搜索、数字化内容分析、数字化内容计量等，这些工具和服务有助于研究人员更好地利用LAC的数字资源进行研究和分析。

LAC在数字化领域的成功离不开与其他机构的合作。例如，LAC与加拿大博物馆、加拿大历史学会等机构合作，共同收集、保存和传承加拿大的文化遗产。此外，LAC还与加拿大的大学和研究机构合作，共同推进数字化研究和数字化人文领域的发展。

LAC是加拿大文化遗产的重要机构之一，其数字化项目的发展为保护和传承加拿大的文化遗产作出了重要贡献。同时，LAC的数字化资源和服务也为研究人员和公众提供更好的使用体验，推动了加拿大数字化文化领域的发展。

（8）TROVE。

TROVE 项目是澳大利亚国家图书馆于 2009 年推出的一个数字文化遗产项目。该项目的目标是将澳大利亚和其他国家的数字文化遗产资源整合到一个平台上，以便公众可以轻松地访问和使用这些资源。这个项目最初是由澳大利亚国家图书馆的数字图书馆部门发起的。在其发展的早期，该项目更加注重数字化文化遗产资源的收集和整合。该项目的数字资源基础主要包括书籍、期刊、报纸、照片、音频和视频等多种类型的文献资料。随着信息技术的不断发展，TROVE 项目的服务也逐渐扩展到了数字资源的处理和利用。该项目利用先进的信息技术，如自然语言处理、机器学习和人工智能等，为用户提供更加智能化的数字资源服务。例如，用户可以使用该平台上的搜索引擎来查找相关的文献资料，并通过机器将这些文献翻译成自己的语言。

在数字资源服务方面，TROVE 项目提供了许多有用的功能，例如用户可以保存他们喜欢的文献资料，或将这些资料与其他用户共享。此外，该平台还提供了许多在线学习资源和研究工具，以帮助用户更好地利用数字资源。

在机构合作方面，TROVE 项目与澳大利亚国家图书馆的许多合作伙伴密切合作，包括博物馆、档案馆、大学图书馆和其他文化机构。这些机构提供了大量的数字文献资料，为 TROVE 项目的数字资源服务提供重要的支持。此外，该项目还与其他国家的数字文化遗产项目合作，以便更广泛地收集和整合数字文献资料。

（9）日本国立国会图书馆。

日本国立国会图书馆是日本最重要的图书馆之一，是日本国会的独立机构，负责收集、保存和提供政府文献、议会文献和相关资料。该图书馆的历史可以追溯到 1948 年，当时设立了"国会图书馆"，并于 1970 年改名为"国立国会图书馆"。该图书馆项目的产生和发展始于 19 世纪末，当时日本政府开始着手建立一个国家级的图书馆，以收集和保存政府文献和相关资料，以及为国会议员提供信息支持。随着时间的推移，该图书馆逐渐发展为一个具有国际影响力的重要图书馆。

在数字资源基础方面，该图书馆积极推动数字化转型，已经将大量的文献和资料进行数字化处理，并建立了一个数字资源库，提供在线访问服务。此外，该图书馆还开发了一些数字资源工具，帮助用户更好地利用其数字资源。

在信息技术应用方面，该图书馆采用了一系列先进技术，包括信息检索、数据挖掘、自然语言处理等，以提高数字资源的利用效率和用户体验。

在数字资源服务方面，该图书馆提供了多种服务，包括在线图书馆、数字化资源库、数字化处理、数字化资源利用指导等。同时，该图书馆还积极开展国际合作，与其他图书馆和机构合作，共同推动数字资源的开发和利用。

在机构合作方面，该图书馆与其他图书馆和机构合作，共同推动数字资源的开发和利用。例如，该图书馆与美国国会图书馆和英国国家图书馆等机构建立了合作关系，共同开展数字化资源的收集、保存和利用等工作。此外，该图书馆还与其他日本国内的图书馆和机构合作，共同推动数字资源的开发和利用，促进数字化转型和信息化建设的发展。

日本国立国会图书馆是一个具有重要地位和影响力的图书馆，通过数字化转型和信息技术应用，已经成为一个现代化的数字资源中心，为用户提供了丰富的数字资源和高质量的服务。同时，该图书馆还积极开展国际合作和机构合作，共同推动数字资源的开发和利用，促进信息化建设和数字化转型的发展。

（10）全国文化信息资源共享工程。

全国文化信息资源共享工程是中国政府为促进文化信息资源的共享和数字化保护而开展的一个重要项目，其产生和发展经历了多个阶段。该项目最初的动力来自20世纪90年代初期中国数字图书馆建设的需求。1999年，中国国家图书馆等机构开始了一个名为"数字图书馆建设试点"的项目，旨在建立数字化的图书馆，以推进数字资源的建设和管理。在此基础上，2002年，国家文化部提出了"文化信息资源共享工程"这一更加综合和系统的概念和目标，旨在构建一个覆盖全国的文化信息共享系统，并推进数字资源的开发、共享和利用。同年，国务院办公厅发布了《关于推进文化信息资源共享工程的指导意见》，这是中国全国文化信息资源共享工程项目的奠基性文件。

该项目的数字资源基础主要包括文物、图书、音像、地图、档案等各类文化遗产资源，以及各类学术文献、文化产品、数字展览等。通过数字化处理和标准化管理，将这些资源转换为电子文档、数字图像、数字音频、数字视频等数字化形式，方便用户进行检索、浏览和利用。

在信息技术应用方面，该项目采用先进的数字化处理技术、存储技术和网络技术，实现了数字资源的高效管理、存储、检索和传输。其中，数字化处理技术包括数字化扫描、数字化摄影、数字化录音、数字化视频等技术；存储技术采用了分布式存储、云存储等技术；网络技术则包括了内容分发网络、虚拟专用网络等。

该项目还提供了一系列数字资源服务，包括数字资源的检索、浏览、下载、交流等。用户可以通过网络平台或者专用终端进行服务的访问，进行数字资源的检索和浏览，也可以通过下载等方式获取数字资源，并进行学术研究、文化教育、创意设计等多种用途的利用。

在机构合作方面，该项目得到了全国各类文化机构的积极支持和参与，包括各级文化部门、博物馆、图书馆、档案馆、文化遗产保护机构、学术机构等。这些机构提供了大量的数字资源，共同参与数字化处理和标准化管理，同时也为数字资源的利用和推广提供了重要的支持和保障。

除以上 10 个项目外，国内外还有诸多成功的案例，例如由挪威档案馆、图书馆和博物馆共同参与的挪威数字文体图书馆项目，由瑞典皇家图书馆、国家图书馆等展馆以及有关机构一起参加的瑞典图片数据库与数字化档案馆、图书馆与博物馆合作平台等。但因语言因素限制，为能完成后续更进一步深入的调查，本书经过筛选后，以上述 10 个国内外具有较大影响力的图档博协同项目为代表，总结相关协同项目的成功经验。

3.3 图档博数字管护现状调查结果

3.3.1 数字人文实践需求向广度与深度延展

通过对上述 15 个国内外数字人文项目开展中的机构、内容、政策、资金等情况的综合分析，笔者对数字人文实践开展的需求分析如下：

（1）数字资源需求。

从上述 15 个数字人文项目的参与机构与研究内容不难看出，数字人文实践的开展具备强烈的跨机构特征，大部分数字人文项目的主持机构难以仅靠自身机构内部的资源完成数字人文项目。例如，查科研究档案项目同时使用了美国自然历史博物馆人类学系、查科文化国家历史公园、拉丁美洲图书馆、史密森尼国家人类学档案馆等多个机构的馆藏资源来展现 Chaco Canyon 的历史。再如，我国的中文古籍联合目录及循证平台的建立更是联合了国内外 1400 余家机构的古籍馆藏目录才实现了世界范围内中文古籍馆藏的联合访问。可见，数字人文实践的开展需要围绕某一主题的广泛的资源基础，往往需要融合多个数据集内容才能覆盖数字人文实践的需求。

此外，开展数字人文实践对数字资源的需求不仅有"广度"，更有"深度"。从调查的数字人文项目的内容来看，数字化仅仅是数字人文项目的开始，想要实现数字资源的可视化展示、与用户的交互等还需实现数字资源细粒度的组织，构建资源间的语义关联，完成数字资源从"信息"到"知识"的转变。

（2）信息技术需求。

数字人文本身就是人文社会学科与计算机科学结合的产物，信息技术在数字人文项目的开展中占据着重要地位。一些数字技术、

117

数据管理技术以及 GIS 技术等都在以上数字人文项目中有所体现。例如我国的家谱知识服务平台项目和中文古籍联合目录以及循证项目平台对于馆藏资料做的深度发掘和研究都是从多维度如人物、地点、时间、事物等进行的，其中，家谱知识服务平台项目，这种项目是以发现指定主题的知识为目的的，其采用的技术主要有三类即可视化、关联数据信息以及本体技术等，中文古籍联合目录以及循证项目平台目的在于对多馆古籍进行联合查找与控制规范的联动技术，采用的技术包括平台技术以及关联语义技术等技术，而且当前将要完成的开发内容包括统计分析、时空分析以及可视化分析等。

数字人文实践对信息技术的需求难度大，很多信息技术的应用难以仅凭借单一机构的技术能力完成，这一点在众包类型的数字人文项目中体现最为明显。例如，耶鲁合奏团的目标是选取重要人物之间的关系等数据信息以众包转录的模式，其创建的结构化信息的基础是以人工识别判断的方式完成对相关学者的协助；盛宣怀档案抄录项目为了吸引受众对该档案资料进行抄写记录或标注引用，当面对计算机不能判断的情况时，而且采用的是激励受众的模式。由此可见，数字人文实践对信息技术的需求归根到底是对技术应用的需求，并最终体现为对数字资源管理的需求。

（3）制度保障需求。

数字人文的顺利开展不能仅仅依靠数字资源与信息技术，政策、人才、资金的支持必不可少。从调查的 15 个数字人文项目披露的制度保障情况来看，数字人文实践在跨机构、跨领域开展过程中需要来自多个领域与学科的技术专家参与才能共同推进数字人文的进展。

国内外数字人文项目在资金来源方面的差异较大。国外数字人文项目能使用灵活的资金支持渠道，汇集多种来源的资助以保证数字人文项目的顺利进行。国内数字人文项目则主要以科研经费为主。因此完善我国数字人文的资金投入机制也是当前数字人文项目开展需要解决的重要问题之一。

3.3.2 图档博机构具备基本的数字管护能力

通过对上述图档博机构代表的实地调查，本书对当前图档博机构数字管护能力的分析如下：

（1）数字资源建设能力。

从调查结果来看，图档博机构在当前的数字转型时期，无论馆藏规模的大小，都十分重视机构内数字资源建设，并致力于不断扩大数字资源馆藏。例如，波士顿公共图书馆从早期的数字化试点项目逐渐发展至今，已经拥有大规模的数字化基础设施，甚至成为波士顿数字联邦的数字资源中心。数字资源建设已经成为波士顿图书馆的重要战略内容。再如纽约现代艺术博物馆，尽管数字资源馆藏规模相对较小，但在博物馆的策展工作中发挥了极大的作用，图书档案部门也从开始的辅助部门逐渐壮大，成为现在单独设立的博物馆内的图书馆、档案馆，负责完成、协调整个博物馆内外部的数字资源管理工作。

在数字资源建设过程中这些图档博机构也遇到了诸多问题，例如，随着数字资源不断积累，其"鉴定"问题也日益凸显。再如，大量积累的数字资源如何保证他们的访问与长期存储，已经成为数字资源建设需要考虑的首要问题。还有实体馆藏资源的数字化资源与原生数字资源在数字资源管理中的融合问题等。

总的来说，图档博机构在数字资源馆藏建设正走在积极探索、努力实践的道路上。它们勇于尝试，并看到了数字资源在图档博领域未来的重要地位。目前已经具备了一定数字资源建设能力，实现馆藏资源数字化、数字资源保存、数字资源访问等。对不断扩张的数字资源馆藏的优化、数字资源的共享、数字资源的长期存储与利用等是当前图档博面临的新挑战。

（2）信息技术应用能力。

从调查结果来看，图档博机构在数字化进程中一直积极应用新兴的信息技术，来不断优化自身的数字资源建设水平。例如，康奈

119

尔大学的珍本和手稿收藏部最开始仅使用光盘来对数字化文件与媒体文件进行存储，后来开始依赖康奈尔大学提供的数字资源存储服务。但随着数字化进程的推进，珍本和手稿收藏部开始主动思考自己的数字管护需求，并于 2016 年成立跨部门数字资产管理委员会，开始希望能够完全依靠自身对数字馆藏资料进行看管和守护，并对数字信息的保存制定更加全面更加完善的方案。珍本和手稿收藏部希望通过数字管护工作可以实现数字资源更高级的管理服务，例如格式化、迁移、模拟等数字资源长期保存的需要。

其中，在图档博信息技术应用的过程中，基础设施建设与人才引进起到了十分重要的推动作用。例如，波士顿公共图书馆在 2009 年建立了第一个数字存储库系统之后，为了进一步实现数字资源建设的可持续性与可扩展性，决定与互联网档案馆合作，成立了一个 IA 的区域扫描中心，配备先进的设备和方法来处理数据卷。IA 的设备补充了波士顿公共图书馆自己的摄影实验室，该实验室有更好的设备来扫描图书馆的大型印刷品和照片馆藏。在 IA 的支持下，数千本波士顿公共图书馆的珍本书已被扫描，并通过 IA 网站提供公开的访问与使用。IA 区域扫描中心的建立极大地推动了波士顿公共图书馆内数字化技术的使用效率。再如，波士顿公共图书馆与纽约艺术博物馆都专门设立数字资源管理的岗位来专门负责数字化项目的开发、数字化战略制定、技术标准规范制定等相关工作，保障了机构内信息技术的顺利应用。

总的来说，图档博机构对信息技术，尤其是新型的信息技术的应用反应快、接受度高、主动性强。图档博机构设立专门的岗位进行数字资源的开发，制定信息技术的应用战略，不断寻求基础设施的完善，已经具备了较强的信息技术应用能力。

（3）机构合作开展能力。

从调查结果来看，图档博机构具备了极强的合作意识与能力，不论是机构内部的协作，还是跨机构的合作。

其中，纽约现代艺术博物馆就是机构内部跨部门高度协同的典型案例。例如 2014 年，纽约现代艺术博物馆将图书馆与档案部门分离，分别设立了单独的纽约现代艺术博物馆的档案馆与图书馆，

120

从此，保持图书馆、档案馆在纽约现代艺术博物馆数字馆藏建设中的核心作用，支持其他部门共同合作成为纽约现代艺术博物馆数字管护工作的主要内容。为此，纽约现代艺术博物馆还专门设立了数字内容管理与战略总监职位，将各种数据仓库整合，优化机构的资源网络。

此外，图档博机构还往往善于通过加入联盟、合作组织等主动寻求跨机构的合作机会。例如，波士顿公共图书馆在 2011 年加入数字联邦后，在数字联邦的财政支持下，以开源技术构建了定制的数字资源管理系统(Digital Assets Management System)。2012 年，波士顿公共图书馆在国家财政拨款 220 万美元的支持下，在该系统的基础上开始向 Massachusetts 全州的文化遗产机构提供免费的数字资源服务，并托管了数字联邦的数字资源库。随着数字联邦的成功，为了实现更大范围内的数字资源共享共建，以波士顿公共图书馆为资源中心的数字联邦进一步扩大了自己的合作范围，加入了美国数字公共图书馆(The Digital Public Library of America，DPLA)，并逐渐成为 DPLA 的一个重要资源服务中心。数字联邦的成员通过 DPLA 的接口在全国范围内共享数字资源，并通过数字联邦自己的访问系统实现全州范围内的数字资源共建。

总的来说，图档博机构在数字资源建设、信息技术应用、数字资源共享等方面都有着较为强烈与成熟的合作意识。不论是在机构内部，还是与其他机构，图档博机构都能主动进行数字资源管理的协作，可以共建共享数字资料，在获得其他组织协助的同时也能为其他机构提供支持。

3.3.3　图档博数字管护协同已成为共同愿景

依据 IRB 规定，在访谈期间，受访专家有权利跳过或拒绝回答任何问题，也可以就其认为重要的内容进行补充。5 位受访者依据其工作经历与研究内容，针对图档博数字管护工作的未来发展表达了自己的看法，受访专家们主要提出了以下观点：

(1)图档博致力于实现共享或分布式的数字资源库建设，图书馆、档案馆与博物馆的资源融合已成为共同愿景。受访专家一致认为数字化或者说数字资源建设已经成为当下图档博机构的重要工作内容之一，不断扩大数字资源馆藏，优化数字资源服务是图档博机构重要的战略目标。但仅局限于自身机构内部显然难以完成这项困难的任务，因此他们所在的机构在过去的二十年间通过加入联盟组织在努力寻求实现资源共享，构建分布式的数字资源库。在当下，拥有数字资源已经不再是最重要的事情，最重要的是如何获取资源并提供服务。

（2）图档博机构关注信息技术的应用，但更关注信息技术能为图档博机构带来什么。受访专家表示信息技术的革新非常之快，很多信息技术甚至超乎了他们的想象，图档博机构作为信息资源的集中地，显然会首先成为信息技术的应用者。但对于图档博机构的馆员而言，他们更关注这些信息技术能够为图档博带来哪些改变，尤其如何优化图档博的信息服务，例如，数字化技术可以将实体资源转变为数字资源，从而使图档博的信息服务能够打破时空壁垒；再比如，可视化技术可以大大提升用户的阅读体验，提升图档博机构的信息服务效果。

（3）数字人文已成为图档博数字资源建设的一大驱动力，未来将催生更多的原生数字资源。受访专家对图档博机构开展数字人文实践或参与数字人文项目都抱有十分积极的态度。数字人文对图档博的数字资源管理工作产生了深远的影响，受访专家表示现在他们在数字资源管理时会"考虑更多"。对数字化资源的深度标引、可信存储、分布式访问等已经是图档博数字资源管理的必备内容。图档博在参与数字人文实践中产生的新的数字资源也被纳入馆藏数字资源管理的范畴。数字人文已经成为图档博数字资源建设的驱动力，在利用现有资源的同时也在产生新的数字资源。未来原生数字资源的管理问题将是图档博下一步面临的挑战。

（4）图档博机构数字资源馆藏已初具规模，未来更关注数字资源的存储与访问。不论图档博机构的数字资源馆藏规模的大小，受访专家都表示当前数字资源已经成为图档博馆藏的重要组成部分。图档博机构数字资源建设的重点已经从早期的数字化而逐渐转移到对数字资源存储与访问的管理，他们更关心如何才能确保这些数字资源馆藏的长期保存与永久访问，这也是在馆藏数字资源快速增长时期很多图档博机构面临的一个挑战。

（5）图档博机构需要专业的团队来应对更大的数字化挑战。受访专家表示图档博机构的数字资源建设与利用是一项高智力负担与专业负担的任务，部分图书馆员、档案馆员、博物馆员并不能完全胜任，尤其是涉及图档博机构数字项目战略制定等任务时，他们希望有更加专业的人才参与、执行。也因此，很多相关岗位在近几年被纷纷设立，以保障图档博机构能够更好地应对数字转型挑战。

（6）跨领域、跨机构、跨学科的图档博合作，机构内决策层的支持是必要条件。受访者从自己的经历中总结了图档博在跨领域、跨机构或跨学科合作项目中的成功经验，认为决策层的支持与引导是合作成功的关键因素之一。只有得到了机构的支持与重视，在必需的政策保障下，图档博机构才有足够的空间与资源支持来进行合作，才能够保障不同机构之间的高度协调，否则只能事半功倍，甚至半途而废。

3.3.4　图档博协同实践合作模式已初步形成

通过本书的文献调查与网络调查，目前现有图档博合作项目协作方式主要包括四类，依次为政府主导模式、机构合作模式、跨部门合作模式、共同项目驱动模式四种。①

（1）政府主导模式。

政府主导模式是一种典型的宏观调控模式，其中政府机构负责图档博合作项目的策划、导向、资金支持和制度建设。在该模式下，政府通过立法、资金拨款、政策引导以及公共服务投入等手段，确立了对图档博合作的宏观管理和微观推动作用。具体而言，政府不仅提供资金保障，还会通过政策制定、标准化建设和行业指导等措施，以保证合作项目的顺利开展和质量标准。

123

---

①　何蕾．中外 LAM 合作项目的对比研究［D］．长春：吉林大学，2019.

首先，政策制定和规划是起始的关键步骤。政府需要明确国家文化数字化的长远目标，并将其转化为具体可操作的政策措施。这包括确定优先级、阶段性目标、适应国家文化发展需求的标准和程序等。例如，政府可以推动国家级的数字图书馆项目，制定数字档案保护的法规，并为博物馆提供数字展览的技术和资金支持。

其次，政府在资金支持方面扮演重要角色，不仅为图档博项目的启动提供资金，还要确保项目的持续运作。这涉及资金的申请、分配和监管机制。政府需确保资金分配公平、透明，并符合项目的实际需求。例如，对于需要大量初始投入的数字化设备采购和技术开发项目，政府可以提供补贴或贷款保障。

然后，政府主导模式强调技术的推广使用和标准化工作。政府不仅通过资金支持推动最新技术的研发，还要制定一系列标准，如数据格式、互操作性、信息安全等，以促进不同机构间的技术兼容和数据共享。这可通过建立国家级的技术研究中心来实现，这些中心负责研究和推广适用于图档博领域的新技术。

再次，政府还需要关注教育和人才培养，提高全国专业人才的整体水平。可通过支持图档博专业教育、提供培训工作坊、设立奖学金等方式实现。培养高技能的图书馆员、档案管理者和博物馆工作人员，以满足数字化时代对专业人才的需求。

最后，政府的监管责任包括对项目进度的跟踪评估、资金使用的审计以及技术标准的执行情况。监管机构需定期发布项目进展报告，评估项目效果，并根据反馈调整策略。这有助于确保公共资金的有效使用，并推进项目目标的实现。

政府主导模式在图档博数字资源合作项目中扮演着至关重要的角色，其成功实施需要政府机构的高效协调、资源的合理分配、技术的前瞻布局以及人才培养的长远规划。这种模式要求政府不断调整和优化政策措施，以应对技术进步和市场变化带来的挑战。同时，政府机构应鼓励社会各界参与，保持政策的透明度和公开性，从而建立全社会支持的文化数字化生态系统。然而，政府主导模式也存在局限性，如可能因官僚体系而导致决策与执行的迟缓，以及更多关注宏观政策与社会效益，而不足以满足用户的个性化需求。

因此，在实践中，该模式需要通过建立包括用户反馈机制在内的多元参与框架，以提升政策的灵活性和项目的用户导向性。

（2）机构合作模式。

机构合作模式强调的是两个或多个文化单位之间的直接合并或协作，以实现合作的协同效应。这种模式的关键在于有效的治理结构和内部管理机制，确保合作各方能够在共享的基础上实现利益最大化。

首先，在机构合作模式中，需要明确各机构之间的合作愿景和目标，通常通过制定战略规划和签订合作协议来实现。规划将定义合作的范围、目标、职责、期望成果以及评估指标。合作协议则具体落实合作细节，包括资源分配、成本分摊、知识产权处理、数据共享等关键事项。

其次，机构合作的核心优势在于资源共享，包括实物藏品、数字资源、人力资源、技术平台等。资源共享不仅能提高服务效率，还能实现成本节约。为此，机构需协同建立资源整合机制，如统一的数字资源管理系统，并为不同机构的用户提供跨机构检索服务。

然后，为实现有效的资源共享与整合，必须建立一致的技术标准，确保系统间的互操作性，包括数据格式的统一、元数据标准的设定以及共享接口的建立。这些技术标准和协议应公开透明，以便各参与机构在同一框架下进行技术开发和数据交换。

再次，合作机构之间应通过服务协同提升用户体验。可能涉及共同的用户服务平台，如联合的参考咨询服务、统一的读者培训项目和跨机构的文化活动。服务协同不仅能提供更丰富的用户体验，还能推动各机构的服务创新。

最后，良好的合作机制需要配备绩效评估系统，对合作成效进行量化评估。通过收集用户反馈、服务使用数据和财务报告，机构能够评估合作项目的表现并据此进行调整优化。持续改进的文化有助于机构合作处于动态的、自我完善的状态。

机构合作模式强调在保持各自独立性的同时，通过资源共享和技术协同实现协作效益的最大化。这一模式要求参与机构之间建立深度的信任关系、高效的协调机制和灵活的合作策略。在实施过程中，不仅要考虑合作本身带来的直接好处，还需要关注文化传承、知识共享以及社会责任等更广泛的价值。通过有效的机构合作，可以实现知识和文化资产的共同保护、传播与创新，更好地服务于公众并促进社会整体的文化发展。与政府主导模式相比，机构合作模式更注重参与者之间的平等与共赢。实现成功合作的关键在于制定详尽的合作策略、清晰的责任分工和有效的沟通机制。

（3）跨部门合作模式。

跨部门合作模式是一种复杂的合作体系，涉及多个不同机构之间的协作，这些机构可能属于不同行业、领域，或拥有不同背景和资源。它要求参与单位跨越传统的边界和障碍，通过设立跨部门工作组、项目小组或联合研究中心来实现资源共享和项目协调。这种模式的优势在于凝聚多方智慧和资源，通过合作解决复杂问题。该模式的成功关键在于建立高效的沟通机制和决策流程，以及实施合作策略和计划的灵活性和适应性。通过制定共同目标和明确责任分配，跨机构合作能提高项目实施的效率和效果。

第一，跨机构合作需要建立明确的合作框架，包括合作机构的选择标准、合作目的和原则、合作组织结构以及合作协议的制定。该框架确保所有参与单位在相同目标导向下协同工作。合作框架的建立通常需要广泛讨论和协商利益相关方。

第二，跨界协同中集合不同领域的专业知识和资源，旨在创新服务和解决方案。图档博机构可能与科研机构、教育机构、商业伙伴甚至用户社群合作，共同开发新的技术应用、服务模式或内容创新项目。这种合作模式特别强调创新和协同效应。

第三，跨机构合作中，项目管理是确保合作成功的关键。需要明确项目计划、目标设定、角色分配、时间线、预算管理和风险评估。通常会有一个项目管理小组或委员会负责监控项目进展，并确保项目按时完成和预算控制。

第四，信息技术在跨机构合作中扮演至关重要的角色。需要确保系统兼容性和互操作性，以及达成共识的数据治理。这包括数据的安全性、隐私保护、访问权限设置和数据的标准化处理。只有建立高效的技术和数据治理结构，合作各方才能顺利地共享资源和信息。

第五，由于跨机构合作涉及不同组织，每个组织都有自己的文化和工作方式，因此文化整合是一个不可忽视的挑战。需要通过团队建设活动、共同的培训项目和内部沟通工具来促进团队成员间的相互了解和信任建设。良好的团队协作是确保项目顺利进行的基础。

第六，跨机构合作的目标之一是生成新的知识和成果，并将其共享给所有合作方和社会大众。因此，项目完成后的成果发布、知识产权的处理和成果的应用推广是该合作模式中的重要环节。这要求建立公平合理的成果共享机制和知识产权协议。

跨部门合作模式强调了不同组织间的合作和协作，要求参与机构不仅在技术和资源上进行整合，还需要在文化和管理方面达到一致。这种模式的成功关键在于明确的合作目标、高效的项目管理、强大的技术支持、深入的团队协作以及公正的成果共享。通过这种合作，可以实现跨领域的资源优化配置和知识整合，为公众提供更丰富、更高质量的信息服务。跨部门合作模式不仅能促进资源共享和知识交流，还能增强合作单位在应对快速变化的信息环境中的适应能力。此外，它还可以开拓新的服务领域，提升机构的创新能力和社会影响力。实施这一模式时，要有足够的灵活性来适应不断变化的外部环境，并且需要持续的沟通和评估来确保合作保持在正确的轨道上。

（4）共同项目驱动模式。

共同项目驱动模式是一种以共享目标为基础，通过实施具体项目来促进不同机构之间合作的方式。在这种模式下，合作的图档博机构共同策划、资助、执行和评估一个或多个项目。这些项目旨在促进知识的产生、分享和利用，同时提升各参与机构的能力和资源的有效性。

首先，共同项目驱动模式起始于一项共同的项目构想。开始阶段，合作方共同定义项目的范围、目标、预期成果以及各自的责任和贡献。在这个过程中，还包括对项目所需资源的评估和计划，如人力、资金、技术等。

127

　　然后，资金是推动项目的关键。在共同项目驱动模式中，参与机构可能共同出资，或寻找外部的资助，如政府补助、基金会资助等。资源分配包括明确每个机构提供的具体资源，如人员投入、设施使用、技术支持等。

　　其次，一旦项目开始，需要有一个明确的管理和执行团队来协调整个项目。这可以是一个项目管理办公室或由各方指派的联合工作组。在执行过程中，项目管理需要关注项目进度、资源使用情况、风险管理和质量控制。

　　再次，技术是共同项目的重要支撑。项目组需要开发或整合现有的技术平台，以支持项目任务的完成。这包括但不限于数据管理系统、信息发布平台、通信工具等。

　　最后，项目结束后，合作方会共同对项目进行评估，包括过程评估和成果评估。过程评估关注项目管理和执行的效率，成果评估则关注项目的实际成就和对参与机构的长远影响。基于评估结果，合作方可以进行反馈和改进，为未来合作打下基础。

　　共同项目驱动模式能够带来多种益处，包括资源的有效利用、合作伙伴能力的提升、新服务或产品的创新以及合作关系的巩固。这种模式要求参与方都对共同的项目目标具有高度的承诺，并能够在项目策划、实施、监督和评估的每一个环节中积极参与。通过这种方式，可以有效地整合不同机构的资源和优势，实现共同目标，并推广到更广泛的社群和用户群体中。

　　可以说以上四种模式目前都已经具备了成熟的实践经验，并有不同的代表性项目验证了上述四种图档博协同模式的可行性与有效性，是后续本书图档博数字资源协同管护的重要参考。

128

3.4　本章小结

　　为研究数字人文实践开展需求、明确图档博机构数字管护能力、预测图档博机构数字管护发展趋势、剖析图档博协同现有模式，本章设计了由 4 个子调查组成的系统调查，以从多个相关领域剖析当前图档博数字管护协同现状。

首先，基于数字人文项目的案例调查。通过选取具有代表性的数字人文项目，分析它们的参与机构、实践内容、政策标准、资金投入等开展情况，了解当前数字人文实践的实践概况与发展需求。

其次，基于图档博机构的实地调查。通过选取具有代表性的图档博机构，实地考察它们的数字资源建设、数字管护工作及机构内外的合作开展，了解当前图档博机构的数字管护实践概况与实践能力。

然后，基于领域专家的访谈调查。通过针对性的图档博领域内专家访谈，深入剖析图档博机构数字管护与数字人文发展的关系，预测图档博机构将如何进一步服务数字人文，优化公共文化资源服务。

最后，基于图档博协同实践的案例调查。通过选取具有代表性的图档博协同项目，分析它们的数字资源整合、存储、服务情况及合作模式，了解当前图档博协同的实践成果，为图档博数字管护协同提供借鉴。

通过系统的现状调查，本书已基本形成了对图档博数字资源协同管护的实践认知。总体而言，数字人文的资源需求、技术需求、管理需求不断向深度与广度延展，图档博机构已具备数字资源建设基础与数字管护能力，图档博的数字资源管理融合已成为图档博的共同愿景，数字人文则将成为图档博数字资源建设与数字管护变革的一大驱动力。

第4章　国家文化数字化战略下图档博数字管护协同体系形成的动力机制

通过第 2 章的理论研究，本书已基本建立了国家文化数字化战略下图档博数字管护协同体系构建的基础理论框架。通过第 3 章的调查研究，本书已基本形成了对国家文化数字化战略下图档博数字管护协同体系构建的实践认知。但国家文化数字化战略下图档博数字管护协同体系的形成必然还有其内生动力与外生动力，共同作用于图档博数字管护工作，促进了其协同行为的产生。因此，本章剖析了国家文化数字化战略下图档博数字管护协同体系的动力来源，并阐述了外生动力推动图档博数字管护协同体系形成的机制，回答了国家文化数字化战略下图档博数字管护协同体系构建的"Why"的问题。

4.1　动力来源

4.1.1　内生动力

国家文化数字化战略下图档博数字管护协同体系形成的内生动力是指来源于该协同体系主体、客体、方法等体系内部的作用因

素，主要包括以下三个内生动力来源。

4.1.1.1　知识内在统一性的推动力

知识与文化的内在统一性是一种长期存在的推动力。从认知论的角度来看，这反映了人类大脑针对信息的整合活动。各种智力主体跨越时空利用各种信息的整合，全面促进了知识的边界向前推进。虽然学科已经被划分为多种，但所有学科仍具有极大的整合驱动力。在计算机技术的作用下，人类对信息和知识的处理能力得到了增强，交叉学科和横断学科的出现使得知识内在统一性的强大驱动力更加凸显。信息技术的产生、发展和广泛应用更进一步提高了学科交叉程度。虽然学科分立是受到人类认知极限的影响而形成的，但技术的发展等外部力量的推动会使这种统一性趋向自由化程度发展。①

在载体角度上，人类和社会信息与知识的内在统一性也有所反映。社会知识的积累需要依靠外部载体进行保存，而载体本身的特点将会对信息管理活动进行约束。此外，在载体中知识投射的形式有很多种，线性记录文献型载体只是其中的一种，而且档案馆、博物馆则对知识资源形式进行了丰富和扩展。在早期文明社会中并没有形成成熟的完备的信息资源分类形式，人们更愿意将这些本就不是很多的知识完全地掌握在手中。但由于这些资源载体出现了不同特性，令信息资源的管理、组织等出现了不同的需求。针对图书、档案以及文物实施分立管理的措施，可以对资源进行保存和良好的传承。在这种分立管理的作用下，未能令信息整合停止，而只是在专门范畴内进行整合行为，其中最明显的是图书馆系统。图书馆的特征，使得信息与资源整合实践在图书馆中广泛存在。

从进入 21 世纪开始，高速发展的信息技术的影响为图书馆、档案馆、博物馆内关于信息整合创造了新的机遇，涵盖了图档博的各种文化机构对其资源进行数字化处理，而且相应的组织以及管理

131

---

① 穆向阳．图博档数字资源整合内在动力机制研究［J］．图书馆理论与实践，2016(5)：61-65，94.

方式出现了巨大变动。数字信息资源重组可以不必拘泥于时空的约束，可以不受任何条件的限制为用户进行服务。此外，图档博针对馆藏分割情形进行了突破，摆脱了资源载体所形成的制约，并且还将知识融合落实。针对物质载体而言，数字信息资源可以对主题分类所提要求进行充分的适应，针对各种载体内各类主题所分布的知识进行选取，以此建立知识网络。而这种形式能够对知识内在统一性的推动力进行显性表达。在学术界内针对知识级图档博数字信息资源整合表示了全面的关注并取得了令人瞩目的成果。而且其内在驱动力所形成的结果就是信息资源的分类由学科形式转变为主题形式，然而这并不是信息时代发展所形成的产物，而是技术等外部驱动力量与内在驱动力量相结合合作的结果。因此，数字化资源形式为以主题为基础的图档博数字信息资源整合建立了基础性条件。

人类知识与文化的内在统一性是一种推动力，它反映了人类大脑针对信息的整合活动。技术的发展等外部驱动力量会影响这种统一性的自由化程度，而数字化技术的出现和应用则为图档博数字管护协同创造了新的机遇。数字化资源重组可以突破载体形成的制约，并将知识融合落实。数字信息资源可以对主题分类所提要求进行充分的适应，以此建立知识网络，使得知识内在统一性的推动力得到显性表达。因此，数字化资源形式为图档博数字管护协同建立了基础性条件，同时也为推动人类知识与文化的内在统一性提供了新的机遇。

4.1.1.2 图档博数字信息资源价值实现需求的带动力

图书馆、档案馆和博物馆作为社会记忆的保存载体，拥有丰富的数字信息资源。这些资源具有多种特征，包括信息性、知识性、文化性、交易性和政治性等。只有当人们能够频繁接触和使用时，这些资源才能够满足人们的需求并展示出它们的价值。

从信息的角度来看，图档博数字信息资源是社会文化和历史的直接记录。这些资源可以准确地记录社会文化的发展历程，同时也具有巨大的开发和使用价值。从资源层面来看，图档博数字信息资源具有分布分散性。为了保障社会文化数字信息资源的共建共享和实现图档博数字信息资源服务的统筹规划，需要建立完善的图档博数字信息资源管理体系。

建立健全的数字信息资源管理机制可以实现有效的整合和使用，减少资源的浪费。同时，健全的管理机制可以促进图档博数字信息资源的全面使用，将其使用价值落到实处，为社会大众提供所需的服务，实现文化的传播和传承。因此，建立图档博数字管护协同体系，完善图档博数字信息资源管理体系是实现图档博数字信息资源自身价值的需求。

为了实现图档博数字信息资源的需求，需要建立数字信息资源管理体系，包括数字信息资源的采集、整理、分类、存储、检索和利用等方面的内容。数字信息资源管理体系应该遵循开放共享、多样化和共建共享的原则，将图档博数字信息资源管理纳入数字人文的框架之中，推动数字人文与图档博信息资源的深度融合。

此外，数字信息资源管理体系应该与数字技术紧密结合，采用现代化的信息技术手段来管理和利用数字信息资源。例如，通过数字化技术将传统的图书、档案和文物等有形文化遗产转化为数字资源，提高数字信息资源的可利用性和可访问性。

最后，建立数字信息资源管理体系还需要考虑资源共建共享的问题。因为图档博数字信息资源分布分散，需要各个机构间共建共享、相互协作，达到资源最大化利用的目的。此外，数字信息资源管理体系还可以与社会各界建立合作关系，共同推动数字信息资源的开发和利用，并促进数字人文的发展。

建立健全的数字信息资源管理体系可以推动图档博数字信息资源的价值实现需求，并实现数字人文与图档博信息资源的深度融合。这将有助于保护和传承社会文化遗产，推动文化事业的发展，提高人民群众的文化素质和幸福感。

4.1.1.3 图档博数字管护发展要求的牵引力

数字化信息资源的增多对知识、文化传承和经济成长产生了重要影响，同时数字信息资源的组织和服务水平也对国家整体竞争能力产生重要影响。在这种变化多端的数字环境下，长期保存数字信

133

息资源成为图档博数字信息资源管理的首要任务。为了实现长期保存任务，需要解决数字信息资源管理和技术两方面的压力问题，因此"数字管护"理念应运而生。图档博数字信息资源管理也逐渐从关注"数字保存"转向实现基于信息资源全生命周期管理的"数字管护"，成为图档博数字管护协同的正面牵引力。

数字信息资源的管理问题是数字管护的核心问题之一。数字信息资源的管理包括数字信息资源的收集、整理、存储、检索、利用和管理等方面。为了实现数字信息资源的长期保存，需要制定科学的数字信息资源管理策略，建立完善的数字信息资源管理机制，从而保障数字信息资源的安全和可持续发展。

数字信息资源的技术问题也是数字管护的重要问题之一。数字信息资源的技术问题主要涉及数字信息资源的数字化、存储、检索和利用等方面。为了解决数字信息资源的技术问题，需要采用适当的数字化技术，选择合适的数字信息资源存储介质，建立高效的数字信息资源检索系统，以及推广数字信息资源的利用。

图档博数字信息资源管理的转变也是数字管护理念的重要体现。传统的数字信息资源管理主要关注数字信息资源的保存，而数字管护则强调数字信息资源的全生命周期管理，包括数字信息资源的收集、整理、存储、检索、利用和管理等方面。图档博数字信息资源管理的转变，意味着数字信息资源的管理将更加全面、科学和系统化，有利于实现数字信息资源的长期保存和可持续发展。同时，数字管护理念的提出和实践，也为数字信息资源管理和利用提供了新的思路和方法，推动数字文化和数字人文的发展。

国家文化数字化战略下图档博数字管护协同形成的正面牵引力，主要体现在以下几个方面：首先，数字管护理念的提出和实践，促进了数字信息资源管理和利用的全面升级，有利于保障数字信息资源的安全和可持续发展；其次，数字管护理念的实践，推动了数字文化和数字人文的发展，有利于促进文化事业的繁荣和发展；最后，数字管护理念的提出和实践，为图档博数字信息资源的管理和利用提供了新的思路和方法，有利于推动数字信息资源的共建共享和可持续发展。

数字管护理念的提出和实践，促进了数字信息资源管理和利用的全面升级，有利于保障数字信息资源的安全和可持续发展。同时，数字管护理念的实践，也为数字文化和数字人文的发展提供了新的思路和方法，有利于推动文化事业的繁荣和发展。因此，图档博数字管护协同形成的正面牵引力，对数字信息资源的管理和利用具有重要意义。

4.1.2 外生动力

国家文化数字化战略下图档博数字管护协同体系形成的内生动力是指来源于该协同体系环境中的体系外部的作用因素，主要包括以下四个外生动力来源。

4.1.2.1 政策导向的引领力

政策导向的引领力是指政府在公共文化服务领域中，通过制定政策文件和规划纲要等，引导和推动公共文化服务的建设和发展。在我国，政策导向一直是公共文化服务发展的重要手段，也是推进公共文化服务机制建设的重要途径。

自2006年开始，我国陆续公布并实施了一系列关于公共文化服务的政策文件和规划纲要，如《文化体制改革和发展规划纲要》等，这些文件都提出了建设公共文化服务体系的要求和目标。此外，2016年和2017年相继颁布了《公共服务保障法》和《公共图书馆法》，这些法律法规进一步明确了政府在公共文化服务领域中的职责和义务，推动公共文化服务机制建设向更加规范化和均等化的方向发展。

从政策计划方面来看，我国政府实施了可行的宏观调控，针对公共文化服务的实践指引了方向。在发展前景方面，我国在"十三五"时期实施的文化发展改革规划纲要中，明确了公共文化服务的发展目标，主要包括建立公共文化服务机制、增强标准化和均等化程度、建立可以展示地方和民族特色文化的设施网络以及满足公众对文化的需求等方面。在政府工作报告中，再次强调了数字化发展的重要性，提出了加强数字化发展和数字建设的目标，这也为公共文化服务机制的数字化转型提供了新的契机。

政策导向的引领力对公共文化服务机制的建设和发展具有重要的意义。它可以为公共文化服务机制的建设提供明确的方向和目标，同时也可以为政府部门和相关机构提供实施公共文化服务的具体措施和方法。此外，政策导向还可以引导社会资本参与公共文化服务，促进公共文化服务机制的多元化和市场化发展。因此，政策导向的引领力是推进公共文化服务机制建设的重要手段之一。

首先，政策制定方面，我国政府在公共文化服务体系建设方面，通过制定一系列的法律法规、规划纲要等文件，明确了公共文化服务的重要性，并提出了政策目标和具体要求。例如，公共服务保障法和公共图书馆法的实施，强化了政府在公共文化服务领域的责任和作用，规范了公共文化服务的提供和管理。此外，在"十三五"规划中，政府明确要求基本建立公共文化服务机制，实现公共文化服务标准化和均等化程度的提高，以及建立展示地方和民族特色文化的设施网络等。这些政策制定的方向和要求，为公共文化服务体系的建设提供了宏观指导和政策支持。

其次，政策实施方面，政府通过财政支持、资金投入、政策扶持等方式，推动公共文化服务体系的建设。例如，政府加大对公共图书馆、艺术馆、文化中心等公共文化服务设施的投入和建设，提高了公共文化服务设施的普及率和服务质量。政府还推出了一系列的文化惠民政策，如文化消费券、文化扶贫等，为广大人民群众提供了更加优质的文化服务。此外，政府还鼓励社会力量参与公共文化服务体系的建设，通过 PPP 等方式，促进公共文化服务设施的建设和运营。这些政策实施的措施，为公共文化服务体系的建设提供了具体支持和保障。

最后，政策效果方面，政府的政策导向在公共文化服务体系建设中已经取得了显著成效。公共文化服务设施的数量和质量得到了大幅提升，公共文化服务机制不断完善，文化消费市场不断扩大，公共文化服务覆盖面和服务质量不断提高。例如，公共图书馆的数量和服务质量不断提高，文化中心和艺术馆等公共文化服务设施的建设不断加强，文化惠民政策的实施也取得了显著成效。此外，数字化发展在公共文化服务体系建设中也起到了重要作用，数字化技术的应用为公共文化服务的提供和管理提供了更多的可能性和便利性。这些政策的实施和效果，为我国公共文化服务体系建设提供了坚实的基础和支撑。

政策导向的引领力在我国公共文化服务体系建设中发挥了重要的作用。政府的政策制定、政策实施和政策效果，共同推动了公共文化服务体系的建设和发展，为人民群众提供了更加优质和多样化的文化服务，促进了文化产业的繁荣和文化软实力的提升。然而，在实际实施过程中，仍然存在一些问题，如公共文化服务设施的分布不均、服务质量参差不齐、文化服务内容不够丰富和多样化等。因此，政府需要进一步加强对公共文化服务体系建设的引导和支持，加大投入力度，完善政策措施，加强与社会力量的合作，推动公共文化服务体系建设迈向更高水平。同时，政府还需要注重对文化服务的市场化运作和数字化转型，推动文化产业的创新发展和提升国家文化软实力的能力。

4.1.2.2 需求深化的驱动力

信息资源的综合性需求是长期存在的，而学科分类和馆藏分立模式是历史发展进程中不可避免的阶段。然而，随着技术创新与进步，数字化处理和计算机技术的应用，图档博数字信息资源可以更加便捷地整合和利用，从而满足社会对综合性信息的需求。因此，需求深化是驱动图档博数字管护协同体系构建的关键因素。在实践中，需求深化主要表现在以下几个方面：

首先，需要深入挖掘用户的信息需求，了解他们的信息获取行为和信息利用方式，以便为用户提供更加个性化和精准的信息服务。例如，通过分析用户的搜索历史和浏览记录，可以推荐相关主题和文献资源，帮助用户更快地找到自己需要的信息。

其次，需要深入研究不同学科领域的知识结构和知识体系，以便更好地进行资源分类和管理。例如，在建立数字图书馆时，可以根据不同学科领域的知识结构和知识体系，设计不同的分类和标引

137

系统，以方便用户查找和利用相关资源。

此外，需要积极推动数字化处理技术和计算机技术的应用，以提高数字化图档博信息资源的整合和利用效率。例如，通过数字化处理和计算机视觉技术，可以将图像资源与文献资源进行整合，实现更加全面和精准的信息检索和利用。

最后，需要加强不同机构之间的协作和合作，以建立协同的数字管护体系，实现数字图档博信息资源的共享和交流。例如，可以建立数字资源共享平台，促进不同机构之间的资源共享和利用，提高资源整合的效率和效果。

因此，需求深化是驱动图档博数字管护协同体系构建的关键因素。通过深入挖掘用户需求、研究学科知识结构和体系、推动数字化处理和计算机技术的应用，以及加强机构协作和合作，可以更好地实现数字图档博信息资源的整合和利用，满足社会对综合性信息的需求。

4.1.2.3　技术革新的支撑力

数字人文的发展和数字管护的实践都需要信息技术的支撑。这些技术包括互联网技术、物联网技术、数据库技术、可视化技术、GIS 技术和云计算等。这些技术为图档博数字信息资源的发展提供了技术支持，促进了数字管护协同的实现，为图档博数字信息资源的管理和服务提供了更好的手段。

互联网技术的使用可以将人们之间的交流和沟通连接起来。这种连接不受时空限制，也将人与图档博数字信息资源连接起来，在双方之间形成关联。通过互联网技术，人们可以方便地访问和共享数字信息资源，从而推进数字管护协同的实现。物联网技术主要借助 RFID 技术把物之间、人与物之间进行连接，建立关联。这种技术可以应用于图档博数字信息资源的管理和服务中。例如，通过 RFID 技术对图书馆藏书进行管理，可以实现自动化的借还书流程，为图书馆用户提供更加便捷的服务。数据库技术是数字信息资源管理的重要基础。通过数据库技术，可以对数字信息资源进行有效的分类和管理。数据库技术还可以支持数字信息资源的高效检索和查询，为数字管护协同提供了更好的技术支撑。可视化技术是将数字信息资源以可视化的形式展示出来的技术。通过可视化技术，可以更加直观地呈现数字信息资源，提高数字信息资源的利用效率和用户体验。GIS 技术是地理信息系统技术的缩写。该技术可以将数字信息资源与地理空间信息相结合，实现空间分析和可视化呈现。例如，通过 GIS 技术可以将历史地图与现代地图进行对比，帮助研究人员更好地了解历史文化遗产的演变。云计算技术是一种基于互联网的计算模式。云计算技术可以提供巨大的云储存平台，为数字信息资源的分类保存和管理提供了更好的手段。同时，云计算技术还可以提供大数据分析和处理的能力，帮助研究人员更好地理解数字信息资源。Web2.0 坚持用户是中心的观念，用户可以形成数字信息资源，并对其进行使用和宣传。这种观念全面落实了用户与图档博和数字信息资源建设与管理的互动。通过 Web2.0 技术，可以建立数字信息资源的社交网络，促进用户之间的交流和共享。

信息技术的革新为数字人文的发展和数字管护的实践提供了强有力的支撑，数字信息资源的管理和服务得到了很大的提升，数字管护协同得到了更好的实现，图档博数字信息资源的公共文化服务价值得以更好地发挥。信息技术的革新激发了图档博数字管护协同主体的职能的实现，推进了图档博数字信息资源管理的优化，充分发挥了图档博数字信息资源的公共文化服务价值。

4.1.2.4 相关领域的影响力

图档博数字管护协同的实现离不开数字信息资源的建设和管理。不同领域的数字信息资源建设和管理的影响对于图档博数字管护协同的实现具有重要意义。

例如，图书馆数字化转型为图档博数字管护协同提供了重要的技术支撑，为数字化转型提供了成功案例。档案馆通过数字化技术对历史文献进行数字化转化和管理，为历史文化遗产的保护和传承提供了重要的支持，为图档博数字管护协同提供了丰富的历史文化资源。博物馆通过数字化技术对文物进行数字化转化和管理，为文化遗产的保护和传承提供了重要的支持，为图档博数字管护协同提供了珍贵的文化遗产资源。文化遗产保护通过数字化技术对文化遗产进行数字化转化和管理,为文化遗产的保护和传承提供了重要的支持,为图档博数字管护协同提供了丰富的文化遗产资源。数字图像处理领域通过数字化技术对图像进行数字化转化和处理,为数字信息资源的展示和利用提供了重要的支持,为图档博数字管护协同提供了更加丰富的资源展示手段。

各相关领域的数字信息资源建设和管理对于图档博数字管护协同的实现具有不可替代的作用。不同领域之间可以通过技术创新和资源共享等方式加强协同合作,共同推动数字信息资源的建设和管理,为数字化转型和文化遗产保护提供更加优质的服务和支持。

4.2 动力机制

4.2.1 文化传承机制

文化传承机制是指在某个社会、地区或民族中,为保护、传承和发展本民族或本地区的文化遗产而形成的一种组织机制。它包括许多不同的元素,比如口头传承、书面传承、教育、艺术表演、博物馆陈列等。文化传承机制的基本内涵是通过各种方式将文化遗产传递给下一代,并且在传承的过程中不断地进行创新和发展,从而保证文化的生命力和持久性。

文化传承机制的产生和发展是一个长期的历史过程。在社会的早期阶段,人们主要通过口头传承来传递文化遗产,比如神话、传说、民间故事等。随着时代的发展,人们开始使用书面文字来记录文化遗产,这使得文化的传承更加方便和可靠。在现代社会,教育部门、博物馆、艺术表演等机构也成为文化传承的重要载体。文化传承机制的形成过程是一个不断演化的过程,最初可能只是一些族群或社区内部的传承方式,但随着时间的推移,逐渐扩大到整个民族和社会的范围内。在这个过程中,不同的文化传承方式相互交织和影响，形成了各种不同的文化传承机制。文化传承机制是一个非常重要的社会机制，它保证了文化的传承和发展，也是一个民族和社会不断进步的基石。

图档博数字管护协同体系从某种意义上而言可被看作一种基于数字技术的文化遗产保护和传承体系，通过数字化技术和协同机制，实现对文化遗产的有效保护和传承。文化传承机制在图档博数字管护协同体系的形成过程中发挥着至关重要的作用。首先，文化传承机制是数字管护协同体系中的核心机制之一。数字化技术的应用使得文化遗产的传承和管理更加高效和方便，而文化传承机制则为数字化技术的应用提供了有力的保障。通过各种传承方式的结合，数字化技术得以更好地服务于文化遗产的保护和传承。其次，文化传承机制通过协同机制的形成，实现了文化遗产保护和传承的共同努力。文化遗产的保护和传承需要各个方面的支持和参与，包括政府、专业机构、社会组织和公众。文化传承机制通过协同机制的形成，将各个方面的资源和力量整合起来，形成一个共同的保护和传承体系，实现了各方的协同作用。最后，文化传承机制在数字管护协同体系中促进了文化遗产的创新和发展。文化遗产的保护和传承需要不断地创新和发展，以适应社会的变化和发展。文化传承机制通过各种传承方式的结合，为文化遗产的创新和发展提供了更多的可能性，促进了文化遗产的生命力和持久性。

文化传承机制的本质人们对文化遗产进行传承的方式和方法。传统的文化传承机制主要依靠口口相传和物质载体传承，容易受到时间、空间和人力资源等因素的限制，难以实现文化遗产的全面传承。为了促进文化遗产的全面传承和推动传统文化传承机制的革新，需要建立一种数字化的文化遗产保护模式，即图档博数字管护协同体系。

图档博数字管护协同体系采用数字化技术对文化遗产进行数字化储存、数字化展示、数字化保护和数字化传播，从而实现文化遗产的数字化传承。通过数字化技术，可以将文化遗产进行数字化保存和传承，保证文化遗产得以长期保存和传承。此外，数字化技术还可以促进文化遗产的数字化保护，保障文化遗产的安全性和完整

141

性，从而更好地推动文化遗产的数字化传承。因此，图档博数字管护协同体系可以促进文化遗产的数字化传承，为文化遗产的保护和传承提供新的思路和方法。

此外，图档博数字管护协同体系还能促进文化遗产的数字化交流和共享，实现文化遗产的全球化传播和共享，从而促进不同国家和地区之间的文化交流和相互理解，实现文化的多元共存和互补发展。这也有助于推动传统文化传承机制的革新，促进文化遗产的全面传承和共享。

因此，建立图档博数字管护协同体系可以为文化遗产的数字化传承和推动传统文化传承机制的革新提供有效的手段和方法，对于文化传承机制的发展革新具有重要的意义。

4.2.2 政策引导机制

政策引导机制是指政府或相关机构通过制定一系列政策、法规、标准和指南等文件，对行业的运营和服务进行规范和管理。对公共文化机构而言，政策引导机制产生发展的过程可以分为以下几个阶段：第一阶段是政策出台和初步实施阶段。政府开始出台一些政策文件，如文化产业发展规划、文化事业促进法等，对公共文化机构的运营和服务进行初步的规范和管理。第二阶段是政策完善和标准制定阶段。随着文化产业的不断发展，政府逐渐加强对公共文化机构的管理和监督，制定了一系列行业标准和规范，如博物馆、图书馆、档案馆等的分类管理标准和服务质量评估标准等。第三阶段是资金支持和优惠政策阶段。政府逐渐意识到公共文化机构对于文化产业发展的重要性，开始加大对公共文化机构的资金支持和优惠政策，如文化产业基金、文化事业发展专项资金等，以鼓励和推动公共文化机构的发展。第四阶段是人才培养和管理阶段。政府开始注重公共文化机构的人才培养和管理，为公共文化机构培养专业人才，并加强管理和监督，以提高服务质量和水平。

公共文化机构的政策引导机制的运行机理主要是政府通过制定政策和法规等文件，对公共文化机构进行规范和管理，并通过资金支持和优惠政策等，鼓励和推动公共文化机构的发展。同时，政府注重人才培养和管理，提高公共文化机构的服务质量和水平。公共文化机构、政府、学术界、从业者和用户等各方面的合作和共同努力也是该机制能够有效运行的重要因素。

从实质而言，政策引导机制的根本是形成了政策牵引力。政策牵引力属于规范性牵引动力，主要表示了对各类主体、各种法律规范、标准条件而形成的一种约束力与导向力。而其导向力就是主体确定各类政策和标准条件的时候所反映的超前性形成的，但是约束力通常是出自于主体本身权限领域以及统筹范畴之内，并借制定基础性规范来使得图档博数字信息资源的建设程度增强，二者的联合作用之下反映出政策牵引力这种形式。其中，集中体现在以下两个部分：

一是借助标准的建立对图档博数字信息资源的建设行为进行指导。从标准角度来看，各个省份主要通过选择合适的管理技术手段、规范化的管理程序来建立具体的标准，由此针对图档博数字信息资源进行优化。其中标准作为中介，将法律规范的相关规定与实践操作进行连接并结合，如此来对规范力所得实际效果进行确定。根据标准作用形式，对其进行划分，其一为直接标准，就是直接进行使用的标准条件；其二是间接标准，是图档博数字信息资源具体管理行为内应该参考的一些范畴内的标准条件。例如与档案信息资源管理活动相关的《纸质档案数字化技术规范》《电子文件归档与管理规范》等多种形式的规范标准，针对于图档博数字信息资源的长远保存的历以及各式载体等相关选择应用可以进行借鉴。

二是借助政策的建立针对图档博数字信息资源的建设行为构建前提条件，可以令不均衡的发展要素差别明显减小，还可以对建设主体、管理过程、信息资源建设实施相应的调控与管理；另外，可以根据各类政策的建立来选择合适的技术措施，当技术能够满足实践发展要求，则技术应用目的将会和规范预期符合，此时会令有目的性的技术被引进与应用，令资源分配效率增强，还可以通过技术引导和推动相应的图档博数字信息资源建设实践进程。

目前，公共文化机构的政策引导机制在实践中面临着很多挑

143

战。首先，资金问题。公共文化机构通常依赖政府的资金支持，但政府的资金分配通常受到多种因素的制约。资金短缺可能会影响公共文化机构的运作和服务质量。其次，人才问题。公共文化机构的管理和服务需要专业人才的支持，但是人才的培养和管理需要长期的投入和支持。部分公共文化机构缺乏专业人才，从而影响了服务质量和水平。再次，社会认知度问题。部分公共文化机构的社会认知度较低，公众对其服务的需求和期望也较低。这可能会导致公共文化机构的服务质量和水平不高。然后，技术和数字化问题。随着科技的不断发展和数字化的普及，公共文化机构需要不断更新和改进技术手段，以提供更好的服务。但是，技术和数字化方面的投入需要大量的资金和人力，这对于一些公共文化机构来说可能是一个挑战。最后，多元化服务问题。公共文化机构需要提供多元化的服务，以满足不同人群的需求。但是，不同服务的提供需要不同的资源和能力，这对于公共文化机构来说可能是一个挑战。

建立图档博数字管护协同体系可以对应对以上挑战并具有以下优势：首先，资源共享与协同合作。数字化技术可以实现图档博之间的资源共享和协同合作，提高资源利用效率和服务水平。建立数字管护协同体系可以使不同图档博之间的数字资源进行交流与共享，实现资源的共享，避免重复建设，降低运营成本。其次，数据安全与保护。数字化技术可以实现数据的备份和恢复，保证数字资源的安全和保护。数字管护协同体系可以建立数字资源的安全存储和备份体系，确保数字数据的安全和完整性，避免数据丢失和泄露。再次，精准服务与定制化需求。数字化技术可以实现数据的分类、检索和分析，为用户提供精准的服务和满足个性化需求。数字管护协同体系可以建立数字资源的标准化分类和检索体系，为用户提供更加精准的服务和满足个性化需求。然后，技术创新与数字化转型。数字化技术不断创新和发展，可以帮助图档博实现数字化转型和提高服务水平。数字管护协同体系可以引入新的技术和模式，推动图档博的数字化转型和创新，提高服务质量和水平。最后，用户参与与互动体验。数字化技术可以实现用户参与和互动体验，增强用户体验和参与感。数字管护协同体系可以建立数字资源的互动体验平台，为用户提供更加丰富的参与和互动体验，增强用户体验和参与感。

因此，建立图档博数字管护协同体系可以帮助图档博应对挑战，提高服务质量和水平，实现数字化转型和创新。由法规和标准共同构成的政策机制能够使得规范性动力的连续增长得到保障，对其增长进行直接促动，这也是政策推动力内的直接性与中坚性驱动力量因素。

4.2.3 需求驱动机制

公共文化服务领域的需求驱动机制是指公共文化事业的发展和运作是由公众对文化遗产、历史文化、艺术品、图书资料等文化资源的需求所驱动的机制。这一机制的形成和发展过程可以追溯到现代国家的形成和文化产业的兴起。随着现代化进程的加速和文化产业的崛起，人们对文化资源的需求不断增加，政府和社会组织开始投入更多的资源和精力来保护、传承和利用这些文化资源，同时也创造了更多的文化产品和服务。在这个过程中，政府和社会组织逐渐认识到，只有满足公众对文化资源的需求，才能保障文化产业的可持续发展。在这一机制的运行过程中，图档博等公共文化服务机构扮演着重要的角色。公共文化机构通过收集、保护、研究、展示和传播文化资源，满足公众的文化需求，同时也推动了文化产业的发展。这些机构一般由政府或社会组织管理和运营，其运作和发展需要政策支持和社会资金的投入。除了公共文化服务机构，文化产业的其他各个领域也都受到需求驱动机制的影响。例如，文学、电影、音乐等文化产品的创作和生产，都是为了满足公众对文化产品的需求。同时，这些领域的发展也反过来推动了公共文化服务机构和图档博机构的发展，形成了一个良性循环的发展格局。需求驱动机制，是一个相互促进、相互依存的机制。在这个机制的推动下，公众对文化资源的需求得以得到满足，文化产业得以不断发展壮大。

当前公众对公共文化机构的需求主要表现为以下几个方面：首

145

先，文化教育需求。公众对公共文化服务机构的一个主要需求是文化教育需求，即通过这些机构获取和学习文化知识、历史知识、艺术知识等方面的知识和技能。这种需求主要体现在公众参加公共文化服务机构提供的各种文化教育活动，如展览、讲座、培训等。其次，文化参与需求。公众对公共文化服务机构的另一个主要需求是文化参与需求，即通过这些机构参与文化活动、文化项目、文化展览等，体验和感受文化。这种需求主要体现在公众参加公共文化服务机构的各种文化活动和参观各种文化展览。再次，文化资源需求。公众对公共文化服务机构的第三个主要需求是文化资源需求，即通过这些机构获取和利用文化资源，包括文化遗产、历史文化、艺术品、图书资料等。这种需求主要体现在公众使用公共文化服务机构的文化资源和设施，如图书馆、博物馆、档案馆等。最后，文化保护需求。公众对公共文化服务机构的第四个主要需求是文化保护需求，即保护和传承文化遗产、历史文化、艺术品等文化资源，确保其得到合理的保存、管理和利用。这种需求主要体现在公众对公共文化服务机构的监督和支持，以确保这些机构的文化保护工作得到有效开展。以上四个方面的需求是公众对公共文化服务机构的主要需求，这些需求反映了公众对文化的不同层次和方面的需求。公共文化服务机构需要根据公众的需求，制定相应的服务和管理策略，积极开展各种文化教育、参与、资源和保护工作，为公众提供更加优质、丰富和多元化的公共文化服务。同时，政府和社会组织也需要为公共文化服务机构提供必要的支持和保障，以确保这些机构得以健康、持续地运营和发展。

在当前的数字转型时期，公共文化服务机构需要建立图档博数字管护协同体系，以适应数字化的信息环境和公众对数字文化资源的需求。在需求驱动机制的作用下，图书馆、档案馆和博物馆可以通过以下几个方面来建立图档博数字管护协同体系：首先，整合数字文化资源。图书馆、档案馆和博物馆可以整合各自的数字文化资源，建立数字文化资源共享平台，实现资源的互通共享。这样可以避免重复建设，提高资源利用效率，同时也方便公众获取和利用数字文化资源。其次，建立数字化管理系统。公共文化服务机构需要建立数字化管理系统，包括数字化存储、数字化管理、数字化展示等方面的系统，以保障数字化资源的安全性、完整性和可访问性。这样可以实现数字文化资源的长期保存和有效利用。再次，加强数字技术应用。公共文化服务机构需要加强数字技术应用，包括数字化整理、数字化展示、数字化保护等方面的技术应用，以提高数字文化资源的利用价值和吸引力。这样可以让公众更好地了解和体验文化资源，促进文化的传承和创新。最后，强化协同合作。图书馆、档案馆和博物馆需要加强协同合作，建立图档博数字管护协同体系，共同推进数字文化资源的管理、保护、传播和利用。这样可以形成协同效应，提高图档博服务的质量和效率，更好地满足公众对数字文化资源的需求。

总而言之，传承与保护文化所提出的实际需求则是针对图档博数字信息资源建设形成的一种推动力量，这就是建设需求力，进而形成了图档博数字管护协同的需求驱动机制。

4.2.4 技术支撑机制

技术支撑机制是指为支持某一领域或行业的发展和提高其服务质量，所建立的技术体系和管理机制。技术支撑机制涉及技术、人员、资金、政策等方面的资源，通过整合、管理和利用这些资源，以推动该领域或行业的发展和提高其服务质量。技术支撑机制可以包括信息化建设、数据管理、数字阅读、科技展示等方面，旨在通过技术手段实现信息共享、提高服务效率和质量、促进创新发展等目标。技术支撑机制的建立需要政府、技术人员和管理者的共同努力，以实现资源的整合和共享、提高机构的信息化水平和服务质量。

图书馆、档案馆、博物馆等公共文化机构在社会中起着重要的文化传承和知识普及的作用。为了更好地发挥这些机构的作用，需要建立起技术支撑机制，以便推动它们的发展和提高服务质量。对图档博而言，其技术支撑机制的内涵包括以下几个方面：首先，信

147

息化建设。信息化建设是公共文化机构技术支撑的基础，包括数字化、网络化、智能化等方面。数字化是将传统文化资源数字化，实现文化资源的数字化保存、管理和利用；网络化是建立起文化资源共享平台，实现资源共享和互通；智能化是通过人工智能等技术提供更加便捷、高效的服务。其次，数据管理。公共文化机构的数据管理需要涉及文献管理、图书馆管理、档案管理、博物馆管理等方面。通过建立完整的数据管理系统，可以实现对文化资源的整合、管理和利用，提高机构的服务效率和信息化水平。再次，数字阅读。数字阅读是公共文化机构技术支撑的重要方面，可以通过建立数字图书馆、数字档案馆、数字博物馆等方式实现。数字阅读可以提高读者的阅读体验，同时也可以方便读者在不同地点、不同时间进行阅读。最后，科技展示。科技展示是公共文化机构技术支撑的另一重要方面，可以通过各种科技手段展示文化资源。比如，利用虚拟现实技术展示博物馆中的文物、利用数字技术展示档案馆中的历史文献等。

目前，图书馆、档案馆和博物馆都广泛应用了数字技术和信息技术，以提高服务效率和质量，促进文化资源的数字化和信息化。例如，图书馆应用了包括数字化馆藏、数字化阅读等。同时，图书馆还应用了自动化技术、互联网技术、人工智能等技术，以提高图书馆的服务效率和质量。比如，自助借还机、自动化书架、智能查询系统等。档案馆则广泛应用了包括数字化存储、数字化检索等。此外，档案馆还有电子档案管理系统、数字档案馆、数字化修复等技术，以提高档案馆的服务效率和质量。博物馆应用的数字技术和信息技术非常丰富，包括虚拟现实技术、增强现实技术、数字化展示技术等。比如，利用虚拟现实技术实现博物馆中文物的数字化展示，利用增强现实技术实现观众与展品的互动，利用数字化展示技术实现博物馆中历史文物的数字化展示等。此外，除了数字技术和信息技术，公共文化机构还应用了许多其他技术，包括但不限于：①传感技术。传感技术是公共文化机构应用的一种技术，可用于监测环境和文物等方面。比如，利用温湿度传感器监测文物的环境，以保护文物的安全。②光学技术。光学技术在公共文化机构中的应用较为广泛，可以用于文物的检测和修复等方面。比如，利用高分辨率数字相机进行文物的数字化拍摄，利用激光扫描技术进行文物的三维重建等。③声学技术。声学技术可用于音乐厅、多媒体室等场所的音效调整和优化，以提高音乐、影视等的听觉效果。④机器人技术。机器人技术在公共文化机构中可用于导览、安保等方面。比如，利用机器人导览系统帮助观众参观博物馆、利用机器人安保系统维护文物和场所的安全。⑤生物技术。生物技术在公共文化机构中应用较少，但也有一些案例。比如，利用生物技术研究文物的构成和结构，以实现文物的保护和修复。数字化技术与多种技术的增强与共同应用形成了图档博数字管护协同的技术支撑，是该协同体系实现的可行性保证。

尽管图书馆、档案馆和博物馆已经应用了许多数字技术和信息技术，但仍然面临着一些技术方面的挑战，主要包括以下几个方面：首先，数据质量问题。数字化和信息化使得文化资源的数量急剧增加，但数据质量不一，如何保证数据的准确性和完整性，是公共文化机构面临的一个重要问题。其次，数据安全问题。数字化和信息化使得文化资源的存储和传输更加方便和快捷，但同时也带来了数据安全问题，如何保证文化资源的安全性，防止数据泄露和损坏，是公共文化机构面临的一个重要挑战。接着，技术更新换代问题。随着科技的不断发展，新的技术和应用不断涌现，公共文化机构如何及时跟进技术的更新换代，保证机构的信息化水平和服务质量，是一个重要问题。再次，人才缺乏问题。公共文化机构需要具备一定的技术人才，但在某些地区或某些领域，技术人才的缺乏仍然是一个问题。最后，用户需求多样化问题。随着社会的发展和人们对文化的需求不断增加，公共文化机构需要面对用户需求的多样化，如何满足不同用户的需求，是公共文化机构面临的一个重要挑战。

数字时代的挑战也是图档博革新发展的机遇。建立图档博数字管护协同体系是发挥图档博数字技术优势的一个必经之路。首先，

149

数字管护协同可以通过数字技术的应用和协同的方式，实现文化资源的共享和互补，优化文化资源的配置和利用。数字化的文化遗产可以通过数字化存储和管理系统进行统一管理和保护，提高文化资源的可持续利用和传承。其次，数字管护协同可以利用数字技术的分析和挖掘功能，对文化资源进行分析和挖掘，发现资源的潜在价值和特点，为文化遗产的保护和传承提供更加科学的依据和方法。再次，数字管护协同可以利用数字技术的虚拟展览和数字展示功能，将文化遗产进行数字化展示，为观众提供更加丰富和生动的文化体验。数字技术的应用可以打破传统展览形式的限制，实现文化资源的全方位展示和传播。最后，数字管护协同可以利用人工智能和自然语言处理等技术，提高文化资源的智能化水平，为用户提供更加智能化的服务和体验。数字技术的应用可以为用户提供更加个性化、智能化的文化服务，增强用户对文化资源的参与和体验。

4.3　本章小结

本章回答了国家文化数字化战略下图档博数字管护协同体系构建的"Why"的问题，讨论了国家文化数字化战略下图档博数字管护协同体系的动力来源和动力机制。图档博数字管护协同体系的动力来源包括内生动力和外生动力。其中，内生动力包括人类知识内在统一性的推动力、图档博数字信息资源价值实现需求的带动力和图档博数字管护发展要求的牵引力。外生动力包括政策导向的引领力、需求深化的驱动力、技术革新的支撑力和相关领域的影响力。

在内生动力和外生动力的共同作用下，图档博数字管护协同体系形成了四种动力机制。第一是文化传承机制，利用数字技术保护文化遗产并实现文化传承。第二是政策引导机制，政策导向可以促进公共文化机构数字化转型和数字化服务的发展。第三是需求驱动机制，公共文化机构需要根据用户需求提供数字化服务和产品，以满足用户的需求。第四是技术支撑机制，数字技术的应用可以提升公共文化机构的数字化水平和服务质量，为数字管护协同提供技术支撑。

　　总之，图档博数字管护协同体系的构建离不开内生动力和外生动力的共同推动，而文化传承机制、政策引导机制、需求驱动机制和技术支撑机制则是数字管护协同体系形成的关键动力机制。

第5章　国家文化数字化战略下图档博数字管护协同体系的构建

通过系统的理论研究与调查研究，笔者对图档博数字管护现状有了深入的了解，能够比较清晰地认识图档博数字管护在未来的发展方向。在此基础上，本章继续分析图档博数字管护协同体系构建的原则与目标。基于对图档博数字管护协同体系要素的分析与提取，本章提出了图档博数字管护协同体系的逻辑框架，并对该逻辑框架在主体维度、客体维度、方法维度、环境维度上基于协同理论的内涵进行了阐释，回答了图档博数字管护协同的"What"的问题。

5.1　图档博数字管护协同体系构建的原则与目标

原则与目标是图档博数字管护协同体系构建的依据、准则与目的。通过确立图档博数字管护协同体系构建的原则与目标可以确保该协同体系功能的实现。

经本书对图档博数字管护协同体系构建的理论研究与调查分析，笔者认为该协同体系的构建应遵循下列原则，以发挥图档博数字管护协同的效用。

（1）科学系统，实现协同联动。

图档博数字管护协同体系构建的科学性与系统性是指图档博数

字管护协同体系的构建应以科学思想为指导，遵循客观事实，形成层次分明、多维度的整体，各层次、维度之间具有清晰的逻辑关系。科学性、系统性是构建图档博数字管护协同体系的基本原则。在科学系统原则的指导下，图档博围绕共同目标共同行动，彼此协作，形成跨系统、跨区域、跨部门、跨机构协同响应的整体。

（2）需求导向，服务数字人文。

图档博数字管护协同体系构建的需求导向原则是指以满足数字人文资源需求、服务社会公众文化传播传承为最终目的，考虑图档博数字管护协同体系的内涵，并据此设计该协同体系框架。在需求导向的影响下，图档博数字管护协同体系能够聚焦数字人文发展的实际需求，响应我国公共文化服务体系建设要求，实现数字文化资源的传播利用。

（3）共建共享，促进文化传承。

图档博数字资源的共建共享是指图书馆、档案馆、博物馆在自愿、平等、互惠的基础上，通过图书馆、档案馆、博物馆与其他相关文化机构之间的合作，利用信息技术方法，共同组织、共同建设、共同利用馆藏数字资源。图档博数字管护协同以数字资源共建共享为原则，才能实现数字文化资源的整合与利用，保障数字文化资源的长期保存，更好地满足数字人文时代用户的资源需求，促进民族文化的传播与传承。

5.2 图档博数字管护协同体系的要素分析

5.2.1 主体要素

5.2.1.1 主体要素的构成分析

（1）行政主体。

政府及图档博机构文化主管部门是图档博数字管护协同体系的

行政主体，也是形成该协同体系的主要因素与动力。在过去的 20 年间，政府极为关注记忆机构的发展，虽然个人和机构的兴趣对图档博文化具有重要的推动作用，但是从当前的发展情况来看，能够推动图书馆、档案馆和博物馆三者之间合作的关键是政治需要。而各国政府也在为推动图档博的合作制定各项政策和制度规划。

政府及图档博机构文化主管部门作为社会的管理者，需要在考虑其他各主体需求的前提下对权利进行分配，以满足不同主体在该协同体系内发展。此外，协同体系涉及多元化的主体，需要政府及图档博机构的文化主管部门加以领导与管理，图书馆、档案馆、博物馆进行协调，以使这些主体能够在整个协同系统中发挥作用，施展相应的职能，最终实现该协同体系的最终目标。政府及图档博的文化主管部门作为行政主体可以通过宏观的组织、指导和支持，利用政策导向、激励机制等对协同体系内的其他各主体的实践活动进行引导，从而使各主体间实现相互配合，使整个协同体系形成统一的有机整体。

（2）行为主体。

图档博数字管护协同体系的行为主体是该协同体系的具体实施主体，也是核心主体，包括图书馆、档案馆与博物馆。

①图书馆。

刘国钧先生说："图书馆是以收集人类一切思想和活动的记录为目的，用最科学、最经济的方法保存起来，供社会所有人使用的机关。"杜定友先生指出："图书馆是现代社会所有人的记忆。事实上，它是社会上所有人的公共大脑。一个人不可能完全记住一切，图书馆可以记住和回答一切。"①吴伟慈先生认为，"图书馆是书面信息进行展示的外部储存机构，它具有选择性传递机制的性质。也就是说，图书馆是能够对社会知识信息和文化进行储存和记忆的装置。除此之外，还能够对信息进行简单传播。学术界通常将传统的图书馆看做是一种制度，主要是由于图书馆的存在形式是以实体为

---

① 袁咏秋，李家乔. 外国图书馆学名著选读[M]. 北京：北京大学出版社，1988：345-351.

主，但我们认为图书馆应当是一种社会机制。未来的图书馆可能不会以众所周知的物理形式存在，但只要有一种机制能将社会知识和信息进行储存，那么图书馆就可以看作是一种新的存在形式"①。

图书馆经过了漫长的发展历史，现代图书馆根据其类型不同，大致可分为如表 5-1 所示的四类。

表 5-1　图书馆类型及性质

类　　型	主要服务对象	性　　质
公共图书馆	社会公众	综合性，多学科文献馆藏，文化中心，大众阅读场所
高校图书馆	高校师生	综合性，教学辅助，研究服务，一般不对其他社会公众开放
专业图书馆	专业人员	专业性，学科服务，一般不对其他社会公众开放
主题图书馆	特定人群	主题性，个性化，创意性

尽管不同类型的图书馆在性质与功能上有细微的差别，但总的来说，图书馆所具有的功能主要包括以下几个部分：

第一，文化功能。

纸和墨的出现改变了信息的传递方式，而竹简、丝绸和书籍则将具有经验的知识进行了记录，并将其传播出去。书籍是知识传播和文化传播的主要载体，但书籍的出现也只是存在于一些上层社会，底层社会很少有机会接触书籍。而随着印刷技术的不断发展，图书出版量有了很大的提高，但仍然只能在亲朋好友之间传递，不能为大多数普通人所接受。由于社会革命的兴起，一些有志青年开始建立属于自己的图书管理室，通过文字记录和知识传播的形式来宣传自己的爱国情怀，抒发心中的情感。从本质上来看，图书馆所

155

①　吴慰慈，董焱．图书馆学概论(修订本)[M]．北京：北京图书馆出版社，2002：54.

具有的普及知识的职能是与其他公共文化服务制度相区别的关键性特点。而图书馆的文化功能也在不断显现出来，渗透到图书馆所提供的各项功能中，除了能为人们提供基础服务，比如借阅、图书分类、成果展示等。还能够为各类活动提供召开场所，比如文化知识宣传、学术会议等。

第二，终身教育功能。

随着社会经济的迅速发展，推动社会不断进步的因素主要以知识为主。而人们生活水平的提高，也增加了对精神世界的追求，也越来越重视知识对人生的影响，这推动了与图书馆相关产业的发展。图书馆所具有的职能也发生了转变，改变了以往单一的综合性的图书馆服务形式，发展为当前具有多元化、专业化和精细化的图书馆服务形式，能够为不同的群体提供不同的服务。比如图书馆的类型有儿童图书馆、青少年图书馆和中老年图书馆。根据不同的年龄特点和知识结构为其提供不同的服务，尽可能地满足不同人群的阅读需求。以少儿图书馆为例，在图书馆内多设置与儿童相关的启蒙教育知识，通过为他们提供有趣的阅读书本来提高他们对世界的了解程度，继而达到启蒙思想的教育作用。对于青少年的阅读群体来说，由于他们的思想在不断得到成熟，在为其提供书籍时，要保证知识的多样性和多学科性，引导他们通过多学科的知识阅读，深入地认识社会自然，并初步建立科学的世界观和价值观。通过多学科的知识宣传和阅读，为青少年在遇到困难时找到解决办法，并帮助他们寻找自己所感兴趣的领域，初步培养他们的职业选择能力。而对于中年的读者来说，图书馆为其提供的服务主要是通过专业性的书籍来稳定他们的知识体系。这个年龄段的读者是社会的支柱群体，他们是所在行业的资深专业人士，具备全面梳理本行业及相关行业知识的能力。通过日常专业阅读的积累，更容易实现综合集成创新。对于老年图书馆来说，由于老年群体的性质比较特殊，图书馆要为老年人提供必要的放大镜、老花镜等工具，尽可能地展列一些老年人喜欢的报纸。

第三，社会功能。

图书馆具有信息服务和知识普及的社会功能，这种社会功能的作用是极大的，能对社会发展的进程进行见证，为读者提供历史发展所涉及的各种资料。图书馆不仅能为读者提供简单的收藏、借阅等服务，而且还能对社会发展的各项信息进行传递，从而保证信息的对称性，促进社会的发展。在对公众阅读习惯进行培养时，要关注图书馆这一关键性的场所，通过举办各式各样的读书活动，为读者推荐优秀的书目篇章，从而帮助读者更好地进行阅读，推动社会形成良好的读书氛围。从本质上来说，图书馆的作用是让公众能及时地了解社会信息知识，保证公众有平等获取信息的权利。因此，图书馆与公众之间所具有的联系决定了图书馆与社会之间是相互支持和促进的关系。

第四，服务功能。

图书馆的服务对象是一个逐步演变的过程，处于不断变化中，从最初"图书馆"，到后来的"书"，再到现在的"人"。人们对服务能力提出了更高的要求，不但要求做到从人性出发，还要求能够提供个性化服务。图书馆存在的意义已悄然发生改变，已不再是单纯地为公众提供图书的场所，而是利用图书馆的硬件条件来吸引市民，它的硬件条件不仅包括服务意识，还包括服务能力，除此之外，服务水平也很关键。图书馆进行自我评价的标准之一就是它的服务态度。随着人民生活的日益富足，人们的生活观念也悄悄地发生着改变，物质消费已经不能满足人们的需求，人们更在意内心需求能否被满足。人们进行消费时，主观的心理感受起到的作用越来越大。图书馆虽然并不是一个严格意义上的消费场所，但它能对人们形成最大影响还是它的服务态度。

第五，休闲功能。

图书馆的定位和属性决定了它必须具有公益性，对待服务对象要体现出公平性，除此之外，还有包容性。人们已不再满足于原来单纯的借阅和阅读活动，对图书馆提出了更高的要求，要求在读书之余还可以进行其他文化休闲活动。公众阅读意识的培养是一个长期和潜移默化的过程，它的形成非常复杂，除了加大平时的宣传力度，还需要一些活动促进意识得到强化，例如举办各种培训和讲座等，更为重要的是要为市民提供一个舒适的阅读环境。作为一个提供文化服务的机构，公众渐渐地被图书馆的各种文化休闲活动所吸引，这可能会改变公众的态度，使其成为大众休闲娱乐的首选去处，随着图书馆人数的增加，可以有效带动人们阅读次数的提高，有利于培养人们的阅读习惯和阅读意识。图书馆提供的文化休闲服务可以是咖啡厅，也可以是书吧等休闲场所，还可以举办猜谜和成语接龙活动，甚至还可以举办知识竞赛等休闲活动来吸收公众。

②档案馆。

"档案馆"这个名词最早在 17 世纪出现。1632 年，意大利档案学家波尼法西奥在《论档案》一书中明确提出了"档案馆"（Archir）这一概念。由于波尼法西夷的努力，"档案馆"一词逐渐为世界各国接受和采用，现已成为西方语言中的通用词汇。我国使用档案馆这个名词，是在中华人民共和国成立之后。在此之前，类似于档案馆的机构一般被称为库、阁、台等。历经古代、近代两个时期的发展，直至第二次世界大战以后，随着科学技术、文化、经济的发展，各国建立了多级多类档案馆。如前苏联的档案馆，从馆藏档案来说，就有馆藏固定的和馆藏流动的；从归属权上，有国家的和政党的。再如美国则有联邦的和非联邦的，国家档案馆及其分馆等，联邦以外的都是非联邦的，包括各州、各种非联邦的公私档案馆等。法国有国家档案馆、省档案馆、市档案馆、市镇档案馆等。各国现代的档案馆主要是接收进馆档案，安全保管档案，编辑出版档案馆指南，接待利用者查阅档案，广泛为社会提供档案服务。当然，各国档案馆也有差异，前苏联把接收、保管档案工作称为档案馆的业务职能，把组织利用称为社会职能。美国国家档案馆不承担档案史料编辑任务，只负责档案的安全保管。对政府部门的文件管理工作发挥协助和指导作用。

中华人民共和国成立以后，在机关档案室工作广泛建立和粗具规模的基础上，建立了各级各类档案馆。1954 年，中共中央和中央人民政府决定撤销大区一级党和政府的机构，党的中央局撤销后，中共中央档案馆筹备处作为移交档案的接收机构，统一进行档案管理，中央档案馆正式成立于 1959 年。1955 年，故宫博物院档案馆划归国家档案局领导后，改建为中国第一历史档案馆。1960

年，辽宁省图书馆档案部划出，改建为东北档案馆。1964年，中国科学院近代史研究所南京史料整理处，划归国家档案局领导后，改建为中国第二历史档案馆。1958年后一直到1966年"文化大革命"开始前，全国各省市自治区(除湖南、云南、新疆、青海、西藏外)均建立了省级档案馆，有12个省市自治区达到了每县一馆的要求，其他省市亦有75%以上的县建立了档案馆。

随着我国社会主义建设事业的发展，省级综合性档案馆，中央和地方专业性档案馆有了较大发展。目前我国已经基本形成了纵横交错的档案馆网络，其规模、数量、工作内容、人员素质、设备条件等方面都发生了重大变化。我国现代档案馆的性质、功能，从理论上和实践上都更加明确，在为社会各项工作服务方面做出了一定贡献，为社会主义文明建设提供档案上的支持，为科学文化事业贡献它的力量。

档案馆按照档案类型进行分类，主要可以分为四类，如表5-2所示。

表5-2　档案馆类型及性质

类　型	主要服务对象	性　质
综合档案馆	社会公众	科学文化性、永久保存性、社会服务性等
高校档案馆	高校师生	
企业/机构档案馆	机构人员	
其他类型档案馆	特定人群	

档案馆主要具有科学文化性、永久保存性、社会服务性等性质，这是现代中外档案馆性质的最基本体现。古代档案机构重藏轻用，更强调档案的保存性，可见，档案馆对档案的永久保存性是任何时代档案馆的最主要的本质属性。科学文化性和社会服务性是近现代档案馆同时具有的属性。近代特别是现代档案馆已改变了重藏轻用的陈腐观念与做法，档案的保存与利用具有同等地位。档案馆从封闭系统走向开放系统是一个历史性的进步，也是档案馆受到全

社会重视的根本所在。

档案的社会功能是社会赋予的一种责任。不同时代、不同国家档案的社会功能不同，不同类型档案的规模和功能重点也不同。现代社会档案的社会功能主要包括历史文化遗产的积累和保存，科学文化知识和信息的传播，历史的真实面目的维护、记忆、宣传教育等。

第一，保存历史文化遗产的功能。

任何档案馆都要接收、征集或收集档案材料，丰富馆藏，这是档案馆的基本功能之一。这一功能的发挥，使馆藏结构趋于合理，使馆藏内容更加丰富。这一基本功能的发展，导致积累、保存历史文化遗产这一社会功能的产生。在档案馆收集的各种档案材料中，如实记载了人类进步的过程，是对人类真实生活的反映，是了解人类历史的宝贵财富。古代的甲骨、金文档案是研究中国文字、文化、历史的重要材料；各类专门档案都是研究各专业历史的重要材料。为社会积累、保存历史文化遗产已成为现代档案馆的重要功能，而不仅仅局限于馆藏的内部建设。

第二，传播科学文化知识的功能。

档案馆保存的档案，形式多样、内容丰富，涉及政治、经济、军事、科技、文化、外交等方面的科学文化知识和信息，档案馆的工作非常烦琐，向社会传播档案中蕴藏的科学文化知识和各种信息。利用者利用档案著书立说，又在更大范围传播知识信息。档案工作者也根据馆藏档案资料开展各种专题研究，编撰各种二次、三次文献传播科学文化知识和信息。在当今"知识、信息爆炸"的时代，档案馆能否有效地发挥这一功能，能否有效地开发利用档案信息资源，是影响档案馆社会地位高低、衡量档案馆为社会所作贡献大小的标志之一。

第三，维护历史真实面貌的功能。

档案馆由于其保管对象——档案这一事物的特殊性，决定了档案馆不同于其他部门，决定了档案馆具有维护历史真实面貌的功能。档案收集的是原始记录，反映的是真凭实据，档案馆保护档案的安全与完整是它的义务和责任，一定程度上也起到了还原历史的作用。档案的破损、震烂、虫蛀、火灾以及人为的破坏(如篡改、伪造、偷窃档案等行为),不仅涉及物质利益,而且关系国家、社会、个人的历史真实面貌。档案馆要为社会作出贡献,必须采取积极措施,妥善保护好档案,维护档案的完整与安全,必须充分发挥这一功能。

第四,记忆功能。

由于档案具有记忆工具的性质与作用,所以管理档案的档案馆必然具有记忆功能。每一个档案馆都对某一个国家、某一个地区、某一个系统、某一个机构的历史具有记忆功能。

第五,宣传教育功能。

档案馆虽然不是教育机构,但档案馆通过陈列、展览、公布、出版档案等形式,可以对青少年和公民进行爱国主义教育、革命传统教育、历史知识和科学文化知识等方面的教育。近些年来,我国档案学者对档案馆功能的研究又有了一些新的认识,新的认识可以概括为四个功能,它们不仅包括服务功能,还包括知识文化功能,除此之外,还有信息传播功能,甚至还包括休闲功能。

③博物馆。

博物馆是人类历史长期演变的产物,能够在一定程度上体现人类文明,不仅为人类遗产提供了保存场所,还成为自然的传递者。博物馆的名称始于1683年,使用了"Museum",直到现在依然使用这一名称。这一名称是英国牛津大学阿什莫尔博物馆成立后正式提出的。那个年代人们把博物馆概括为一个具有各种功能的场所,这个场所不但可以保管和收藏各类珍品,还可以收藏艺术品,甚至可以收藏各种趣物。各类珍品的范围很广,可以是自然珍品,也可以是科学珍品,还可以是文学珍品。

161

世界各地的博物馆众多,无论是它们的形态,还是它们的功能都有一定的区别。博物馆受地域影响很大,能够反映出当地的文化特征,甚至还能表现出当地的意识形态,无论是它的内涵还是它的外延,都不是固定不变的,随着社会的发展而不断改变。出于以上原因,国际博物馆协会对于重新对博物馆进行定义这件事情一直斟酌至今，它希望重新命名的博物馆能够得到各国的认可。

相关国际章程中曾指出，公众可以去博物馆内欣赏到所有的藏品。这些藏品种类齐全，对博物馆进行重新定义是一件非常复杂的事情，新的定义试图从它的内容分类上入手，还要体现出多样化的特点，国际博物馆协会曾经 6 次针对博物馆重新定义的事情进行了研究。

直到第 11 届大会时才达成一致的修改意见。明确博物馆属于一种固定性机构，这个机构的目的有三个，包括研究和教育，还有欣赏。它的活动过程包括征集和保护，还有研究和传播，除此之外，还有展出。这个场所具有公益性、服务性和非营利性，能够向大众展示出人和环境，还有物证之间存在的各种联系。

在第 16 届会议上，对博物馆的定义又赋予了新的内涵，确定了博物馆不应受到藏品定位的影响，能够对藏品定位产生影响的因素不但包括整体性质，也包括地域特征，除此之外，还包括职能机构，甚至还有相关机构。

博物馆的定义因其不断发展一直处于不断修改中。早在 1961 年我国就已明确了博物馆的定义，认为它是主要的收藏机构，不但收藏文物，还可以收藏标本，能够发挥宣传和研究的作用，在我国的科学文化事业中占有重要地位。①

互联网技术的迅速发展令博物馆这一承载着丰富的文化意义的社会机构发生了惊人的变化。就目前而言，追求强大的现代功能的博物馆对社会的作用更加突出，能为群众提供更具体、更详细和更全面的信息与知识。②

博物馆的主要类型大致可分为四类，如表 5-3 所示。

---

① 宋向光. 博物馆定义与当代博物馆的发展[J]. 中国博物馆，2003（4）：2-7.

② Awoniyi Stephen. The contemporary museum and leisure: Recreation as a museum function[J]. Museum Management and Curatorship, 2001, 19(3): 297-308.

表 5-3 博物馆类型及性质

类 型	服务人群	性 质
公共博物馆	社会公众	历史文化性、永久保存性、社会服务性等
高校博物馆	高校师生	
企业/机构博物馆	专业人员	
主题博物馆	特定人群	

与图书馆与档案馆相比，博物馆具有更强的文化性，在公共文化事业中博物馆占据了文化传播与传承的举足轻重的位置。一般来说博物馆主要具有以下功能：

第一，教育功能。

教育水平的不断提高与教育资源的不断协调致使社会对博物馆的教育职能提出了更多要求。[①] 由于社会从博物馆获得的收益越来越多，近年来，各个地区的博物馆开展了大量活动，为提高公共服务水准、推动地区文化发展与提升群众幸福感作出了巨大贡献。

随着时代的快速发展，博物馆在社会中的立场发生了改变，其角色定位也较往日有所不同。因此，在打造新时代的博物馆的时候，社会有必要提出疑问并解决此疑问："博物馆的建设应以谁为对象？"博物馆除了与社会紧密相连，还与规模较小的社区有着密不可分的联系，其具体表现有以下几点：第一，社区的人口密度大，且独来独往的人的数量呈现明显的增长趋势，这意味着博物馆有必要承担起推动社区交际的责任，帮助社区居民获得更多的交际机会；第二，失业率不断增长，要求增加岗位的呼声越来越大，博物馆恰好可为失业者提供就业机会；第三，教育水平的提高与网络的普及使社会迈入了多元化时代，博物馆可为具有不同信仰的或者来自不同国家的居民介绍各色各样的文化，促进他们互相理解，从而改善社区的氛围。综上所述，博物馆不得不转变定位、革新服务

163

---

① 王启祥. 博物馆与社区活动模式初探 [J]. 博物馆学季刊，2002，16（1）：27-33.

方式，发挥其特殊且强大的教育功能，并且为如何更好地服务社区做出深度思考。①

第二，收藏功能。

相较于日渐显著的教育功能，收藏功能对博物馆而言是必需的，且在博物馆初建时就存在了。在最开始的时候，博物馆的收藏功能较为单一，仅仅将各种具有历史意义和文化意义的物品收藏起来。现今博物馆所具备的修复功能却是随着科技的发展而后来出现的。

第三，研究功能。

除了教育功能与收藏功能，博物馆还具备研究功能，即先对收藏的物品细致地分门别类，再依据各个藏品的不同价值，以挖掘藏品的历史意义与文化意义为主旨，对其进行研究。

（3）其他参与主体。

图档博数字管护协同体系的参与主体是指除行政主体与行为主体外与该协同系统产生交互的主体，主要包括数字人文中心、高等院校以及社会公众。

①数字人文中心。

数字人文中心的活动既是图档博数字管护协同体系形成的动力因素之一，也是协同体系的受益者之一。

目前国内外已经建立了众多的数字人文中心，专门从事数字人文项目的研究与开展。以国际数字人文中心网络 CenterNet 平台为例，截至目前，已有超过 200 多个数字人文中心在该网络中注册。我国的首个数字人文中心成立于 2011 年，截至 2022 年，主要的数字人文中心或相关机构如表 5-4 所示。

数字人文中心是数字人文项目设计、实施、管理的实验室与孵化器，全面地支持了数字人文的实践与研究发展。例如，很多数字人文中心围绕数字人文提供咨询协作、交流培训、数字人文方法与工具开发等，甚至一些数字人文中心还设立了对数字人文项目的资金资助基金。

————————————

① 孟庆金．现代博物馆功能演变研究［D］．大连：大连理工大学，2011.

164

表 5-4　我国主要的数字人文中心/相关机构

数字人文中心/机构	所属机构/部门
数字人文研究中心	武汉大学
数字人文研究中心	南京大学
高研院数字人文创研中心	南京大学
数字人文研究小组/数字人文工作坊	北京大学图书馆
虚拟地理环境教育部重点实验室	南京师范大学
数字人文技术实验室	中国人民大学
数字人文开放数据平台	上海市图书馆
历史地理研究中心	复旦大学
数字方志集成平台	华东师范大学
社会科学数据研究中心	复旦大学
地方文献中心	上海交通大学
国学传播中心	首都师范大学
文化遗产传承与数字化保护协同创新中心	中山大学，华中师范大学，厦门大学，哈尔滨工业大学
数字图书馆 KVision 实验室	北京大学
中国记忆平台	国家图书馆
人文北京研究中心	中国人民大学
数字人文专委会	上海市图书馆学会
数字人文专委会	中国社科情报学会
哲学与人类未来研究中心	北京大学
数字人文研究小组	上海大学

165

上述我国主要的数字人文中心基本以高校牵头成立，具有较强的科研性质。图档博机构在近几年也开始走入数字人文领域，数字人文中心也相继成立，例如由国家图书馆设立的中国记忆平台开展的中国记忆项目已实现了丰富的数字人文实践成果，产生了较大的社会影响。

②高等院校。

高等院校也是图档博数字管护协同体系的参与主体之一，其参与性具体体现在以下四点：

第一，资源整合与平台建设。高等院校内的学校档案馆、校图书馆和校博物馆是数字资源保存和开发的重要场所。它们拥有大量的数字资源，其中蕴含了丰富的人类智慧，不仅丰富了教育和研究资源库，还为社会各界提供信息服务，满足其信息需求。这些机构在资源整合方面具有独特的优势。首先是教育资源的连贯性和系统性，高校内的图档博资源通常与学术课程密切结合，因此在编排和组织上更具系统性，能够以连贯的学术线索提供信息服务。其次是研究型数字资源的专业性，高校的数字资源通常侧重于较为专业的学术研究，例如学位论文、科研项目报告、专业期刊等，这些都是图档博系统的宝贵资产。另外，高等院校在信息技术的应用上通常处于领先地位，能够充分利用最新的科技成果来处理、管理和共享数字资源。

第二，知识生产与技术创新。高等院校是知识生产和技术创新的核心力量。在图档博体系中，高校承担重要的职能。首先是培育数字人文与数字图档博学科，高等院校是数字人文学科研究与教学的重要基地，其研究人员和学生是该领域未来发展的新增长点。其次是开展前沿技术研究与应用，高校的科研项目往往集中在信息科学、计算机科学等前沿领域，能够为图档博数字管护提供创新技术的研究与应用。此外，高等院校还具备丰富的跨学科研究经验，能够将图档博领域的研究与其他学科相融合，形成辐射力强的研究网络。

第三，人才培养与专业凝聚。高等院校是人才培养的摇篮，对于图档博体系而言，它们提供了专业的教育和培训。高等院校通过相关专业的学位教育和继续教育，培养出具备数字管护能力的图档博专业人才。此外，高校还提供各种研讨会、工作坊和在线课程，供从业者更新知识和技能，提高专业水平。

第四，外界支持与政策引导。高等院校不仅仅是实体机构的集合，还具有对外界活动的支持和引导作用。高等院校的研究成果常为政策制定提供参考，学术界的权威专家也经常参与行业标准的制定过程。此外，高等院校通常拥有广泛的国内外合作网络，有助于图档博数字管护协同体系与其他机构的联动。

综上所述，高等院校作为图档博数字管护协同体系中的重要参与主体，其作用不可忽视。高校内的档案馆、图书馆、博物馆不仅仅是资源的存储和提供者，更是科学研究的前沿阵地、技术创新的平台和专业人才的培养基地。高等院校通过其教育、研究和社会服务功能，为图档博数字管护协同体系的构建和发展提供了坚实的基础和源源不断的动力。未来，加强高等院校内部图档博机构的合作，深化与外部机构的联动，不断提高数字资源管理与开发的能力，并培养符合数字化需求的专业人才，将成为高等院校在国家文化数字化战略下的重要战略任务。通过这些努力，高等院校不仅能提高自身的教育和研究水平，还能为整个社会的文化发展和数字转型提供有力支持。

③社会公众。

社会公众不仅仅是图档博数字管护协同体系中的服务对象，更是推动文化传承和知识生产的重要力量。公众的参与和互动对于实现文化的普及和可持续性至关重要。因此，将公众视为该体系的核心参与者，是实现文化传播与传承目标的基础。

在图档博数字管护协同体系中，社会公众的角色不应被动化，而应积极参与文化传播的各个方面。例如，通过参与数字档案的整理、在线展览的策划、互动式教育活动的设计等，公众可以直接影响文化信息的传播路径和传承方式。同时，社会公众的反馈和需求将直接影响图档博机构的服务模式和资源配置，这种双向互动有助于塑造更加民主和开放的文化环境。

公众的参与不仅仅限于消费文化产品，更应鼓励其参与文化资产的共创过程。在数字化时代，用户生成的内容（User Generated Content，UGC）成为文化资产的一部分，公众可以通过个人经历和视角，为数字档案库贡献独特的文化记忆和多样性的视角。共享文化资产反映了社会公众的共同记忆，并为未来的文化研究和教育提

167

供了丰富的原始材料。

在国家文化数字化战略下构建的图档博数字管护协同体系中，社会公众是一个不可或缺的重要环节。公众的广泛参与和积极互动，不仅为数字文化遗产的传播和传承注入活力，也是促进文化多样性和社会整体文化素养提升的关键。因此，充分发挥社会公众的作用不仅是该协同体系构建的基础，也是其成功实施的保证。未来的研究和实践应更加关注如何激发和维护公众的参与热情，如何通过技术和政策促进公众广泛参与数字管护，从而实现文化传承与创新的最终目标。

5.2.1.2　行为主体的差异分析

（1）图档博机构性质的差异。

图书馆、档案馆与博物馆的特征在于它们都具备显著的文化特性，是为社会服务的公益性文化机构。然而，档案馆的文化功能相较之下并没有得到充分的认识和实现，这其中，主要有三个原因：

① 在公众眼中，档案馆是专门服务于政府的保密机构，其主要作用是为了整合与收藏档案。久而久之，这种偏见导致档案馆的文化特性被严重忽视。直到党召开了第十一届三中全会，档案馆才重新树立起了文化机构的形象，但至今仍未完全摆脱偏见。

② 档案馆与众不同的一点在于它的历史价值与现时价值在不断发生着变化。档案在档案馆时，当然是具备现时价值的，但同时也因会被档案馆收藏很久而具备了可贵的历史价值。此外，值得注意的是，档案馆在服务公共社会方面长期遭到了限制。因此相较于图书馆、博物馆，档案馆的社会服务功能呈弱势状态。

③ 从档案的特点来看，档案馆想要服务社会，就不得不提供实体档案，但此种行为所面临的框架与限制太多。对于图书馆而言，服务社会只需建立人书对应模式。对于博物馆而言，博物馆以文物、标本为依托，形成可视化、科学化的展示体系，对公共开展直接教育。相较于博物馆的直观性、科学性等特点，实体文物、实体档案与实体图书本身的特点，决定了图档博的服务功能，也决定了其文化功能的发挥程度。因此，档案的文化属性和文化服务功能

是无可忽视的，只是一直受限于档案的特殊性质罢了。

（2）图档博社会职能的异同。

社会职能是指社会分工中的任务和责任。图档博机构的特点决定了其社会功能的差异。

① 文化储存的职能。在图书馆、档案馆与博物馆三者中，储存文化优势最明显的当属图书馆。这是因为图书馆能够保存数不胜数的文学作品、图画作品等，这些作品本身包含了丰富的文化资源。在文化储存方面仅次于图书馆的是档案馆。档案馆虽然社会关注度较低、服务提供能力较弱，但它存储真实客观的历史记录的职能是为社会所认可的。三者中，博物馆的文化储存职能最弱，但需注意博物馆的特性，即保存了大量的实体遗产。图档博的文化储存职能之强大，为文化溯源提供了重要条件。因此，图书馆、档案馆与博物馆也号称人类文明的记忆载体。

② 教育职能。图书馆通过向读者借阅图书来实现教育职能，博物馆凭借展示实物来实现教育职能，档案馆则以档案为主体，借助生动却不乏真实的叙述文本来实现教育职能。

③信息提供功能。博物馆通过编订发布宣传册、开展相关讲座等形式为参与对象提供信息。档案馆的信息提供功能却长期滞后，这是因为档案所包含的各类信息未被及时挖掘与整理。而图书馆的信息提供功能则非常强大，其提供信息的方式如下：他们编印的信息摘要、内部参考文献等出版物，相继为教育部门、科研部门以及党政部门提供了及时且完备的信息。

综上所述，图档博三者的特性虽大有差异，但具有统一的目标，即化解因收藏而导致利用不便的问题。如果考察图书馆、档案馆、博物馆三者分离的合理性，其不同的收藏内容是由使用对象的不同需求而决定的。因此，档案"文献资料"的收集和利用不同于博物馆、图书馆特殊的文物收集与知识储存。纵观图档博机构，不难发现三者在无形中奠定了互相协调文化服务与社会服务的基础，提供了角色转变的机会。

（3）图档博信息技术应用的差异。

在信息技术的推动下，网络化发展成为时代的主流。信息技

169

术、网络技术在图档博三个部门的应用也反映出各自的特点和发展趋势。

图书馆与信息技术的应用起步较早，目前，国家图书馆网站上已有 20 多个数据库，产生了明显的社会效益和经济效益。

与图书馆相比，档案馆尚未配套相关的前沿技术。实际上，针对档案工作，引入前沿的网络以及信息技术，一方面能够加强档案业务管理工作，另一方面也为档案信息资源共享平台的打造奠定了基础。在我国，主要的运行模式就是将特定的档案馆作为核心，配套完成资源的共建和共享，举例来说，中央档案馆就是其中的核心，支撑起了革命历史档案，成为其目录中心，完成了围绕我国第一历史档案馆的明清档案目录中心的打造，同时完成了围绕我国第二历史档案馆的民国档案目录中心的打造，在档案馆的连接下，各省、各地区建立了档案目录中心。不过在资源共享方面，尚未建立起配套网络，也暴露出了人员的认知和设施设备有待提高等问题。即使通过万维网不难看出，我国投入网站建设的档案馆数量并不少，不过能提供的信息主要是围绕档案馆自身的情况开展的，还没有实现真正意义上的数字档案馆的建立。

现阶段，博物馆成为网络技术应用的先行者，对于万维网而言，数字博物馆也已有一定的发展，同时取得了比较理想的效果，和实体博物馆的接近程度比较高。

从信息技术的利用情况对比，可以看出图书馆已经具备了较为成熟的信息技术发展契合度，并且对于虚拟技术的应用而言，博物馆则较为领先。相较之下，档案馆则有所落后。在知识经济时代出现之后，图档博作为社会信息资源系统的节点，都面临着挑战和考验。

170

5.2.1.3　行为主体的共性分析

图书馆、档案馆、博物馆同作为社会文化机构，承载着民族的文化记忆，尽管具有上述诸多差异，但也有许多共同之处促进着图档博合作的达成。

①相同的历史渊源。对于国际上的发展历程而言，图书馆、博

物馆和档案馆的发展并没有出现太大的区别。对这三者来说，无论是定位还是馆藏建设，都有一定的交叉。到了近代，逐渐发展成为图档分离的情况①。在现代中国，图书馆、档案馆物馆等文化机构以及文化资源整合的实践项目中也均有文化资源整合理念的身影存在。②

②相似的服务职能。2008年，《公共图书馆、档案馆和博物馆：合作趋势》报告由国际图联正式出台，指出图档博都承担着公共文化服务供给的职责，也需要对历史、知识提供保障，提高公众的认知水平。同时，他们也都需要照顾社区以及用户相应的需求，在加快终身学习、开展相关服务供给以及保护文化遗产等多个维度的功能都有一定的相似之处。③ 也正是这一特点要求图档博互相进行合作。

③共同的馆藏发展需要。Roth 和 Raab 表示，若是对于文化机构而言，通过对其收藏资源进行共享的形式来开展合作，就可以积极推动收藏的建设和发展。④ Lukenbill 指出，对于档案馆以及图书馆而言，合作和交流的力度还需要提升，以便为丰富的文化资源提供保护。⑤ 站在生命周期收藏的层面而言，Edwards 认为，收藏资料的价值会随着时间的推移而变化，不同的机构在处理收藏生命周

① Martin R. Cooperation and change：Archives, libraries and museums in the United States：World library and information congress：69th IFLA general conference and council, August 1-9, 2003 [C]//Berlin：Institute of Museum and Library Services, 2003.

② 梁继红. 近代中国文化资源整合的历史考察[J]. 图书情报知识, 2012(5)：35-41.

③ Yarrow A, Clubb B, Draper J. Public libraries, archives and museums：Trends in collaboration and cooperation[R]. The Hague：IFLA Headquarters, 2008.

④ Raab C M, Roth E J. Documenting New Paltz history：A case study in library-museum cooperation[J]. College & Undergraduate Libraries, 2001, 8(2)：103-112.

⑤ Lukenbill B. Modern gay and lesbian libraries and archives in north America：A study in community identity and affirmation[J]. Library Management, 2002, 23(1-2)：93-100.

期不同阶段的收藏时各有优势。因此，图书馆、档案馆等文化机构有必要开展合作活动，以更好地维护和发展馆藏。① 唐晶等学者表示，若能够让博物馆以及图书馆对各自的馆藏资源进行共享，二者相互合作，最终就能够实现高效的资源利用。② 所以不难看出，就特色馆藏资源而言，各类文化机构需要在合作的串联下，承担自身对文化遗产进行保护的职责，实现共建共享。

④共同的用户需求变化。Hedegaar 提出，征集资源，特别是文化遗产等，其分布方式主要散乱地存在于各类文化机构之中，由于其记录形式以及组织文化各不相同，也加大了用户寻找相关信息的难度。③ 站在用户的角度而言，他们更看重能够实现图书馆资源的跨机构使用和获取。所以，有不少学者提出，基于当前的数字环境，用户在信息资源，特别是组织形式方面的要求也进行了更新，对于资源整合而言，由于文化资源服务体系会因为组织管理的不同而有所区别，阻滞了资源整合的进度。④ 在以往，图书馆以及其他文化机构都认为无需吸引用户，用户自己便会前来，不过如今这一观念逐渐被改变，围绕社区用户，纷纷提高了自身在相关服务供给的重视程度。⑤ 所以，针对各类文化机构，当务之急在于需要完成相关信息服务平台的打造，进而与用户信息需求的契合程度也

---

① Edwards P M. Collection development and maintenance across libraries, archives, and museums: A novel collaborative approach[J]. Library Resources & Technical Services, 2004, 48(1): 26-33.

② 唐晶, 辛璐, 马新蕾. 图书馆与博物馆公共休闲服务合作初探[J]. 图书与情报, 2012(4): 48-51.

③ Hedegaard R. The benefits of archives, libraries and museums working together: A Danish case of shared databases[J]. New Library World, 2004, 105(7-8): 290-296.

④ 刘家真. 我国图书馆、档案馆与博物馆资源整合初探[J]. 中国图书馆学报, 2003, 29(3): 36-38.

⑤ Wu S. Cooperation on local history and the concept of network building between libraries, museums and archives in China[J]. IFLA Journal, 2006, 32(4): 356-361.

更高。

⑤相同的信息技术影响。在如今的时代，信息通信技术得到了长足的发展，无论是图书馆还是档案馆，对于数字馆藏的打造进程极为重视，以便提高用户收集和使用馆藏资料的便捷程度。Martin表示，对于数字环境而言，储存信息对象的数据库并非用户在意的点。特别是馆藏资料在不断实现数字化的过程中，也奠定了信息资源跨机构共享的基础。对于文化机构而言，其边界的不断弱化，也能够为跨机构合作的开展孕育沃土，最终使得整体功能超越部分功能总和。①

5.2.2 客体要素

5.2.2.1 图档博数字资源的构成分析

本书围绕国内外具有一定知名度的图档博机构数字资源完成了归纳和整理，进而聚焦其数字资源，梳理其整体特征。

世界上部分著名的图书馆、档案馆、博物馆提供的数字资源情况，如表 5-5 所示。

表 5-5 部分著名图书馆、档案馆与博物馆提供数字资源情况

图档博机构	类型	提供的数字资源	主要存储格式
中国国家图书馆②	公共图书馆	电子书、期刊论文、硕博论文、报纸、古籍、音乐、电影、电视、缩微胶片	PDF、JPG、VOB、MPG等

① Martin R. Cooperation and change：Archives，libraries and museums in the United States：World Library and Information Congress：69th IFLA General Conference and Council，August 1-9，2003［C］//Berlin：Institute of Museum and Library Services，2003.

② 中国国家图书馆［EB/OL］.［2021-01-03］. http：//www. nlc. cn/.

续表

图档博机构	类型	提供的数字资源	主要存储格式
美国国会图书馆①	公共图书馆	电子书、期刊、数据库、印刷品、照片、视频、广播、音乐、新闻	JPEG、GIF、TIFF、PDF、MPEG、JP2、RAW、MP3等
俄罗斯国家图书馆②	公共图书馆	手稿、珍本、档案、报纸、地图、乐谱、印刷品、标准和技术文件、印花、缩微品、国家文献出版物、电子书	PDF、JPG等
大英图书馆③	公共图书馆	历史文化研究材料、藏品照片、电子书、数字化印刷书籍、地图、档案、图片数据集、文献数据集	PDF、JPG等
耶鲁大学贝尼克古籍珍本和手稿图书馆④	大学图书馆	珍本、手稿	PDF、JPG等
大英博物馆⑤	文化历史博物馆	藏品照片	JPG等
伦敦国立科学博物馆⑥	自然科学博物馆	藏品照片、播客音频	JPG、MP3等

---

① Library of Congress[EB/OL]. [2021-01-03]. https：//www. loc. gov/.

② The National Library of Russia[EB/OL]. [2021-01-03]. http：//nlr. ru/eng.

③ The British Library[EB/OL]. [2021-01-03]. https：//www. bl. uk/.

④ Beinecke Rare Book and Manuscript Library [EB/OL]. [2021-01-03]. https：//beinecke. library. yale. edu/.

⑤ The British Meseum [EB/OL]. [2021-01-03]. https：//www. british-museum. org/.

⑥ Science Meseum [EB/OL]. [2021-01-03]. https：//www. science-museum. org. uk/.

图档博机构	类型	提供的数字资源	主要存储格式
卢浮宫博物馆①	文化历史博物馆	馆藏照片、博物馆地图	PDF、JPG 等
中国国家博物馆②	文化历史博物馆	馆藏照片、期刊、科研成果、视频	PDF、JPG、MP4 等
美国大都会博物馆③	艺术博物馆	馆藏照片、博物馆可交互地图	JPG 等
法国国家档案馆④	综合性档案馆	出版物、档案照片、数字档案，介绍视频	PDF、JPG、MP4 等
美国艺术档案馆⑤	艺术档案馆	艺术品照片、期刊、书籍、论文	PDF、JPG 等
芝加哥爵士档案馆⑥	主题档案馆	乐谱、地图、照片、期刊、书籍、音乐	GIF、JPG、PDF、CDA 等
美国喜剧档案馆⑦	主题档案馆	信件、剪贴簿、海报、照片、影片	JPG、CDA、WAV 等

从表 5-5 中数据中可以看出：

① Louvre[EB/OL]．[2021-01-03]．https：//www. louvre. fr/.

② 中国国家博物馆［EB/OL]．［2021-01-03]．http：//www. chnmuseum. cn/.

③ The Metropolitan Meseum of Art［EB/OL]．［2021-01-03]．https：//www. metmuseum. org/.

④ Archives Nationales France［EB/OL]．［2021-01-03]．https：//www. archives-nationales. culture. gouv. fr/.

⑤ Archives of American Art［EB/OL]．［2021-01-03]．https：//www. aaa. si. edu/.

⑥ Chicago Jazz Archive［EB/OL]．［2021-01-03]．https：//www. lib. uchicago. edu/collex/collections/chicago-jazz-archive/.

⑦ American Comedy Archives［EB/OL]．［2021-01-03]．https：//www. emerson. edu/departments/archives-special-collections/collections/american-comedy-archives.

① 为了更好地保护馆藏资源，为用户提供更便捷的服务，世界上大多数图书馆、档案馆、博物馆围绕自身的馆藏资源开展了数字化工作。在数字资源的支撑下，资源的保存寿命得到了极大的提高，进一步满足用户的相关需求。不过，绝大部分图书馆、博物馆和档案馆只支持少许资源的数字化供应，绝大多数数字资源对访问权限进行了限制。

② 图书馆、档案馆和博物馆的馆藏资源有许多重叠的类别。对于图书馆而言，其数字资源主要有两大部分，一是数字文物，二是数字档案。博物馆以及档案馆也差不多，不过，由于这一资源类别交叉现象是与生俱来的，这也说明，数字资源的统一组织与共享、服务的整合在一定程度上是信息技术发展的必然趋势和人类文化的需要。

③ 数字资源种类繁多，包括多种文件格式。无论是在图书馆、档案馆，还是博物馆中，都存在文本、音频、视频等多种多媒体格式资源，图档博在数字资源管理过程中应特别注意这些多媒体信息资源的特性。

5.2.2.2　图档博数字资源的差异分析

图书馆、档案馆、博物馆因馆藏资源的差异、服务职能的区别导致他们的数字资源也存在着明显的差异，进而导致了图档博数字资源组织管理的差别。那么，除图档博数字资源本身在内容上的差异外，图档博机构对各自数字资源的组织、存储、管理等也还主要存在以下差异①：

（1）图档博数字资源记录形式上的差异。

文献信息资源在图书馆的数字资源中地位突出。文献型信息资源是一种信息资源，这种资源是通过语言这种方式将信息传递给用户的，而这种语言是以各种文本符号的形式记录在相应载体上的。

图书馆数字资源有三种，分别是电子书、电子期刊、论文等。

---

① 穆向阳. 图博档数字信息资源统一组织与服务模式融合研究［D］. 南京：南京大学，2014.

这些资源是数字资源，它利用摄影等技术把纸质文档进行数字化来实现保存，多数是以 PDF 格式进行存储的。PDF 格式的优点很多，很多文档数字资源采用了 PDF 格式。但是，在实际管理中，一些文献信息资源的存储格式却是 JPG 格式，在对许多宝贵的手稿进行保管中，使用的都是 JPG 格式。

档案馆数字资源形式以文本为主，但主要存储格式是 JPG。档案大多是人类社会生活中产生的附属产品，因其内在缺乏逻辑性，和书籍或纸张这种逻辑性较强的文献资源有所区别，决定把档案和图片归于一类，一起进行保管，这点与博物馆收藏相似。除了文本以外，档案信息记录还有二种重要的方式，它们分别是音频和视频。音频是利用声音把想表达的各种信号如实转存到相应的存储媒介中，用户通过倾听的形式来得到自己需要的信息。视频是可以把图像和声音一起转存到相应的存储媒介中，用户通过观看和收听的形式来获得自己所需要的信息。对于档案来说，音像资源起着重要的作用。记录声音和图像的信息资源是档案资源不可或缺的重要部分。

博物馆数字资源最重要的记录方式有两种，一种是图形，另一种是图像，可以说图形和图像信息资源就是博物馆主要的数字资源。图形图像最主要的作用是把事物的视觉信息如实反映到载体上。不仅可以反映几何轮廓，还可以表现出颜色和光线。博物馆图形图像数字化资源正是充分发挥了图形图像的作用，利用丰富的视觉信息对馆藏的原貌进行最大程度的还原，增加用户的体验感。博物馆的主要数字资源是把藏品实现数字化后得到的资源。它可以利用摄影或其他技术来实现。虽然博物馆已利用科技手段实现了三维馆藏数据模型，但发挥最大作用的还是二维图形图像信息资源，它的存储格式有多种，既可以是 JPG 格式，还可以是 GIF 格式，除此之外，还有 TIFF 格式等。

综上所述，图书馆、档案馆和博物馆虽然都使用了数字资源，但它们在信息记录方面存在着很大的不同。图书馆以文字为主，档案以文字、音像为主，博物馆以图文为主。

(2)图档博数字资源信息组织体系上的差异。

177

　　图书馆、档案馆、博物馆的数字资源都是通过摄影、扫描等措施将最原始的状态进行展示和保存，所以图书馆、博物馆、档案馆的原有信息系统对数字资源的信息系统具有决定性作用，并且在组织体系的表达上呈现出不一样的形态。

　　图书馆中无论是纸质版书籍还是互联网电子书，基本上以文字为记录形式。书籍中蕴含着丰富的观点和信息知识，很多作者借助文字将自身持有的观点进行表达，传递出时代的声音和信号。所以，从语义上解释最小单位是词语，然后形成句子，由句子再组成段落，进而形成章节，最终将其编纂成书籍，以此进行信息的传递和观点的表达。纸质版和电子版其本质相同，只是在呈现形式和存储方式上存在显著的区别。

　　档案信息具有不同的信息和术语方式，对社会各类生产活动进行全程的记录。案卷是传统档案的组织形式，某一机构全部的档案就称为全宗，这个机构可以是行政机关、公司、企业，也可以是个人。[①] 全宗中囊括了较多的档案，需要对其进行整理、分类和整理。要进一步把庞大的档案整理成案卷档案。案卷是根据某一主题和其他内容特点以及外部特点编制的具有关联性的文件集合[②]。对档案进行统计和检索的最小单元称为案卷。

　　博物馆的数字资源，其主要形式是进行馆藏拍摄，通过照片的形式将藏品信息进行表达，在信息组织结构上与图书馆完全不相同，馆内的所有藏品均可以借助数字化手段，用图片进行表示，表现最明显的是绘画艺术作品。绘画属于二维空间的艺术表达方式，这一类藏品可以借助数字化形式进行体现，将其精华进行浓缩，即一个藏品对应一幅数字图片。对于三维空间中的对象，可以通过三维建模或从多个角度拍摄照片来数字化采集。此时，一个集合将对应于几个数字图片。目前，通过拍照将藏品数字化仍然是最重要的

---

　　① 邓绍兴，和宝荣. 高等学校文科教材 档案管理学[M]. 北京：中国人民大学出版社，1989：35.

　　② 邓绍兴，和宝荣. 高等学校文科教材 档案管理学[M]. 北京：中国人民大学出版社，1989：67.

途径。

人类知识和文化的传承离不开图书这个重要的载体，它是人类智慧的结晶，是千百年来历史的证据和行为轨迹，可以说图书类资源之间其内在联系较为丰富，所以图书、论文这类信息资源具有完整的知识系统和逻辑结构，观点的表达更加明确。反观博物馆和档案馆，其表达出的数字资源之间的紧密性、联系性、互动性不足。因此，可以说图书馆采用数字资源时，其体现出关联性更加的复杂，很多的语义信息会将这种繁复的关系进行表达，相较而言，博物馆和档案馆的数字资源关系较为简单。为了建立图书馆数字资源的深层语义关联，需要将图书馆数字资源关联的丰富性进行充分的利用，并将优势逐渐向博物馆、档案馆上积极拓展，丰富图档博的表现形式。

(3)图档博数字资源分类体系上的差异。

图书的分类应该以学科知识为基础，目前的分类思想较为成熟，所以在对图书进行分类时较为简易，但是目前对档案进行分类的方法还不是很成熟，因为该分类的依据主要是根据人类社会实际活动，因为各个地区的社会文化呈现明显的差异，因此无法进行合适的分类。而博物馆的分类更加之难，因为内部的产品种类较多，为实现保护藏品的目的，当前使用的分类思想主要是传统思维，各个博物馆之间所收藏的藏品种类都存在明显的差异，因此不同的博物馆要根据自身的产品特点采取合适的分类方法。

图书馆对馆藏资源的分类由来已久。从汉代开始我国就已经对图书进行分类，因此在此方面所使用的方法较为科学合理。① 因此图书分类方法主要体现了以下几个特点：①有较为统一的标准，因为发展年限较长，因此分类法方法较为成熟。②只关注图书的内部特征，并不关注外部特征。③在对图书进行组织和检索时可以使用同一种分类思想。④不同地区所使用的图书分类法都有明显的区

179

① 杜定友，钱亚新，钱亮，钱唐．图书分类法史略[J]．广东图书馆学刊，1987(1)：1-9，13.

别，因此在对文献进行组织时主要是依靠学科体系，该种分类方式较为合理，可以组织世界上所有的图书文献。

档案馆的分类体系最初较多参考了图书馆的图书分类法。直到20世纪80年代，我国发布了《中国档案分类法》。这种方法基于国家机构和相关组织进行实践活动的业务，综合考虑了档案的特点，是一个创新型的分类方法，包括19个基本方面，例如政治、法律、军事和国家要务等。此外，因为档案仅有一份，有着唯一性的特点，所以档案在进行归类时是存在一定困难的。我国的档案分类具有以下特点：第一，很大程度上受中国图书分类法的影响，档案的分类方法受到了图书分类的启蒙，并以此为依据；第二，中国档案法的分类是基于中国共产党和国家的日常业务与职能特征的；第三，档案具有不稳定性、零碎性和独特性等种种特点，所以无法用一套特定的标准和分类方法来归类所有的档案，这一点可以类比博物馆的展览品。

博物馆的分类体系建设起源于对文物藏品的分类。《中国大百科全书》将藏品定义为文物与自然标本，在进行收藏时首先需要进行登记和编目，而选取的主要内容是符合博物馆自身性质以及任务的图书，前期会制定标准的入藏指标，因此需要进行收集和鉴定。博物馆在藏品分类时遇到了较大的困难，因为目前藏品的种类较为复杂，并且对于藏品的定义也较为模糊，因为全国各地都有一些具有自身特色的博物馆，并且其内部所收藏的产品范围也较大。部分博物馆所收藏的藏品丰富，因为原本的藏品内涵就较高，因此在后期的发展过程中藏品范围得以扩大。当前我国的博物馆分类方法主要有以下几个特点：①虽然很多产品在进行分类时体现的是体系分类思想，但是该思想与分面组配思想相混合，最终导致内部含有分面组配思想的影响。②当前各个博物馆所制定的分类方法弊端较为明显，因为在进行分类时主要是依据产品的种类以及数量。③在进行分类时需要有一定的科学性，但此时由于人的主观性影响，导致在进行分类时出现了很多的矛盾。④藏品的内容属性和外部属性相互纠缠。李之龙认为产品分类和产品组织之间是存在明显差异的。① ⑤当前我国的分类方法主要针对于历史文物，因此具有一定的局限性。

图书馆、档案馆、博物馆的分类体系相较而言，主要存在以下差异：第一，从三者的历史发展角度来看，图书分类法有着更为完善，更为久远的发展历史，比博物馆和档案的分类更具有专业性和规范性。第二，博物馆和档案的专业程度不如图书分类。第三，图书分类法的科学程度和体系化程度也是远远优于其他两类的。大部分的图书分类依据是科学且具有一定条理性的，能够采用相当程度的逻辑和层次性。这种逻辑和层次优于博物馆的展品分类和档案归类。在博物馆的发展过程中，涌现出了越来越多的展览和藏品，所以需要相关人员增加收藏分类的弹性特征。档案虽然说与藏品有着很高的相似化水平，可是，它的零散性、唯一性等固有属性也是应该被考虑在内的。第四，在分类图书的时候，相关工作人员仅仅需要考虑书本的包含内容、书本属性。可是，档案则需要清楚其社会职能属性，所以两者并不是可以同一而论的。图书的分类方法可以采用同一标准和统一规范，而档案却没有一套明确的归类方法。与之不同的是，而博物馆的展览品相较于图书而言，更为珍贵，所以馆藏需要加强专业人员的专业保护措施，大多数是从文化保护的角度分类展藏品。

（4）图档博数字资源生命周期上的差异。

信息资源生命周期一般包括四个阶段：生产期、处理期、应用期、衰退期，图档博数字资源在生命周期的各个阶段表现出鲜明的特色。

第一阶段，图档博数字资源的生产期。从生产的角度看，图书馆、档案馆、博物馆其差别较大。对纸质版文献的数字化就得到了图书馆的数字资源，很多信息技术公司，通过购买的形式将数字化文献的版权获得，并建立丰富的数据库，图书馆根据自身的实际需求，进行需求资源的购买，以此为读者提供与纸质版书籍相应的服

181

---

① 李之龙. 关于博物馆藏品分类与藏品组织的关系[J]. 东南文化，1993（4）：176-179.

务。对于符号含义的关注是文献型信息资源的主要特征，而博物馆的数字资源的主要特征是对藏品的数字化，上述两者之间在标准的制定以及数字化的处理方式上存在较大的差异性，《博物馆藏品二维影像技术规范(试行)》，为博物馆藏品数字化的参考指标和技术指导，对文物影响相关标准进行了详细的规定，不仅将藏品文物进行了分级，并且拍照环境、参数标准都有明确的指出，例如设备的光学分辨率、JPEG 的压缩比等，上述标准的执行均是为了尽可能地完美展现博物馆藏品的真实面目。与图书、档案相比，博物馆藏品数量变化较小，基本呈稳定态，表现在数字资源上也是如此，数量不会很多。对人类社会活动的记录产生了档案，可以说社会的发展与档案之间有密不可分的关系，随着社会的进步以及活动的频繁，档案的数量呈上升趋势，相应的数字档案的增速也呈迅速增长，在图书馆、博物馆、档案馆三者里，增速最快的是档案馆，但实际是其增速并没有图书馆数字化的快，究其原因是，传统服务理念的约束以及档案保密性的限制，故而整体增速较慢。此外，由于藏品与档案之间存在交叉性，所以在标准的使用上与其他两者具有较大的差异性。

针对上述三者的数字资源生产情况，表现出以下两个方面的不同，需要进一步说明，一是进行数字资源产生时，使用的标准和规范有所差异，主要是由于图档博的资源内容不同，进而使得进行数字化的过程中，不会有统一的生产标准。二是图档博在增长速度上的差异性，社会生产活动均会有档案的产生，所以增速最快的是档案，接下来的图书、期刊的增速，主要是因为其出版发行需要根据相关的流程才能完成。增速最慢的是博物馆，所以在数字化时，也是速度最慢的。

第二阶段，图档博数字资源的处理期。资源的整合、安全存储、程序化和后续的一系列维护等都是数字数据资源在处理时期要做的工作。图书馆、博物馆、档案馆之间存在的阶段性资源差异化作出横向对比，对图档博之间的协调统一及数据共享具有深远的积极意义。文章依照大量相关信息，遵循信息组织基本顺序来对比三者的关系。在数字资源方面的产出到数据搜索服务投入使用这一段时间内，要经过内容和形式特征的分析记录、标引、内容安全存储等步骤。并且因为图书馆档案馆博物馆具体情况有很大差异，所以图档博的处理详情也各不相同。

在编制时，把数字资源的内外部特点分析揭示供使用者搜索使用，这一行为成为著录。数字资源的详细特征多种多样，所以在面对各个著录项目不同的资源时也要定制化处理。数字资源著录项目的设计与资源揭示和著录的质量优劣有着很大关系，前者一定程度上决定了后两者。图书馆中最重要的资源就是书籍，图书馆著录工作的标的也主要是书籍。著录工作中，标准和数据共享必须考虑其中，为此业内推出了许多规则标准来提高效率效果，使得不同机构之间数据共享更加便捷，著录标准化更高。如 AACR2、RDA 以及现在广泛使用的 MARC 等。

Encoded Archival Description，简称 EAD，该标准是当前档案界的热点之一，专用于档案资源的描述。学者王萍研究后提出 EAD 的多个情况。① 他认为，该标准在我国的适用上是完全可行的，尽管目前的 EAD 依旧存在着一些问题，但这些问题可以被克服。在国际上，EAD 依旧适用在了多个项目中，它能够描述例如书籍、藏品等资源。XML 为其编码的标准，使用者常用搜索工具的一般构成它都能很好适用，方便灵活，不用依靠任何第三方平台。图书馆、档案馆、博物馆都能够通过 EAD 来描述出馆藏的资源，并且可以显示可读条目，资源的交换和使用者查询等操作②都可以很好地提供支持。EAD 是一百余个元素在详细程度上优于 MARC，这百余个元素细分后有四大类，为说明元素、管理元素、检索元素和数字化信息描述元素。

珍贵的馆藏品的著录工作最受国内外博物馆的重视，也推出了

---

① 王萍. 档案著录国际标准（CAD）的推广应用[J]. 档案学通讯，2010（2）：89-93.

② Barry R K, Pitti D V, Thibodeau S G. Development of the Encoded Archival Description DTD[J/OL].[2022-02-01]. https：//www. loc. gov/ead/eaddev. html.

职业道德的准则，其中《国际博物馆协会职业道德准则》就对藏品著录作出了严格的规定，如果一个藏品未被著录，那么该藏品甚至可以说没有藏品资格。① 我国的藏品著录也有着严苛的规则，如中国国家文物局出台的《博物馆藏品信息指标体系规范（试行）》以及《藏品珍贵文物信息指标著录规范》等，② 其中上述两规范的前者就明确规定，各藏品登录的核心指标项有 28 个，如文物的命名和原本名、所属类别、文物的年代和类型、形态质地、完整度和残缺的具体情况、文物大小、尺寸的单位、质量及质量单位、文物的来源、所属单位、文物的本身数量和实际数量、文物总登记号、鉴定机构、鉴定时间、鉴定者姓名等。Categories for the Description of Works of Art（CDWA）元数据体系为世界上第一套面向博物馆信息资源开发的体系。CDWA 详细的包含了 27 个核心元素，各元素下属又分一至多个子元素，可以对馆藏品、建筑、图片等元素进行描述。现如今，该数据体系在国内外博物馆界的作用颇多。

　　第三阶段，图档博数字资源的应用期。这三者在使用资源的情况上也有显著的差别，用户使用图书馆数字资源的主要目的就是获取文献，了解其中相关的知识与信息，而在使用博物馆和档案馆的数字资料时除了以上的目的，还有其他个人的原因，一般博物馆的资料都是带有历史文化意义的，因此部分用户在使用博物馆以及档案馆的数字资源时主要是为了了解历史与文化，体验不同的艺术。而图形图像类的信息资源有着前两者数字资源所没有的优势，因为它可以反映书本的外部特征，如果通过前两种方式寻找文献获得的视觉体验感较差，但是该博物馆的个人特色较强，可以给用户带来独特的视觉体验，一般寻找此类信息资源的用户是对艺术鉴赏信息有较高需求的人。档案的客观性较强，内部不会包含主观意识，因此可用来考察历史事件，因为档案最终反映出来的信息较为真实可

---

　　① 　游庆桥. 关于美术馆藏品登记著录与普查工作的思考［J］. 中国美术馆，2012（4）：10-11.

　　② 　陈红京. 数字博物馆资源建设规范与方法［M］. 上海：上海科学技术出版社，2006：2.

信，而档案馆的数字资源的凭证功能就较强，可用来考察历史事件。这三者的数字资源所提供的功能均不同，但是用户都可以了解到其所需要的知识，可完成教育大众以及传承文明的目的，虽然三者的功能存在明显的差异，但也有一定的合理性，因为不同的用户对于图书馆的个人需求都是不同的，三者的资源实现了互补，因此在实际运用过程中应该结合这三者的优势来达到教育大众的目的，满足不同用户的需求。

第四阶段，图档博数字资源的衰退期。图书馆的数字资源老化程度较快，但是博物馆以及档案馆的数字资源的老化程度较慢，因为这两种数字资源包含了很多的艺术性和文物性。其开发的主要目的就是保存部分资源。图书馆的数字资源的价值主要是存在于内部的内容，但是博物馆以及档案馆的数字资源内部价值不一定高，其价值主要是在载体本身。图书馆数字资源之间的紧密性较强，往往可以从一个资源中获取到另一个资源的内容，但是在博物馆和档案馆的数字资源中并不会出现这样的情况，他们的资源会更加独立，因为博物馆和档案馆的数字资源主要是为了保留历史文化，因此其内部的内容涵盖程度较低，最新产生的数字资源与原本的数字资源并没有可比的价值，他们处于不同的位置。文献型信息资源会被替代的主要原因是该种资源存储的是知识，因此在知识的变更过程中，以往的传统内容将会被替代，因此老化现象最为严重的就是文献型信息资源。除此以外还会发生老化现象的还有博物馆和档案馆的数字资源。其主要原因是当前的资源无法满足技术的需求，因为随着时代的发展，产品的技术以及内容会不断进行创新发展，所以传统的数字资源就不符合当前的实际发展状况。因此为有效利用这三种不同的数据资源，在进行组织时需要利用有灵活性的组织方式，由于这三种数据的资源都会发生老化现象，在进行资源共享时应该制定相关的措施应对该种情况。

5.2.2.3 图档博数字资源的共性分析

尽管图档博数字资源存在多个层面上的差异，但仍然具有以下共同点：

185

（1）图档博数字资源是结构化信息资源的一种，是一套严格而科学的排列标准体系，包含了文字和图像多种数据类型，这种资源是人类智慧的表现和结晶，在不断的发展和研究人员的探索筛选过程中，逐渐变得更加完善。伴随着资源的数字化和博物馆之间的合作，图档博数字资源也开始呈现出了标准化的特点。例如广泛使用的都柏林元数据标准等，这不仅有利于大众对数据的寻找和利用，也有利于资源共享和资源利用效率提升。

（2）图档博数字资源涵盖了人类多方面领域的多种知识，档案馆、图书馆和博物馆这种公共场合一般汇集了人类文明和灿烂的文化成果，包含艺术、科学、思想等多彩的领域，是人类在各种领域中优秀作品和优秀思想的全部汇集。所以图档博数字资源相较于其他资源来看有着更专业的内容和更强的知识性。伴随着馆藏资源的逐渐数字化，数字资源的自身优势可以让人类更为方便快捷地查找到需要的数据，也能够更好地将多种资源建立有效连接，带给用户以更愉悦的感受和更优质的体验。

（3）图档博数字资源有着历史性和文化性等特征。档案馆、图书馆和博物馆中的珍贵资源是人类在漫长的发展历程和进化过程中表现出来的智慧结晶，可以极大程度地折射出特定社会和历史时期的人民意识和民族社会形态。资源的利用者只有在具备一定的文化素养和专业知识时，才能够领悟到图档博数字资源的深刻意义和真正价值。在某种方面上来看，这种类型的数字资源能够极大地象征一个国家和一个地区，是历史的缩影，是智慧的凝结，是文化的变迁，更是人类的文明。

（4）图档博数字资源有着极大的权威属性，其中的资源都是真正基于人类的历史和人类的文明的。虽然原始，可是也极为真实可靠。所以，它是权威的真正体现，尤其体现在档案馆和博物馆的内容之中。馆内的资源从收集、规划到保存、留档，这一个完整的系列过程都需要严格遵循我国的法律法规和有关的部门规定，在保证馆内内容的质量同时也体现了资源的真实特性。举个例子来看，图书馆中保留的珍贵手稿、名家真迹、手作稿件和经过同行评价和肯定的图书、专业期刊，这些资源都是极为珍贵且权威的，赋予其极高的学术地位和文化艺术价值。正是这些宝贵资源的存在，见证了人类发展的光辉灿烂历史，也伴随着人类的进一步发展，在漫漫的历史长河中继续闪闪发亮。

图档博数字资源的共同点也是图档博数字管护协同体系构建中客体因素协同的重要基础。

5.2.3 方法要素

5.2.3.1 图档博数字管护的技术构成分析

图档博的数字管护是基于图档博馆藏数字资源全生命周期的管理，从数字资源的产生、组织、存储、到利用。可以说，几乎所有的与数字资源管理相关的信息技术可被纳入图档博数字管护的技术体系中。

依据信息技术的类型，数字管护的技术体系构成如表 5-6 所示。

表 5-6 图档博数字管护技术体系

技术类型	技术组成
数字化技术	扫描、拍摄、采样、捕捉、图形设计、3D 建模等技术
数据组织技术	文本编码、语义描述、本体建模、数据库设计、多媒体搜索、语义搜索、数据看护、名称实体提取（NER）、API 数据服务等技术
数据存储技术	数据库技术、云存储、可信仓储
数据分析技术	文本分析（词频、共线、关联、向量、概率），聚类分类，主题分析，内容挖掘，时序分析，地理空间分析，社会关系分析等技术
数据展示技术	信息美学、知识地图、主题图、关联呈现、场景模拟、历史仿真等技术

187

数字化技术主要应用与图档博数字管护活动的开始，即图档博数字资源的生成，包括扫描技术、拍摄技术等早期的数字化技术，以及近年来新出现的 3D 建模等新型技术手段。目前图档博数字资源的主要构成还是通过数字化技术产生的馆藏数字化资源。

数据组织技术、数据存储技术是图档博数字管护的核心技术，包括文本编码、语义组织、本体建模、实体抽取、云存储等技术手段。通过数据组织实现图档博数字资源的深度标引，是图档博数字资源整合的基础。通过数据存储实现图档博数字资源的长期保存，是图档博数字资源共享复用的前提。

数据分析技术、数据展示技术是图档博数字管护与信息服务关系密切的两类技术，包括文本分析、数据挖掘、社会关系分析、知识地图、历史仿真等技术手段。数据分析技术、数据展示技术的应用使数字管护能够发挥其信息管理的最大价值，提升信息服务质量。

5.2.3.2　图档博数字管护的模型分析

数字管护诞生之处主要用于科研数据管理，随着数字管护发展，权威机构依据信息生命周期发布了数字管护的生命周期模型。目前，影响力较大的主要有以下三种：

（1）DCC 数字管护生命周期模型。

英国数字管护中心 DDC 提出的数字管护的生命周期模型以高度概括的方式展示了生命周期理论在数字管护中的成功应用。在不同的领域，使用该工具能够完成组织的有效规划，允许在不同的粒度级别扩展管理和维护活动。在模型中，数据包括数字对象和数据库。进一步细分可知，数字对象不仅包括了简单的内容，比如：音频、文本以及视频等；还包括了部分复杂数字对象，例如：网站等；结构化的数据记录收集在计算机系统中被命名为数据库。

在数字管护的整个生命周期内涉及三类活动，即全过程活动、顺序活动和偶然活动。全过程活动的组成内容较多，除了有保护和治疗外；还有规划以及表征信息等；顺序活动包括数据概念化、生成和接收，附带活动包括数据处理、再评价和迁移。DDC 将以上数字管护的生命周期模型用图 5-1 来表示。

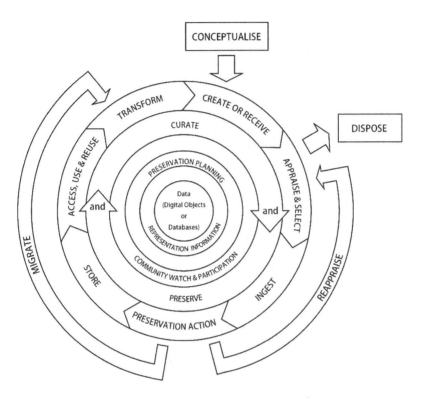

图 5-1 DCC 数字管护的生命周期模型①

2007 年，Athena 研究中心成立了数字管护部门，提出了从另一个角度来解读数字管理的相关过程，该过程可以基于可信性以及真实性的维度完成相关的增值活动，从而为数字资源提供保存的长期服务。考虑到模型的优化，Constantopoulos 等指出可以增强生命周期的表达。改进后的数字管护生命周期模型如图 5-2 所示。

189

---

① Digital Curation Centre. DCC Curation Lifecycle[EB/OL]. [2021-01-21]. http：//www. dcc. ac. uk/sites/default/files/documents/publications/DCCLifecycle. pdf.

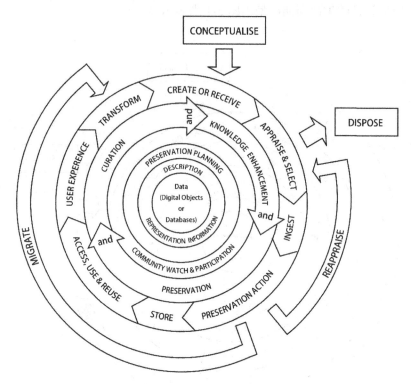

图 5-2　扩展的 DCC 数字管护生命周期模型①

改进的数字管护生命周期模型主要进行了以下优化：

①过程增加了"知识增强"环节，该环节主要利用了扩展功能，对管护的内容进行了增加，丰富了其内涵表达。从科学技术发展的过程分析可知，会有很多新知识伴随事件或者情景等产生；而且表达形式会通过数字资源体现。新的知识结合语义网理论能够按照不同的形式进行组织，并完成编码，形式的结构不限于本体以及注释。另外，新知识的利用以及开发还可以借助智能体的语义推理功

---

①　Constantopoulos P, Dallas C, Androutsopoulos I, et al. DCC&U: An extended digital curation lifecycle model [J]. International Journal of Digital Curation, 2009, 4(1): 34-45.

能实现。每一种新知识都涉及不同的解释或应用视角，同时也代表了一种新的方式来解释或结合现有的资源和先前的知识。而且，自我进化过程还会在新知识中体现。

②描述和表现信息在数字管护的过程中，必须在相关的环节建立权威机制。领域的规则以及关系等要素在领域的模型中进行了定义；不过，从领域的实际表达进行分析，有很多关键特征对于专家知识的解释具有传统性。依据此，领域的权威性必然会随着领域知识的主体的变化而改变。因此，在收集专家知识的过程中，必须采取相应的措施来保证数字资源的质量，例如效益、成本以及一致性；还包括了全面的特征等。所以，在对描述和表示信息进行扩展时，除了要增加实例的有关信息外；还要加入关系以及概念等要素。

③用户在 Web2.0 的环境中能够实现快速和频繁的交互；因此，会涌现很多新用户，同时也会产生和更新大量资源。按照正常的活动顺序，还应配置相应的环节完成对用户体验信息的维护和记录；结合实际，该过程可以依靠注释以及社会标签完成；另外，还受到了演化内容的影响；所以，在具体的应用中，可以采取新的阶段——"记录和维护用户体验信息"用于对"获取和重用"阶段的补充。

总之，在数字管护的活动过程中，可以通过建立生命周期模型进行统一管理；同时借助扩展模型实现相关内容的扩充；促进两者的相互兼容。① 需要引起重视的是，在管护和保存的关联中扩展模型中的"知识增强"发挥有效连接的作用。如果在考虑"信息价值老化"的过程中加入"信息生命现象"，可以简单地对信息进行分类：一是，多数信息所表现出的稳定性，既产生信息后不会发生改变，例如论文、专利；二是，信息的形成和后续的使用界限不明显，会随时进行更新，例如：持续完善的新闻专题以及维基百

191

---

① 张斌，李翔．从数字保存到数字策展的变革走向探析[J]．情报理论与实践，2014，37(10)：25-29.

科条目等。① 那么，基于增值的角度，需要引入负熵，使用"知识增强"进行扩展，以便实现信息价值的增值，从而达到管护效果。

（2）JISC数字管护生命周期模型。

英国联合信息系统委员会JISC提出的数字管护生命周期模型分为科研生命周期和数据生命周期。JISC的数字管护生命周期模型如图5-3所示。

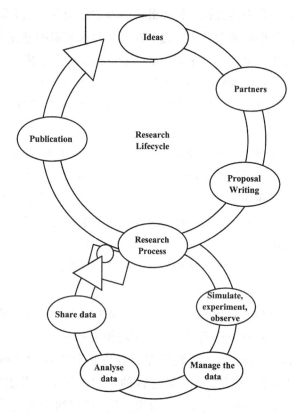

图5-3 JISC数字管护生命周期模型②

---

① 望俊成．信息老化的新认识——信息价值的产生与衰减［J］．情报学报，2013，32（4）：354-362.

② JISC. Implementing a Virtual Research Environment［EB/OL］．［2021-01-21］．https：//www.jisc.ac.uk/guides/implementing-avirtual-research-environment-vre/.

其中科研生命周期包括 5 个阶段：①研究思路/灵感；②组建研究团队；③撰写项目申请书；④研究过程；⑤研究成果出版。数据生命周期嵌入在研究过程中，包括 4 个环节：①数据产生；②数据管理；③数据分析；④数据共享。模型的说明中指出：科研生命周期第 1 阶段的研究思路/灵感的产生需要进行的管护活动为文献检索，查找文献资源和阅读背景材料。科研生命周期第 2 阶段的组建研究团队可以采用线下方式，也可以利用社交网络。科研生命周期的第 3 阶段即撰写项目申请书阶段需要同时撰写数据管理计划。科研生命周期的第 4 阶段即研究过程包含数据生命周期的 4 个环节，涉及科学数据的产生到共享，不同学科的研究过程差异比较大：科学数据的产生环节可能来源于观察、实验或者模拟等；数据管理环节主要依据数据管理计划进行；数据分析环节主要通过统计和计算进行；数据共享环节主要是对原始或者已经处理的数据进行管理并保存，以便其他人可以进行访问和使用。科研生命周期的第 5 阶段为研究成果出版，其出版形式可以选择传统期刊，也可以选择出版在开放获取期刊或发布在开放获取仓储中。

（3）ICPSR 数字管护生命周期模型。

美国校际社会科学数据共享联盟 ICPSR 提出了 6 阶段的数字管护生命周期模型，如图 5-4 所示。

ICPSR 的数据管护生命周期的 1~2 阶段为科研生命周期前两个阶段，3~6 阶段为科研生命周期的项目实施阶段，在这个阶段整合了围绕数据处理的数据生命周期。具体为：第 1 阶段是科研生命周期的撰写项目申请书阶段，这个阶段需要制定数据管理计划，同时获取数据存档相关建议，以使科学数据能够长期可利用。第 2 阶段是科研生命周期的项目启动阶段，在此阶段科研人员需要预测科学数据的内容以及数据的格式，可以通过抽样的方法对科研数据和科研方法进行测试。第 3 阶段是数据生命周期的数据收集和文档创建阶段，这个阶段科研人员需要考虑科研数据的完整性，对科研数据进行分组、编码、建立标签、确定变量名称等活动；如果是文档，需要参照数据文件倡议 DDI 的元数据标准进行处理。第 4 阶段为数据生命周期的数据分析阶段，在此阶段数据管护活动有管理

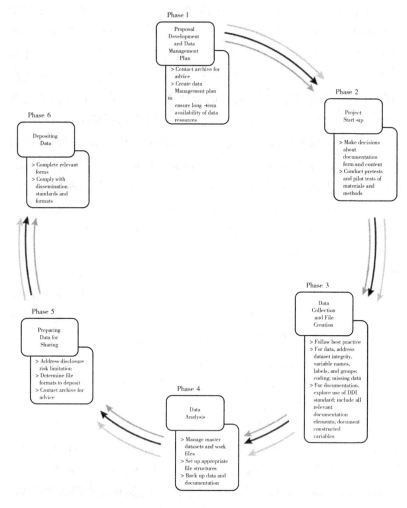

图 5-4　ICPSR 数字管护生命周期模型①

科研数据集，建立科研数据文件，文件结构需要进行合理的设置，科研数据以及科研文档还需要备份以防丢失。第 5 阶段是科研数据

————————

① ICPSR. Guide to Social Science Data Preparation and Archiving［EB/OL］.［2021-01-22］. http：//www.icpsr.umich.edu/icpsrweb/content/deposit/guide/.

生命周期的数据共享阶段，这个阶段需要科研人员了解公开科研数据可能存在的问题，明确科研数据存储的格式和地点。第6阶段是科研数据生命周期的数据存档阶段，在此阶段需要科研人员参照数据共享和传播的有关协议，将科研数据打包完整并进行存档。

尽管不论是DCC数字管护生命周期模型、JISC数字管护生命周期模型，还是ICPSR数字管护生命周期模型都是为了科研数据管理而设计，但在数字管护从科研数据管理逐渐扩展至历史文化数据保存与利用领域后，它们仍然是最基本的数字管护流程，对图档博数字管护协同具有重要的参考价值。

5.2.4 环境要素

图档博数字管护协同体系构建的环境要素是指在该协同体系之外对图档博数字管护协同产生推动、影响或阻碍的因素。主要包括：

（1）政策法规。

政策法规构成了图档博数字管护协同体系构建的首要环境要素。政策的支持和法规的指导为图档博之间的合作提供了国家层面的正当性和方向性。在当前的政策环境中，虽然我国在文化领域已有诸多政策的出台，但相关政策在图档博领域的具体执行力度和细化程度尚显不足。高层交流的缺乏限制了协同体系构建的战略层面发展，因此，政策制定者需要深入分析现状，明确未来的合作规划和内容管理策略，确保图档博数字管护协同体系的构建得以在政策法规的正确导向下稳步推进。

如果缺乏政策支持和指导，图书馆、博物馆和档案馆之间的合作很难在国家一级进行。通过对高层交流的现状分析，马海群从战略的角度指出了我国图书档案行业中的问题，认为支持以及合作的规划较少。① 基于政策的维度，吴澍时指出在合作协议以及计划的

195

① 马海群. 发达国家图书档案事业结盟与合作战略规划综述［J］. 中国图书馆学报，2012（4）：21-28.

制订中，文化事业单位应结合当前的规划做好内容的管理，同时还应对相关的权利以及义务进行明确。① 结合网络服务的有关内容，在分析了具体的标准和政策后，王红对文化结构的运行方式提出了建议，认为用户的需求应当尽可能予以满足。② 由此可见，政策法规的导向作用对图档博数字管护协同体系的构建有着举足轻重的作用。

②资金支持。

资金是推动任何项目发展的动力来源。在图档博数字管护协同体系中，资金支持尤为关键，因为数字文化项目往往需要昂贵的技术设备和专业人员。国内文化事业单位的资金来源单一，这限制了其在数字资源建设与数字人文实践中的发挥。相比之下，国外文化机构在资金获取上更为灵活多样，它们通过强化合作和提升话语权，更易吸引政府和媒体的注意，进而增加外部资金注入的可能性。国内文化机构亦应借鉴这一经验，多途径、多层次寻求资金支持，并通过有效的宣传提升社会的认知度和关注度。

数字人文项目运行成本高，因此，世界各国的文化组织在数字资源建设与数字人文实践中面临着资金不足的问题。国内文化事业单位的资金来源较为单一，基于后续资金的支持，从重要性的角度吴澍时认为文化事业应加强对数字工程的宣传，从而引起政府以及社会的关注。③ 国外文化机构获取资金支持的渠道较为丰富与自由，通过对合作的分析，Østby 等指出相关的文化机构如果想获取资金的有效注入，可以采取联合的方式，从而提高综合性的话语权，以便吸引政府或者媒体的注意，提高外部资金获得的几率，促

---

① Shushi W. Cooperation on local history and the concept of network building between libraries, museums and archives in China[J]. IFLA Journal, 2006, 32(4): 356-361.

② 王红. 浅析图书馆、博物馆、档案馆的馆际合作及实现[J]. 图书情报工作, 2011(S1): 352-353.

③ Shushi W. Cooperation on local history and the concept of network building between libraries, museums and archives in China[J]. IFLA Journal, 2006, 32(4): 356-361.

进发展的共同提升，满足合作机构的相关要求，该研究具有很强的指导性。①

（3）专业人才。

专业人才是图档博数字管护协同体系顺利运行的核心。无论是技术实施、资源整合还是创新服务，都离不开具备专业知识和技能的人才。专业人才的素质与培养状况直接关系到图档博数字管护协同体系的效率和质量。当前，档案馆和图书馆在专业人才的交流与培训上存在短板，需要加强相关学科如信息科学、档案学的教育和实践，以提高人才的专业化水平。同时，高校和研究机构也应成为人才培养的重要基地，培育更多复合型人才以适应数字化时代的需求。

图档博数字管护协同体系的实现归根到底还是依靠体系中人的活动。结合大量的调查案例，在搜集了相关数据后，Rodger 学者通过研究指出，在对文化机构合作的影响因素中，具有重要地位的是员工和其专业知识。② 从专业人员的素质出发，对档案馆以及其他机构的人员做了调研后，Undorf 认为跨机构的培训在实际中非常缺乏，人们越来越重视相关理论课程的学习，包括文化信息学、档案学以及情报学等。③ 基于人才的培养，王红指出应当发挥高等院校的作用，提高专业化程度；而且还应提高复合型人才在图档博机构中的比例。④

（4）标准规范。

---

① Østby J B. Cross-sectorial challenges for archives, libraries and museums [J]. IFLA Journal, 2006, 32(3): 232-236.

② Rodger E J, Jörgensen C, D'Elia G. Partnerships and collaboration among public libraries, public broadcast media, and museums: Current context and future potential[J]. Library Quarterly, 2005, 75(1): 42-66.

③ Undorf W. Means before purpose: The development of cooperation between cultural heritage institutions in Sweden: International federation of library associations and institutions[C]//68th IFLA Council and General Conference, August 18-24, 2002. Sweden: Royal Library of Sweden, 2002.

④ 王红. 浅析图书馆、博物馆、档案馆的馆际合作及实现[J]. 图书情报工作, 2011(S1): 352-353.

标准规范是确保图档博数字资源管理效率和质量的前提。在数字环境中，不同文化机构的数据库信息搜索需要遵循统一的标准，以保证一站式检索的实现。然而，由于机构间的差异性，统一标准的制定与执行存在一定的困难。因此，制定信息资源描述机制和数据库格式规范，并完成技术方案的落地，是协同体系构建的关键一环。在这一过程中，各文化机构应充分参与讨论，通过协商达成共识。

Hindal 与 Wyller 强调，文化机构合作活动的开展离不开标准的制定，这往往也是基于数字环境所必备的因素。要想使一站式检索在不同文化机构数据库信息搜索环节中得以实现，必须确保标准的统一性，因而对于标准的制定，存在一定的要求。但现实当中，要想实现这一目标并非易事，其主要原因在于，机构的差异性，导致机构专家的思想意识无法统一。① 由此可见，技术方案的选择和制定尤为关键，一方面要统一信息资源描述机制，另一方面要对数据库格式进行规范，最终完成技术方案的制定。在这一过程中，各文化机构均拥有参与的权利，在协商的过程中完成标准和规则相关内容的确定，使信息资源得到充分地利用。

（5）知识产权。

在数字环境中，知识产权保护面临诸多挑战，尤其是在文化机构合作和资源共享中。数字化过程中的复制行为和网络获取须考虑著作权人的权益，确保知识产权得到合法保护。文化机构合作的基础是对知识产权的妥善处理，它对合作的结果有着决定性的影响。合作机构需要建立完善的知识产权管理体系，确保在数字资源共享和利用过程中，各方权益得到合理维护。

知识产权保护在数字环境中遭遇了极大的挑战。从资源共享的角度来看，资源的整合与在线获取是建立在各文化机构馆藏资源的基础上。但在具体实践过程中，文化机构需要采用复制的手段才能

---

① Hindal S, Wyller E H. The Norwegian archive, library and museum authority-our role in a society based on knowledge and culture[J]. Library Review, 2004, 53(4): 207-212.

完成馆藏资源的数字化；在著作人认可的情况下方能通过网络获取所需的数字资源，从根本上来看，属于知识产权的范畴。由此可以推断，文化机构合作的前提是知识产权的处理，且处理结果的好坏对于合作的成功与否起到决定性的作用。

综上所述，政策法规的导向性、资金支持的充分性、专业人才的培养、标准规范的统一性以及知识产权的保护，是图档博数字管护协同体系构建的环境要素。这些要素相互影响，共同构成了一个复杂的外部环境，它们在推动、影响或阻碍图档博数字管护协同体系构建过程中发挥着不可忽视的作用。因此，在建设国家文化数字化战略下的图档博数字管护协同体系时，需要全面考量和优化这些环境要素，以期达到资源共享、效率提升和服务优化的目标。

📚 5.3　图档博数字管护协同体系的逻辑框架设计

基于主体、客体、方法、环境四个维度的分析后，可以大致厘清图档博数字管护协同体系的主要构成及各因素间的基本关系。将各要素通过一定的逻辑关系结合，可得到图档博数字管护协同体系的逻辑框架，如图 5-5 所示。

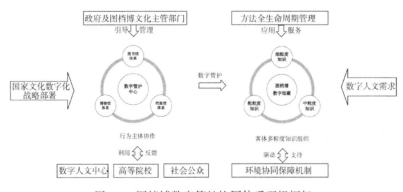

图 5-5　图档博数字管护协同体系逻辑框架

该逻辑框架，可以总结为：行为主体以应对数字人文需求为目标，在行政主体引导、管理，以及协同保障机制的多重作用下形成基于数字人文项目的多元主体通过数字管护技术方法与模型应用，对图档博数字资源实现基于全生命周期的多粒度数字资源知识组织，向其他参与主体提供服务并在互动中得到反馈。

（1）主体。

图档博数字管护协同体系的主体包括行政主体、行为主体和参与主体。

行政主体是指政府及文化管理部门，其主要职责是对数字资源进行管理和规划，制定政策和法规，建立标准与规范。行政主体在数字资源管理中扮演着重要的角色，其政策与规范的制定对数字资源的长期保存与资源的普及和服务的优化起着决定性的作用。

行为主体是指图书馆体系、档案馆体系与博物馆体系等文化机构，其主要职责是为读者和用户提供数字资源的服务和管理。行为主体在数字资源管理中扮演着重要的角色，其服务的质量和效率对读者与用户的体验和满意度起着决定性的作用。

参与主体是指高等院校、社会公众、数字人文中心等公共文化服务相关机构，其主要职责是为数字资源的管理和服务提供技术和人才支持。参与主体在数字资源管理中扮演着重要的角色，其技术和人才的支持对数字资源的管理和服务产生着决定性的影响。

（2）客体。

图档博数字管护协同体系的客体是指数字资源，包括数字图书馆、数字档案馆、数字博物馆等。数字资源的建设和管理是图档博数字管护协同体系的核心任务，数字资源的质量和可用性是评价数字资源管理和服务的重要指标。数字资源的长期保存和普及需要协同体系的各个主体共同努力。

（3）方法。

图档博数字管护协同体系的方法主要包括数字管护技术方法与模型应用、数字资源知识组织、数字资源共享与服务等。

数字管护技术方法与模型应用是数字资源管理的核心技术，包括数字化技术、数字资源的存储和检索技术、数字资源的安全和保护技术等。数字化技术是数字资源管理和服务的基础，数字资源的存储和检索技术是数字资源管理和服务的重要手段，数字资源的安全和保护技术是数字资源管理和服务的重要保障。

数字资源知识组织是数字资源管理和服务的重要手段，包括数字资源的分类、标注和索引等。数字资源的分类和标注是数字资源管理和服务的重要手段，数字资源的索引是数字资源管理和服务的重要工具。

数字资源共享与服务是数字资源管理和服务的重要内容，包括数字资源的共享和服务平台的建设。数字资源的共享是数字资源管理和服务的重要目标，数字资源服务平台的建设是数字资源管理和服务的重要手段。

（4）环境。

图档博数字管护协同体系的环境包括政策环境、技术环境和社会环境。

政策环境是数字资源管理和服务的重要基础，包括政策法规和标准规范等。政策法规与标准规范的制定和执行对数字资源管理与服务的质量和可持续发展起着决定性的作用。

技术环境是数字资源管理和服务的重要支撑，包括数字化技术和信息技术等。数字化技术和信息技术的快速发展为数字资源管理和服务提供了强有力的支撑，数字化技术的应用和信息技术的创新对数字资源的长期保存和服务的优化具有重要的意义。

社会环境是数字资源管理和服务的重要背景，包括数字人文研究的发展和社会文化需求等。数字人文研究的发展和社会文化需求的变化对数字资源管理与服务的定位和发展产生着决定性的影响。

图档博数字管护协同体系各要素相互作用的逻辑关系可简述为：行政主体在政策和规范的制定和执行中，引导和管理行为主体对数字资源进行管理和服务，建立数字资源共享和服务平台，促进参与主体的技术和人才支持，形成数字管护技术方法与模型应用，实现数字资源知识组织，提高数字资源的质量和可用性，向其他参与主体提供服务并在互动中得到反馈。行为主体在数字资源管理和服务中，依据政策和规范的要求，利用数字管护技术方法与模型应用对数字资源进行管理和服务，实现数字资源知识组织，提高数字资源的质量和可用性，向其他参与主体提供服务并在互动中得到反馈。参与主体在数字资源管理和服务中，通过技术和人才支持，促进数字资源的管理和服务的发展，提高数字资源的质量和可用性，向其他参与主体提供服务并在互动中得到反馈。数字资源作为图档博数字管护协同体系的客体，通过数字管护技术方法与模型应用、数字资源知识组织等手段，得到长期保存和服务的保障，向其他参与主体提供服务并在互动中得到反馈。政策、技术和社会环境对图档博数字管护协同体系的发展与数字资源管理和服务的定位和发展产生着决定性的影响。

基于此，图档博数字管护协同体系框架的内涵主要包括：①多元主体。图档博数字管护协同体系的多元主体包括行政主体、行为主体和参与主体，各个主体在数字资源管理和服务中发挥着重要的作用。②响应国家文化数字化战略部署，面向数字人文需求。图档博数字管护协同体系的目标是满足数字人文领域的需求，实现数字资源的长期保存、资源的普及与服务的优化。③基于全生命周期的数字资源管理。图档博数字管护协同体系的数字资源管理是基于全生命周期的，从数字资源的创建、获取、处理、存储、传播、使用、维护到最终的长期保存和服务全过程中，各个环节都需要得到有效的管理和支持。④多样化的数字管护技术方法与模型应用。图档博数字管护协同体系需要采用多样化的数字管护技术方法与模型应用，包括数字化技术、数字资源的存储和检索技术、数字资源的安全和保护技术等，以满足数字资源管理和服务的需要。⑤数字资源共享和服务平台的建立。图档博数字管护协同体系需要建立数字资源共享和服务平台，以实现数字资源的共享和服务，提高数字资源的可用性和效率。⑥标准化和规范化的数字资源管理和服务。图档博数字管护协同体系需要建立标准化和规范化的数字资源管理和服务，以保障数字资源的质量和可用性，促进数字资源的共享和服务。⑦社会参与和共同发展。图档博数字管护协同体系需要促进社会参与和共同发展，吸引更多的参与主体加入数字资源管理和服务的工作中，共同推动数字资源的发展和服务的优化。

综上所述,图档博数字管护协同体系是一个以数字资源为核心,以行政主体、行为主体、参与主体和数字管护方法为支撑,以图档博数字馆藏资源保护和传承的政策、法律、经济、文化环境为背景的公共文化数字资源服务工作框架。该框架旨在实现图档博数字资源的全生命周期管理和利用,促进数字资源的数字化保护和传承工作。在该框架中,行政主体负责数字资源的政策制定和规划,行为主体负责数字资源的管理和保护,参与主体负责数字资源的利用和推广,数字管护技术方法和模型应用是数字资源数字化保护和传承工作的重要手段,公共文化数字资源保护和传承的政策、法律、经济、文化环境是公共文化数字资源保护和传承工作的重要支撑。框架内各要素之间存在着相互作用的逻辑关系。行政主体制定公共文化数字资源保护和传承的政策和规划,引导数字资源的数字化保护和传承工作,并提供政策和经费支持。行为主体采用数字化技术,将数字资源转化为数字文化遗产,实现数字资源的保护和利用。参与主体积极参与数字资源的开发、应用和推广工作,推动数字资源的数字化保护和传承工作。数字管护技术方法和模型应用实现数字资源的全生命周期管理和利用。公共文化数字资源保护和传承的政策、法律、经济、文化环境提供公共文化数字资源保护和传承工作的支撑。

5.4 图档博数字管护协同体系逻辑框架的内涵阐释

5.4.1 主体协同的内涵阐释

图书馆、档案馆、博物馆及相关的文化管理部门、数字人文中心等机构是公共文化数字资源管理的主要机构。这些机构所管理的公共文化数字资源以电子文献、数字图片、数字音视频等为主,随着数字化技术的发展,数字资源的管理已成为这些机构不可或缺的职责之一。数字资源的管理需要各个机构之间的协同配合，形成数字资源管理协同体系，以实现数字时代数字资源管理的目标。图档博数字管护的主体协同是指将众多地理上分散的参与主体紧密联系在一起，从而形成一个整体，以保证图档博能够高效地协作，充分利用图档博中的各种资源，从而有效地实现图档博协同管理的目标。合理科学的主体结构是图档博实施协同管理的主要保证。

在协同理论中，协同是主体自我协调的形式和手段。通过协同，图档博机构内部各子系统能够相互协调和配合，减少内耗，充分发挥各自的功能作用，提高图档博协同的效率。主体协作从组织上保证了图档博协作管理的有效运行。图档博协同管理的第一步是建立统一的协同主体。由于图档博在建立和联合过程中的体制、上级管理机构、经费来源和发展历史不同，有必要通过有效的管理主体来规划、协调和控制图档博协同体系的运作和发展。

主体协同是图档博数字管护协同体系的核心，涵盖了以下几个方面的内涵：

第一，资源整合与共享。资源整合与共享是主体协同的重要方面。在数字资源管理中，各个机构所拥有的资源不同，但在数字时代，资源整合与共享变得更加重要。通过协同，各个机构可以共同利用自己所拥有的资源，以更高效、更经济的方式实现数字资源的管理。从资源角度来看，主体协同意味着将各个机构所拥有的数字资源进行整合和共享，从而最大限度地利用这些数字资源。

第二，信息交流与沟通。信息交流与沟通是数字资源管理中的关键因素。各个机构之间需要及时地分享信息，以便更好地协同工作。此外，沟通也可以帮助各个机构更好地理解彼此的需求和要求，以便更好地实现数字资源的管理。从沟通角度来看，主体协同需要各个机构之间保持及时、充分的沟通，以便更好地协同工作。

第三，承担相应的职责。各个机构在数字资源管理中扮演着不同的角色，它们之间需要相互配合，共同实现数字资源的管理目标。例如，图书馆需要负责数字化图书的管理，档案馆需要负责数字化档案的管理，博物馆需要负责数字化艺术品的管理等。各个机构需要承担自己的职责，并在协同中相互配合，以实现数字资源的管理目标。从职责角度来看，主体协同需要各个机构明确自己的职责，以便更好地协同工作。

第四，技术研发与应用。数字资源管理需要不断地跟进数字化技术的发展，才能更好地管理数字资源。主体协同需要加强技术研发，提高数字资源管理的技术水平，以便更好地管理数字资源。此外，数字化技术的应用也是数字资源管理的重要方面。各个机构需要掌握数字化技术的应用，以便更好地管理数字资源。从技术角度来看，主体协同需要各个机构共同加强技术研发和应用，以便更好地协同工作。

第五，法律法规建设与保护。数字资源的保护涉及知识产权、版权等法律法规，但数字资源的管理和保护法律法规尚不完善。主体协同需要加强数字资源保护法律法规建设，为数字资源的管理和保护提供更完善的法律保障。此外，各个机构也需要加强数字资源的保护工作，保护数字资源的安全性和完整性。从法律法规角度来看，主体协同需要各个机构共同加强法律法规建设和数字资源保护工作，以便更好地协同工作。

第六，教育与培训。数字资源管理需要各个机构的人员具备一定的数字化技能和数字资源管理知识。主体协同需要加强教育和培训工作，提高各个机构人员的数字化技能和数字资源管理知识水平，以便更好地实现数字资源的管理。此外，数字资源的管理需要不断地跟进数字化技术的发展，各个机构的人员需要不断学习新的技术知识。从教育与培训角度来看，主体协同需要各个机构共同加强教育和培训工作，以便更好地协同工作。

数字技术的发展为图档博数字管护的发展提供了更多的机遇。首先，提高数字资源的可访问性。数字化技术可以帮助将数字资源数字化，使得更多的人可以通过数字平台访问到这些数字资源。这样不仅可以让更多人了解和学习数字资源，也可以提高数字化资源的可访问性。其次，促进数字化资源的传播。数字化技术可以帮助将数字化资源传播到更广泛的受众中。通过数字平台，数字化资源可以被更多人看到、听到、体验，进而促进数字资源的传承和发展。最后，提高数字资源的保护水平。数字化技术可以帮助保护数

205

字化资源的完整性和安全性。数字化资源可以在数字平台上进行备份和存储，可以通过数字技术进行数字水印、数字签名、数字加密等安全措施，以保护数字化资源的安全性和完整性。

但想要抓住以上发展机遇，图书馆、档案馆、博物馆又同时面临着以下挑战：首先，数字资源管理标准化不足。由于数字资源的管理涉及多个机构协同，缺乏统一的标准化规范，数字资源的管理难免存在一些不规范的情况。因此，数字资源管理协同体系需要加强标准化建设，制定相关规范，以便更好地管理数字化资源。其次，数字资源管理技术更新换代快。数字资源管理技术的更新换代速度非常快，各个机构需要不断跟进数字化技术的发展，才能更好地管理数字资源。因此，数字资源管理协同体系需要加强技术研发，提高数字化资源管理的技术水平。最后，数字资源保护法律法规不完善。数字资源的保护涉及知识产权、版权等法律法规，但数字资源的管理和保护法律法规尚不完善。数字资源管理协同体系需要加强法律法规建设，为数字化资源的管理和保护提供更完善的法律保障。

为应对上述挑战，图档博必须建立数字管护协同体系，加强数字资源管理的标准化建设，提高数字资源管理的技术水平，促进数字资源的共享和交流，加强协同配合，共同应对数字化时代的机遇和挑战，以便更好地管理数字资源。

5.4.2 客体协同的内涵阐释

图档博数字资源是指以数字形式存在的各种馆藏信息资源，例如数字图像、数字音频、数字视频、数字图书和数字档案等。图档博数字管护协同体系是一个以数字资源为中心，通过多方合作协同进行数字资源的建设、管理和服务的体系。在图档博数字管护协同体系中，客体协同是指数字资源在不同的环节中，通过各方的协同合作实现数字资源的共享、存储、检索和利用等多种功能。从多个层面来看，图档博数字管护协同体系中的客体协同有以下几个方面的内涵：

第一，数字资源的标准化协同。数字资源的标准化是数字资源协同的重要基础，需要建立统一的数字资源标准，包括数字资源的格式、元数据、命名规则等，以便于数字资源的互通和交流。数字资源标准化的协同需要涉及多方面的参与，例如数字资源的产生方、管理方、存储方和利用方等，需要建立数字资源标准化的机制和组织体系，以实现数字资源的标准化管理和服务。

第二，数字资源的存储协同。数字资源的存储协同是数字资源协同的另一个重要方面，需要建立统一的数字资源存储体系，包括数字资源的存储设备、存储介质和存储空间等，以便于数字资源的安全存储、备份和恢复。数字资源的存储协同需要涉及多方面的参与，例如数字资源的产生方、管理方、存储方和利用方等，需要建立数字资源存储的机制和组织体系，以实现数字资源的安全存储和高效利用。

第三，数字资源的检索协同。数字资源的检索协同是数字资源协同的重要环节，需要建立统一的数字资源检索体系，包括数字资源的检索接口、检索引擎、检索算法和检索结果等，以便于数字资源的快速检索和精准定位。数字资源的检索协同需要涉及多方面的参与，例如数字资源的产生方、管理方、存储方和利用方等，需要建立数字资源检索的机制和组织体系，以实现数字资源的高效检索和迅速定位。

第四，数字资源的利用协同。数字资源的利用协同是数字资源协同的核心环节，需要建立统一的数字资源利用体系，包括数字资源的利用方式、利用工具和利用目标等，以便于数字资源的广泛利用和应用。数字资源的利用协同需要涉及多方面的参与，例如数字资源的产生方、管理方、存储方和利用方等，需要建立数字资源利用的机制和组织体系，以实现数字资源的高效利用和普及。

当前，图档博数字资源馆藏建设面临着三大机遇：首先，数字技术不断创新。随着数字技术的不断创新，数字资源客体协同的技术手段不断升级，数字资源的建设、管理和服务能力不断提升。数字技术的不断创新为数字资源客体协同带来了机遇。数字技术的不断创新，例如人工智能、区块链、云计算、大数据等技术的发展，为数字资源客体协同提供了新的技术支持。人工智能技术可以为数字资源的智能化管理和服务提供技术支持，区块链技术可以为数字资源的安全存储和共享提供技术支持，云计算技术可以为数字资源的高效存储和处理提供技术支持，大数据技术可以为数字资源的数据分析和应用提供技术支持。其次，数字文化需求增长。数字文化需求不断增长，数字资源客体协同能够满足人们对数字文化资源的需求，提高数字文化的传播和普及率。数字文化需求的增长为数字资源客体协同带来了机遇。随着数字经济的快速发展，人们对数字文化资源的需求不断增长。数字文化资源具有可复制、可传播、可保存等特点，数字资源客体协同能够满足人们对数字文化资源的多样化需求，提高数字文化的传播和普及率。最后，数字资源开放共享。数字资源开放共享成为全球发展趋势，数字资源客体协同能够促进数字资源的共享和交流，推动数字文化事业的发展。数字资源开放共享为数字资源客体协同带来了机遇。数字资源开放共享可以促进数字资源的共享和交流，提高数字资源的利用效率和社会价值。数字资源客体协同可以为数字资源开放共享提供技术和管理支持，推动数字资源的共享和交流，促进数字文化事业的发展。

但同时结合图档博数字资源馆藏建设现状，我们也应看到现存的挑战：

第一，数字资源标准化不完善。数字资源标准化不完善会导致数字资源之间的格式、元数据、命名规则等存在差异，使得数字资源无法互通和交流。数字资源标准化的不完善也会影响数字资源的管理和服务，降低数字资源客体协同的效率和效果。为应对这一挑战，需要加强数字资源标准化的建设。首先需要建立数字资源标准化的组织体系，设立数字资源标准化的专门机构，制定数字资源的标准化规范。其次，需要加强数字资源标准化的宣传和推广，提高数字资源标准化的普及率。最后，需要加强数字资源标准化的监管，对于不符合数字资源标准化规范的数字资源进行整改和处罚。

第二，数字资源版权保护困难。数字资源版权保护困难是数字资源客体协同面临的另一个挑战。数字资源容易被盗版和侵权，对数字资源的版权保护和管理提出了更高的要求。如果数字资源版权无法得到保护，数字资源的利用和传播将受到限制。为应对这一挑战，需要建立完善的数字资源版权保护机制。首先需要加强数字资源版权法律法规的建设和完善，制定数字资源版权保护的政策和措施。其次，需要加强数字资源版权保护的监管，加强数字资源版权的维权力度。最后，需要加强数字资源版权保护的宣传和推广，提高数字资源版权保护的意识和认知。

第三，数字资源管理机制不完善。数字资源管理机制不完善是数字资源客体协同面临的另一个挑战。数字资源管理机制的不完善会导致数字资源的管理和服务能力受到限制，降低数字资源客体协同的效率和效果。为应对这一挑战，需要建立完善的数字资源管理机制。首先需要建立数字资源管理的机构和组织体系，规范数字资源管理的流程和制度。其次，需要加强数字资源管理人员的培训和管理，提高数字资源管理人员的素质和能力。最后，需要建立数字资源管理的监管机制，对于数字资源管理中存在的问题进行监管和管理。

第四，数字资源利用缺乏创新。数字资源利用缺乏创新是数字资源客体协同面临的另一个挑战。数字资源客体协同需要不断探索数字资源的利用方式和途径，提高数字资源的利用效果和社会价值。为应对这一挑战，需要加强数字资源利用的创新。首先需要加强数字资源利用的研究和开发，探索数字资源的新的利用方式和途径。其次，需要加强数字资源利用的宣传和推广，提高数字资源利用的普及率。最后，需要加强数字资源利用的监管，对于数字资源利用中存在的问题进行监管和管理。

客体协同是图档博在数字时代的重要发展趋势，建立图档博数字管护协同体系可以应对数字资源客体协同面临的机遇和挑战，推动数字资源客体协同的发展。数字技术的不断创新为数字资源客体协同提供了新的技术支持，如人工智能、区块链、云计算、大数据等技术的应用，可以提高数字资源的管理和服务能力，实现数字资源的可视化管理和智能化服务。数字文化需求的增长为数字资源客体协同带来了机遇，数字资源的开放共享和数字技术的应用，可以满足人们对数字文化资源的需求，提高数字文化的传播和普及率，促进数字文化产业的发展。数字资源开放共享成为全球发展趋势，建立数字资源共享平台和数字资源管理机构是数字资源客体协同的必要手段，数字资源管理机构可以制定数字资源的标准化规范，加强数字资源的版权保护和管理，规范数字资源的管理和利用流程，提高数字资源的质量和效益。数字资源标准化不完善、数字资源版权保护困难、数字资源管理机制不完善、数字资源利用缺乏创新等挑战需要解决，建立数字资源管理的机构和组织体系，探索数字资源的新的利用方式和途径，可以提高数字资源的利用效果和社会价值，解决数字资源客体协同面临的挑战。

综上所述，建立图档博数字管护协同体系是应对数字资源客体协同面临的机遇和挑战的必要手段，可以提高数字资源的管理和服务能力，满足数字文化需求的增长，促进数字资源的开放共享和交流，推动数字文化事业的发展。

5.4.3 方法协同的内涵阐释

图档博数字管护协同体系是一个复杂的数字资源管理和协同服务系统，其中方法协同是保证系统高效运转的重要组成部分。方法协同通过流程之间的协调和优化，使得各服务任务之间的无缝连接，从而实现协同系统的高效协同效果。图档博数字管护协同体系的方法协同包含多个层面的内涵：

第一，流程协同可以通过流程之间的协调和优化，消除冗余的子流程，提高整个协同系统的效率和准确性。例如，在数字资源管理和协同服务中，不同流程之间可能会存在数据重复录入的情况，通过流程协同可以实现数据的共享和协调，减少重复操作，提高数据的准确性和可靠性，从而提高整个协同系统的效率。

第二，服务协同可以通过协调不同服务之间的关系和交互，优化服务的执行顺序和方式，提高服务的响应速度和质量。例如，在数字资源管理和协同服务中，不同服务之间可能会存在信息不一致的情况，通过服务协同可以实现信息的及时交流和共享，减少信息滞后和误差，提高整个协同系统的服务效率和用户满意度。

第三，业务协同可以通过协调不同业务之间的关系和交互，提高业务流程的效率和准确性，减少资源浪费和时间延误。例如，在数字资源管理和协同服务中，不同业务之间可能会存在信息孤岛的情况，通过业务协同可以实现信息的整合和共享，提高信息利用率和业务效率，从而提高整个协同系统的业务效率和价值。

第四，人因素协同可以通过协调不同人员之间的关系和交互，减少人为因素对协同效果的影响，提高整个协同系统的协同效率和准确性。例如，在数字资源管理和协同服务中，不同人员之间可能会存在沟通不畅、任务分配不清等问题，通过人因素协同可以实现任务的协调和分配，减少误解和误操作，提高整个协同系统的协同效果。

第五，资源协同可以通过协调不同资源之间的关系和交互，提高资源的利用率和价值。例如，在数字资源管理和协同服务中，不同资源之间可能会存在重复使用或闲置浪费的情况，通过资源协同可以实现资源的统一管理和分配，提高资源的利用率和协同效果，从而提高整个协同系统的资源效率和价值。

第六，数字技术的协同可以通过数据共享、应用程序接口、虚拟化技术、人工智能技术和区块链技术等手段，实现不同流程、服务、业务之间的协同工作和信息共享，提高协同系统的智能化水平、安全性和可靠性，从而提高整个协同系统的效率和价值。

总之，图档博数字管护协同体系中的方法协同是一个综合性的概念，需要从多个层面进行协同和优化，才能实现整个协同系统的高效运作和协同效果。在实际应用中，需要针对不同的需求和场景，采用不同的方法协同策略，从而实现最佳的协同效果。

目前，图档博想要实现方法协同，还尚存下述问题和挑战。

首先，数据共享和安全性问题。在数字资源管理和协同服务中，不同流程、服务、业务之间需要共享数据，但数据共享可能涉及数据隐私和安全性问题，需要采取一定的安全措施来保护数据的安全。

其次，人员协同和沟通问题。在数字资源管理和协同服务中，不同人员之间需要协同工作和沟通，但可能存在沟通不畅和任务分

211

配不清等问题，需要采取一定的协同工具和技术来提高人员之间的协同效果。

最后，应用程序接口和互操作性标准的一致性问题。在数字资源管理和协同服务中，不同应用程序之间需要接口和标准的一致性，以实现应用程序的集成和协同工作，但可能存在接口和标准不一致的问题，需要采取一定的标准化和规范化措施来解决这些问题。

图档博数字管护协同体系中实现上述方法协同，需要采取一定的措施和策略来解决这些问题和挑战。首先，建立协同机制和流程。图档博可以建立协同机制和流程，明确不同流程、服务、业务之间的协同关系和流程，以提高协同效果和效率。其次，制定协同标准和规范。图档博可以制定协同标准和规范，明确不同流程、服务、业务之间的接口和标准，以提高协同的一致性和稳定性。再次，开发协同工具和平台。图档博可以开发协同工具和平台，以提供协同工作和沟通的支持，例如在线会议、协作平台、共享文档等。最后，探索人工智能、区块链等技术的应用。图档博可以应用人工智能和机器学习技术，例如自然语言处理、图像识别和预测分析等，提高协同效果和效率。图档博可以探索区块链技术在数字资源管理和协同服务中的应用，例如信息共享、数字证书、智能合约等，以提高协同的安全性和可信度。

面对一些具体的问题，则可以在数字技术的应用下采取具体的措施，例如，针对数据共享和安全性问题，可以采取数据加密、数据隔离、数据备份和数据审计等措施，保护数据的安全和隐私。同时，可以建立数据共享协议和数据共享机制，明确数据的共享范围和使用规则，提高数据的共享效率和可信度。针对人员协同和沟通问题，可以采取协同工具和技术，例如群组聊天、在线会议、共享文档和协作平台等，提高人员之间的协同效果和沟通效率。同时，可以建立任务分配和协调机制，明确任务责任和工作流程，提高任务的执行效率和准确性。针对应用程序接口和互操作性标准的一致性问题。可以采取标准化和规范化措施，例如制定应用程序接口标准、制定互操作性标准等，以提高应用程序之间的接口和标准的一致性。同时，可以建立应用程序集成和测试机制，确保应用程序的集成和协同工作的稳定和可靠。随着数字技术的不断发展和创新，图档博数字管护协同体系中的方法协同也将不断得到改进和提高，为数字资源管理和协同服务提供更加高效和便捷的解决方案。

5.4.4 环境协同的内涵阐释

图档博数字管护协同体系是由图书馆、档案馆、博物馆等机构组成的一个协同系统，旨在通过协同合作、资源共享和服务整合来提高数字资源管理和协同服务的效率与质量。在这一协同体系中，环境协同是指通过协同系统的发展和运行，使各子系统相互协调配合，相互促进，形成有序的系统结构，以适应协同系统所处的环境变化和不确定性。

图档博数字管护协同体系的环境协同其本质是图档博数字管护协同体系所运行的环境中各环境要素的协同。图档博协同体系运行环境根据时间、场景等不同会有所适应与改变，环境要素难以穷尽，但主要包括以下几个要素的协同：

第一，文化协同。文化协同是指各成员机构之间的文化认同和交流，以促进协同体系的共同发展。在图档博数字管护协同体系中，文化协同包括共享文化资源、开展文化活动、推广文化传统等方面。这需要建立合适的文化交流和合作机制，以增强协同体系的凝聚力和文化认同感。

第二，政策协同。政策协同是指各成员机构之间的政策协调和共同制定，以促进协同体系的合法性和可持续性。在图档博数字管护协同体系中，政策协同包括制定共同的政策、法规和标准等方面。这需要建立合适的政策研究和协商机制，以确保各成员机构之间的政策协调和共同发展。

第三，管理机制协同。管理机制协同是指各成员机构之间的管理流程和规范的协同整合，以促进协同体系的高效运行。在图档博数字管护协同体系中，管理机制协同包括制定共同的管理制度、管理流程和规范等方面。这需要建立合适的管理协商和监督机制，以确保各成员机构之间的管理协同和共同发展。

第四，技术协同。技术协同是指各成员机构之间的技术共享和技术合作，以提高数字资源管理和协同服务的效率与质量。在图档博数字管护协同体系中，技术协同包括共享技术资源、开展技术培训和交流、推广新技术应用等方面。这需要建立合适的技术交流和合作机制，以提高协同体系的技术能力和水平。

第五，人员协同。人员协同是指各成员机构之间的人员流动和人才培养，以提高数字资源管理和协同服务的人才储备和素质。在图档博数字管护协同体系中，人员协同包括人员交流、人才培训和人才储备等方面。这需要建立合适的人才管理和流动机制，以促进协同体系人才的高效利用和培养。

第六，服务协同。服务协同是指各成员机构之间的服务互补和服务整合，以提高数字资源管理和协同服务的效率与质量。在图档博数字管护协同体系中，服务协同包括服务整合、服务创新和服务评估等方面。这需要建立合适的服务协同机制，以提高协同体系的服务能力和水平。

第七，安全协同。安全协同是指各成员机构之间的安全信息共享和安全保障措施协同，以确保数字资源管理与协同服务的安全性和可靠性。在图档博数字管护协同体系中，安全协同包括信息安全、网络安全和数据安全等方面。这需要建立合适的安全保障机制和安全管理措施，以确保协同体系的安全和稳定。

第八，知识产权协同。知识产权协同是指各成员机构之间的知识产权保护和知识产权协同创新，以确保数字资源管理与协同服务的知识产权合法性和可持续性。在图档博数字管护协同体系中，知识产权协同包括知识产权保护、知识产权合作和知识产权交流等方面。这需要建立合适的知识产权保护机制和知识产权协调机制，以促进协同体系的知识产权保护和创新。

在图档博数字管护协同体系建立过程中，上述要素面临的问题与挑战可以概括为以下几点：文化协同方面，不同成员机构文化差异大，文化认同和交流的难度较大。如何建立合适的文化交流和合作机制，增强协同体系的凝聚力和文化认同感，是需要解决的问题。政策协同方面，不同成员机构的政策制定和执行机制存在差异，如何确保各成员机构之间的政策协调和共同发展，是需要解决的问题。管理机制协同方面，不同成员机构之间的管理流程和规范存在差异，如何建立共同的管理制度、管理流程和规范等方面的协同整合，确保各成员机构之间的管理协同和共同发展，是需要解决的问题。技术协同方面，各成员机构之间的技术水平和技术需求存在差异，如何建立合适的技术交流和合作机制，提高协同体系的技术能力和水平，是需要解决的问题。人员协同方面，各成员机构之间的人员素质和需求存在差异，如何建立合适的人才管理和流动机制，促进协同体系人才的高效利用和培养，是需要解决的问题。服务协同方面，各成员机构之间的服务需求和服务模式存在差异，如何建立合适的服务协同机制，提高协同体系的服务能力和水平，是需要解决的问题。安全协同方面，各成员机构之间的安全保障措施和信息安全需求存在差异，如何建立合适的安全保障机制和安全管理措施，确保协同体系的安全和稳定，是需要解决的问题。知识产权协同方面，各成员机构之间的知识产权保护和知识产权协同创新存在差异，如何建立合适的知识产权保护机制和知识产权协调机制，促进协同体系的知识产权保护和创新，是需要解决的问题。

为应对环境协同尚存的问题与挑战，图档博在数字管护协同体系建立过程中应积极应对，例如，在文化协同方面，建立文化交流和合作机制，加强文化认同和交流，促进协同体系的共同发展。在政策协同方面，建立政策研究和协商机制，协调各成员机构之间的政策制定和执行，确保政策协调和共同发展。在管理机制协同方面，建立共同的管理制度、管理流程和规范等方面的协同整合，确保各成员机构之间的管理协同和共同发展。在技术协同方面，建立合适的技术交流和合作机制，提高协同体系的技术能力和水平。在人员协同方面，建立合适的人才管理和流动机制，促进协同体系人才的高效利用和培养。在服务协同方面，建立合适的服务协同机制，提高协同体系的服务能力和水平。在安全协同方面，建立合适的安全保障机制和安全管理措施，确保协同体系的安全和稳定。在知识产权协同方面，建立合适的知识产权保护机制和知识产权协调

215

机制，促进协同体系的知识产权保护和创新。

除此之外，图档博还应进一步加强成员机构之间的沟通和协调，及时解决出现的问题。建立透明、公正、平等的协同机制，保障各成员机构的合法权益。积极推动协同体系的可持续发展，促进数字资源管理和协同服务的全面提升。加强对协同体系的监督和评估，及时发现问题，提出改进意见等。总之，图档博数字管护协同体系建立过程中，需要充分考虑各环境要素之间的协同，建立合适的协同机制，加强成员机构之间的互动和交流，共同推动数字资源管理和协同服务的发展。

5.5 本章小结

本章在理论基础与调查分析的基础上，以科学系统、需求导向、共建共享为原则，以实现图档博协同联动，服务数字人文，促进文化传承为目标，构建了图档博数字管护协同体系框架。

本章首先剖析了图档博数字管护协同体系的四维结构。主体维度上，主要包括由政府及文化主管部门组成的行政主体、由图书馆、档案馆与博物馆组成的行为主体、由数字人文中心、高等院校、社会公众组成的参与主体。客体维度上，主要包括图书馆、档案馆与博物馆的馆藏数字资源，涵盖实体馆藏的数字化资源及原生数字资源。方法维度上，主要包括由数字化技术、数据组织技术、数据存储技术、数据分析技术、数据展示技术组成的数字管护技术体系，以及基于生命周期的数字管护模型。环境维度上，主要包括政策法规、资金支持、专业人才、标准规范、知识产权。

然后，依据上述图档博数字管护协同体系构成要素，本章进一步构建了其逻辑框架，即行为主体以应对数字人文需求为目标，在行政主体引导、管理，以及协同保障机制的多重作用下形成基于数字人文项目的多元主体协作模式，通过数字管护技术方法与模型应用，对图档博数字资源实现基于全生命周期的多粒度数字资源知识组织，向其他参与主体提供服务并在互动中得到反馈。

最后，本章在协同理论的指导下，对主体、客体、方法与环境四个维度的协同内涵进行了阐释。但图档博数字管护协同体系还要依靠微观层面的具体实现才能达到其最终服务数字人文发展，保障文化传承的目的。

第6章 国家文化数字化战略下图档博数字管护协同体系的实现策略

上一章在分析了图档博数字管护协同体系构成要素的基础上构建了其逻辑框架，并进一步分别从主体、客体、方法、环境四个维度上阐述了协同的内涵。本章继续从四个维度上分别探讨了图档博数字管护协同的实现策略，回答了图档博数字管护协同体系的"How"的问题。

6.1 主体维度

6.1.1 多元主体的角色与职责

明确各参与主体在数字管护工作中的角色和职责是数字管护工作开展的基础和前提。这是因为明确各主体的角色和职责可以确保数字管护工作的高效有序开展，避免工作重复或遗漏，提高数字管护工作的质量和效率。同时，明确各主体的角色和职责可以促进资源共享和协作，避免资源浪费和重复建设，优化数字管护资源的利用效益，推动数字管护工作的协同发展和提升。此外，明确各主体的角色和职责可以增强责任意识和合作精神，明确各自的工作职责和工作目标，提高数字管护工作的主动性和创造性，推动数字管护工作的不断创新和发展。最后，明确各主体的角色和职责可以保障数字资源的安全和可持续发展，确保数字资源的质量和可用性，促进数字资源的长期保存和传承，实现数字管护工作的可持续发展。因此，明确各参与主体在数字管护工作中的角色和职责具有重要的作用和意义。

（1）行政主体的角色与职责。

图档博数字管护协同体系中的行政主体主要包括政府及相关文化管理部门。在图档博数字管护协同体系中，行政主体的角色和职责主要包括以下几个方面：

首先，制定数字管护的政策、法规和标准。行政主体负责制定数字管护的政策、法规和标准，为数字管护的实施提供政策和法律保障，并确保数字管护的工作符合相关法律法规和标准。

其次，协调各方资源。行政主体负责协调各方资源，包括财政、人力、物力等资源，为数字管护提供必要的支持和保障。

再次，推进数字管护的工作。行政主体负责推进数字管护的工作，包括组织各方力量共同参与数字管护的工作，推动数字管护的技术研发和应用，促进数字管护的国际交流与合作等。

然后，监督数字管护的实施。行政主体负责监督数字管护的实施情况，对数字管护的效果进行评估和监测，提出改进措施，确保数字管护的工作实施顺利。

最后，宣传数字管护的重要性。行政主体负责宣传数字管护的重要性，提高公众对数字管护的认识和意识，促进社会各界对数字管护工作的支持和参与。

总之，行政主体在图档博数字管护协同体系中扮演着重要的角色，通过制定政策和法规、协调资源、推进工作、监督实施和宣传等方式，为数字管护工作提供必要的支持和保障，推动数字管护工作的顺利开展。

（2）行为主体的角色与职责。

图档博数字管护协同体系中的行为主体主要包括图书馆体系、档案馆体系、博物馆体系。数字管护工作中扮演着重要的角色和职

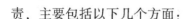

责，主要包括以下几个方面：

首先，倡导数字管护。行为主体负责倡导数字管护的重要性，积极推动数字管护的工作，提高数字管护的意识和认识。

其次，确定数字管护的范围和目标。行为主体负责确定数字管护的范围和目标，确定需要数字管护的公共文化数字资源，制定数字管护的计划和方案。

再次，实施数字管护的工作。行为主体负责实施数字管护的工作，包括数字化采集、数字化加工、数字化存储和数字化传播等环节的工作。

然后，维护数字化资源的安全。行为主体负责维护数字化资源的安全，保障数字资源的完整性、可靠性和可持续性，避免数字资源的丢失、损坏或泄露。

最后，促进数字资源的利用和共享。行为主体负责促进数字资源的利用和共享，为公众提供数字资源的开放获取和使用服务，推动数字资源的共享与交流，促进数字管护工作的开展和深化。

总之，行为主体通过倡导、确定、实施、维护和促进等多个方面的工作，为数字管护工作提供必要的支持和保障，推动数字管护工作的顺利开展。但同时我们也应该看到在数字管护工作中，行为主体面临着一系列的挑战：

第一，数字管护技术的不断更新。随着数字管护技术的不断更新和发展，行为主体需要不断学习和掌握新的技术和方法，以更好地适应数字管护工作的需求。

第二，数字管护的安全问题。数字管护的过程中，数字资源的安全问题成为越来越重要的问题。行为主体需要采取更加严格的安全措施，保障数字资源的安全和可靠性。

第三，数字管护的标准化问题。数字管护的标准化问题是数字管护工作中的一个重要问题。行为主体需要遵循相应的标准和规范，以确保数字管护的质量和效果。

第四，数字管护的可持续性问题。数字管护需要长期投入和维护，因此，行为主体需要寻求可持续的数字管护模式，保障数字管护的可持续性和可发展性。

第五，数字管护的人才培养问题。数字管护需要相关专业人才的支持，行为主体需要投入更多的精力和资源，加强人才培养和引进，提高数字管护的专业水平和能力。

行为主体在数字管护工作中面临着多重挑战。为了有效应对这些挑战，行为主体需要加强技术研发、加强安全措施、遵循标准规范、寻求可持续模式并加强人才培养等方面的工作，不断提升数字管护的能力和水平。

（3）参与主体的角色与职责。

图档博数字管护协同体系中的参与主体主要包括高等院校、数字人文中心、社会公众及其他相关的机构与群体等。

在图档博数字管护协同体系中，高等院校、数字人文中心与社会公众等相关机构和群体也扮演着重要的角色，他们的角色和职责如下：

高等院校是数字管护工作的重要参与主体之一，其主要职责包括开展数字管护的教学和研究工作。高等院校需要培养数字管护领域的专业人才，提供数字管护的教育和培训，并开展数字管护相关的研究和技术创新工作，以推动数字管护工作的发展和进步。

数字人文中心是数字管护工作的重要技术支持主体之一，其主要职责包括提供数字管护的技术支持和服务。数字人文中心需要提供数字管护的专业技术支持，包括数字化采集、数字化处理、数字化存储和数字化传输等方面的技术支持。数字人文中心还需要提供数字资源的管理和服务，以确保数字资源的质量和可用性。

社会公众是数字管护工作的重要参与主体之一，其主要职责包括支持数字管护工作和参与数字管护活动。社会公众需要加强数字管护的意识和认知，关注数字管护工作的进展和成果，并积极参与数字管护活动，推进数字管护工作的开展和深化。

高等院校、数字人文中心和社会公众等相关机构和群体在数字管护工作中扮演着不同的角色和担负着不同的职责，需要在数字管护工作中密切协作和合作，以实现数字管护工作的顺利开展和深化。例如，高等院校和数字人文中心在数字管护工作中可以通过以下方式进行协作：①教育培训。高等院校可以为数字人文中心提供数字管护领域的教育和培训，培养数字管护领域的专业人才，提高数字人文中心的数字管护水平和能力。②技术支持。数字人文中心可以向高等院校提供数字管护的技术支持和服务，为高等院校的数字管护研究和教学提供技术支持和服务。③研究合作。高等院校和数字人文中心可以开展数字管护相关的研究合作，共同探索数字管护领域的理论和实践问题，促进数字管护领域的学术交流和创新。④项目合作。高等院校和数字人文中心可以开展数字管护相关的项目合作，共同推进数字管护工作的开展和深化，实现数字管护工作的良性循环和可持续发展。

社会公众作为图档博数字管护协同体系的最终服务对象，在该体系中的参与是双向的。社会公众可以通过资源共享、参与数字管护活动、提供反馈和建议以及保障数字资源的安全和传承等方式，参与数字管护工作，推动数字管护工作的开展和深化。例如，①资源共享。社会公众可以提供数字管护所需的相关资源和信息，包括图档博物馆藏品的相关信息、数字管护技术的相关信息等。社会公众的资源共享可以丰富数字管护的资源库，提高数字管护工作的效率和质量。②参与数字管护活动。社会公众可以积极参与数字管护活动，包括参观数字管护展览、参与数字管护培训和讲座等。社会公众的参与可以宣传数字管护工作的意义和价值，提高数字管护的认知度和重视度。③提供反馈和建议。社会公众可以提供数字管护工作的反馈和建议，包括数字管护工作的问题和改进意见等。社会公众的反馈和建议可以帮助数字管护工作不断完善和进步。④保障数字资源的安全和传承。社会公众需要关注数字资源的安全和传承，积极维护数字管护工作的成果和贡献。社会公众的保障可以促进数字资源的长期保存和传承，实现数字管护工作的可持续发展。

6.1.2 多元主体的协同过程

从信息生命周期来看，数字管护的协作过程涉及三个领域、两个迁移过程。① 如图 6-1 所示。

第一个领域是独立领域。数字管护人员通过实验室信息管理系统及其他的管理系统，采集、存储和管理数字资源。

第二个领域是合作领域。数字管护人也为其合作伙伴、团队或机构开放部分数字资源，合作方通过协作支持从合作的存储中心中远程获取所需的数字资源。

第三个领域为公共领域。经由前面两个领域而形成的数字资源实现了长期保存与复用、增值等，最终可进入公共领域。

从独立域到协作域的迁移过程就是协同数字管护的迁移过程。经团队或组织授权后，团队或组织的信息技术人员将成为数字管护主体，相关数据管理专家将参与其中。数字资源将从独立的数据存储中心转移到协作的数据存储中心。在这一过程中，需要解决目标数据选择、元数据规范、数据标准化和规范化处理、数据访问权限和数据批量迁移技术等问题。从合作域到公共域的迁移过程是发布后的数字管护迁移过程。在这个过程中，图书馆和档案馆、博物馆的数据管护专家是主体，团队的信息技术人员是辅助。数据被迁移到公共数据存储中心。在这个过程中，除了第一次迁移过程中的问题外，还需要解决数据的永久标识符、数据与数据的关联、元数据与其他元数据的关联等独特问题。

数字管护协同体系中的主体协同，是为了实现公共文化数字资源保护与共享而展开的一项协作工作。从信息生命周期的角度来看，该主体协同过程可以分为信息采集、处理、存储、传输、使用和销毁六个阶段。

223

---

① Groenewegen D, Treloar A, Harboe-Ree C. The data curation continuum：Managing data objects in institutional repositories[J]. 2007, 13(9-10)：1-14.

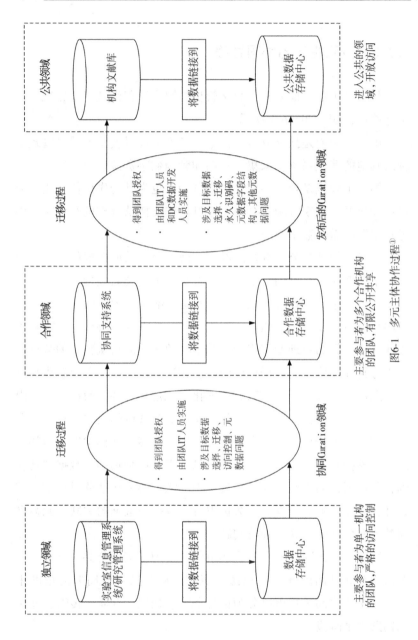

图6-1 多元主体协作过程①

---

① 吴敏琦. Digital Curation：图书情报学的一个新兴研究领域[J]. 图书馆杂志, 2012(3)：10-14.

（1）信息采集阶段。

信息采集是数字管护的第一步，也是整个数字管护过程中最为关键的阶段之一。数字管护人员需要通过实验室信息管理系统及其他的管理系统，对公共文化资源进行数字化采集、存储和管理，以便于后续的数字管护工作。为了实现有效的信息采集，需要各种主体之间的密切协作，行政主体需要提供政策支持，为文化机构提供数字管护的政策指导，行为主体需要提供数字管护的专业技术支持，以确保数字化采集的质量和效果。

（2）信息处理阶段。

信息处理是数字管护的第二步，是将采集到的数字资源进行元数据规范、数据标准化和规范化处理等工作，以确保数字资源的准确性、完整性和一致性。为了实现有效的信息处理，需要各种主体之间的密切协作。行政主体可以提供技术支持和政策指导，行为主体则需要提供数字管护的专业技术支持，以确保数字资源的质量和可用性。

（3）信息存储阶段。

信息存储是数字管护的第三步，是将数字资源长期保存和复用的过程。为了实现有效的信息存储，需要建立数字存储中心，并各种主体之间的密切协作。参与主体可以提供存储空间和计算资源，行政主体可以提供技术支持和政策指导，行为主体则需要提供数字资源的管理和服务，以确保数字资源的质量和可用性。

（4）信息传输阶段。

信息传输是数字管护的第四步，是将数字资源从独立的数据存储中心转移到协作的数据存储中心的过程。为了实现有效的信息传输，需要解决数据访问权限和数据批量迁移技术等问题，并需要各种主体之间的密切协作。中行政主体可以提供技术支持和政策指导；参与主体可以提供存储空间和计算资源；行为主体则需要提供数字资源的管理和服务，以确保数字资源的质量和可用性。

（5）信息利用阶段。

信息使用是数字管护的第五步，是将数字资源向公众开放的过程。为了实现有效的信息使用，需要建立公共数据存储中心，各种主体之间的密切协作。行为主体应该提供数字资源的管理和服务，行政主体则需要提供政策支持和技术支持，以确保数字资源的质量和可用性，并推动数字管护工作的开展和深化。

（6）信息销毁阶段。

信息销毁是数字管护的最后一步，是将数字资源在保护隐私的前提下进行销毁的过程。为了实现有效的信息销毁，需要各种主体之间的密切协作，行政主体应该提供相应的法律法规支持，行为主体则需要遵守相关的法律法规，以确保数字资源的安全和可靠性。

在以上六个阶段中，各种主体之间的协作是非常重要的。行政主体需要提供政策支持、技术支持和法律法规支持，为数字管护工作提供保障和指导；参与主体需要提供存储空间和计算资源，为数字资源的长期保存和复用提供保障；行为主体需要提供数字管护的专业技术支持和数字资源的管理和服务，保障数字资源的质量和可用性。

6.1.3　多元主体的协同模式

图档博数字管护协同体系中，可行的主体协同模式有多种，主要包括：

（1）集中式协同模式。

在集中式协同模式下，数字管护协同体系的主体之间通过一个中央平台进行协同。该平台是一个集中式的系统，可以管理和协调所有的协同活动。主体之间的信息传递、资源共享、任务分配等操作都通过该平台进行。这种模式的主要特点是管理方便，协同效率高，但是如果中央平台出现故障，整个协同体系会受到影响。

（2）分布式协同模式。

在分布式协同模式下，数字管护协同体系的主体之间是平等的，没有一个中央平台来协调他们的协同活动。主体之间通过共享数据、自主决策和交流协作来实现协同。这种模式的主要优点是灵活性高、可靠性强、可扩展性好，但是需要主体之间有良好的协作和沟通能力。

（3）混合式协同模式。

混合式协同模式结合了集中式协同模式和分布式协同模式的优点。数字管护协同体系的主体之间可以通过一个中央平台进行协同，也可以通过共享数据、自主决策和交流协作来实现协同。这种模式的主要优点是既能够利用中央平台的管理和协调优势，又能够充分利用分布式协同的灵活性和可靠性。

这些协同模式的基本组成包括数字管护协同体系的主体、协同平台、协同工具和协同流程。主体之间的关系可以是上下级关系、平等关系或者合作关系。模式的运行机理主要是通过协同平台和协同工具来实现主体之间的信息传递、资源共享、任务分配和协同决策。在协同流程中，主体需要遵循一定的规则和程序来完成协同活动，以保证协同的效率和质量。

从本书第3章的调查中可以发现，政府在图档博的协同实现中占有主导地位，但我国在图书、档案、文物管理方面所采取的体制存在一定的特殊性，且在具体实施过程中逐步形成一种定式，无法轻易改变。如果要打破图档博各系统的壁垒还有许多问题需要进一步的思考。因此在当前数字人文项目制开展的前提下，基于数字人文项目的图档博混合协同模式显然更加合理，且图档博的协作过程具备了一定的灵活性。

在图档博数字管护协同中，我们可以借鉴政府主导下的基于项目的主体合作模式①，发挥数字人文项目内图档博数字管护协同的效能最大化。基于数字人文项目的图档博协作模式如图6-2所示。

混合式协同模式结合了集中式协同模式和分布式协同模式的优点。数字管护协同体系的主体之间可以通过一个中央平台进行协同，也可以通过共享数据、自主决策和交流协作来实现协同。具体来说，该协同模式包括三个主要角色：

①行政主体（政府及文化管理部门）。

政府及文化管理部门是数字管护协同体系中的行政主体，其主

---

① 张卫东. 全球化视野下中国 LAM 合作模式研究［J］. 图书情报工作，2016，60（12）：14-21.

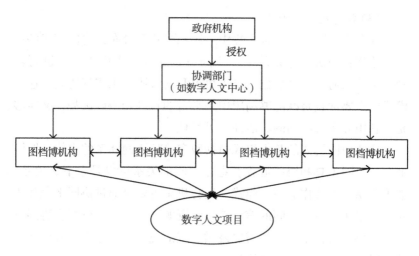

图 6-2　基于数字人文项目的图档博混合式协同模式

要职责是协调各机构之间的协同关系，统筹资源，为数字管护协同提供政策和法规的支持，为数字人文项目的开展提供必要的支持和保障。

②行为主体(图书馆、档案馆、博物馆)。

行为主体是数字管护协同体系中的实体主体，主要负责数字文化资源的管理、数字管护协同的实施和数字人文项目的开展。图书馆、档案馆、博物馆等文化机构在数字人文项目中发挥了重要作用，他们可以提供丰富的文化资源，为数字人文项目提供重要的支持。

③参与主体(高等院校、数字人文中心、社会公众等相关机构与群体)。

参与主体是数字管护协同体系中的非实体主体，他们可以通过数字人文中心、高等院校等机构的支持，积极参与数字人文项目的建设和实施，同时通过社会公众的广泛参与，实现数字文化资源的共享和传播。

在混合式协同模式中，行政主体、行为主体和参与主体之间通过共享数据、自主决策和交流协作来实现数字管护协同和数字人文项目的实施。

混合式协同模式的运行机理主要是通过协同平台和协同工具来实现主体之间的信息传递、资源共享、任务分配和协同决策。在协同流程中，主体需要遵循一定的规则和程序来完成协同活动，以保证协同的效率和质量。具体来说，该协同模式的运行过程包括以下几个方面：

①协调部门提供支持。

协调部门负责协调各机构之间的协同关系，统筹资源，为数字管护协同提供必要的支持和保障。

②行为主体提供资源。

行为主体提供数字文化资源的管理、数字管护协同的实施和数字人文项目的开展。

③参与主体提供支持。

参与主体通过数字人文中心、高等院校等机构的支持，积极参与数字人文项目的建设和实施，同时通过社会公众的广泛参与，实现数字文化资源的共享和传播。

④协同平台实现信息交流和资源共享。

协同平台是数字管护协同体系中的重要组成部分，它可以实现主体之间的信息交流和资源共享。主体通过协同平台共享数据、自主决策和交流协作，以实现数字管护协同和数字人文项目的实施。

⑤协同工具促进任务分配和协同决策。

协同工具是数字管护协同体系中的另一个重要组成部分，它可以促进任务分配和协同决策。主体可以通过协同工具来共同制定协同计划、分配任务、跟踪进度、协同决策等，以实现数字管护协同和数字人文项目的高效实施。

在当前图档博数字管护实践现状下，尽管基于数字人文项目的图档博混合式协同模式较为合理，但其具体实施过程中仍可以预见面临着以下的问题和挑战：

①协同平台的建设和维护成本较高。

协同平台的建设和维护成本较高，需要投入大量的人力、物力和财力，同时需要保障协同平台的安全性和稳定性，这可能会对数字管护协同体系的实施造成一定的影响。为应对这一问题，可以采

229

取多种方式，如建立公共协同平台、引入第三方协同平台等，以降低协同平台的建设和维护成本。

②主体之间的利益分配问题。

在数字管护协同体系中，主体之间的利益分配问题可能会引发协同难题，如资源分配不均等。为应对这一问题，可以建立协同机制，如建立协同协议、建立协同监管机制等，以保障主体之间的利益平衡和协同效率。

③协同文化和协同意识尚未形成。

数字管护协同体系中，协同文化和协同意识尚未形成，可能会导致主体之间的协同效率不高。为应对这一问题，可以加强协同文化和协同意识的培养，如开展协同培训、建立协同文化宣传机制等，以促进数字管护协同体系的良性发展。

图档博数字管护协同体系是一个复杂的系统，由多个主体共同组成。在数字管护协同体系的建设和运营过程中，为了有效应对这些问题和挑战，需要制定具体的应对策略，并明确各主体的角色和职责。

首先，针对协同平台建设和维护成本高的问题，政府及文化管理部门可以牵头建立公共协同平台，提供协同平台的基础设施和技术支持，降低协同平台建设和维护成本。同时，引入第三方协同平台，利用第三方协同平台的技术和服务，快速实现数字管护协同和数字人文项目的开展，同时降低协同平台的建设和维护成本。

其次，针对主体之间利益分配问题是，各主体可以建立协同协议，明确各主体的权责和利益分配，以保障主体之间的利益平衡和协同效率。政府及文化管理部门可以建立协同监管机制，对协同活动进行监督和管理，及时发现和解决利益分配问题，促进数字管护协同体系的健康发展。

此外，针对协同文化和协同意识尚未形成的问题，政府及文化管理部门可以组织各主体开展协同培训，提高主体的协同意识和协同能力，促进协同文化的形成。同时，建立协同文化宣传机制，通过各种形式和渠道宣传协同理念和文化，引导主体形成积极的协同态度和行为习惯。

在应对问题和挑战时，各主体需要充分发挥自身职责和作用。行政主体需要牵头建立数字管护协同体系，制定相应的政策和法规，协调各主体之间的关系，提供必要的支持和保障。行为主体需要积极参与数字管护协同和数字人文项目的开展，提供数字文化资源的管理和利用，实施数字管护协同和数字人文项目的具体工作。参与主体需要通过数字人文中心、高等院校等机构的支持，积极参与数字人文项目的建设和实施，同时通过社会公众的广泛参与，实现数字文化资源的共享和传播。

　　在具体的应对策略实施过程中，各主体需要积极协作，加强沟通和协商，形成合力，共同推进数字管护协同体系和数字人文项目的开展。只有各主体齐心协力、密切协作，才能促进数字管护协同体系的健康发展，实现数字文化资源的更好保护、管理和利用。

6.2 客体维度

6.2.1 图档博数字资源多粒度知识组织框架设计

　　知识组织系统(Knowledge Organization Systems，KOS)是一种术语与符号系统，目的是给现实世界的物体进行定义以及描述，[①] 在当前的互联网的环境下，KOS 数字化在资源的组织以及检索，网络知识组织系统(Networked Knowledge Organization System，NKOS)得以产生，其横轴代表的含义是情报语言的受控程度，纵轴代表的含义是结构化程度，整个 NKOS 的构成部分能够通过如图 6-3 来表示。

　　基于 NKOS 可以实现图档博数字资源不同程度、不同粒度的信

　　① Linda Hill Ph D，Greg Janee OBMLS，曾雷. 在数字图书馆结构中融入知识组织系统[J]. 现代图书情报技术，2004(1)：4-7.

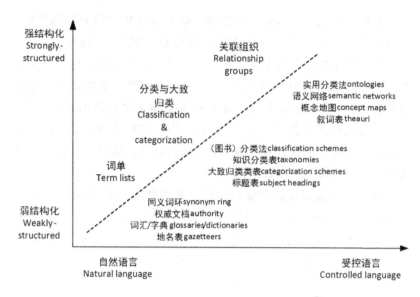

图 6-3　网络知识组织系统 NKOS 一览表①

息组织，进而提供多层次的服务。不同的数字资源合作项目会根据具体情况选择不同的资源组织方案。数字资源不同层次的组织策略并不是独立的。在实际工作中，根据不同的实际情况选择不同的资源管理策略。

　　数字人文实践对数字资源的需求在向广度与深度延展。一方面，单一机构的数字资源往往难以满足某一特定主题的数字人文项目需求，需要实现跨机构、跨资源的内容整合；另一方面，数字人文对资源间关联关系、语义信息的需求也日益提高，数字人文不仅需要"数据"，更需要"智慧数据"②。因此，本书立足数字人文资源需求，结合图档博数字资源特点，提出了多粒度的图档博数字资源组织框架，如图 6-4 所示。

---

　　①　孙凌云．网络环境下的知识组织系统研究与发展概述［J］．图书馆理论与实践，2010（3）：28-30，48.

　　②　曾蕾，王晓光，范炜．图档博领域的智慧数据及其在数字人文研究中的角色［J］．中国图书馆学报，2018，44（1）：17-34.

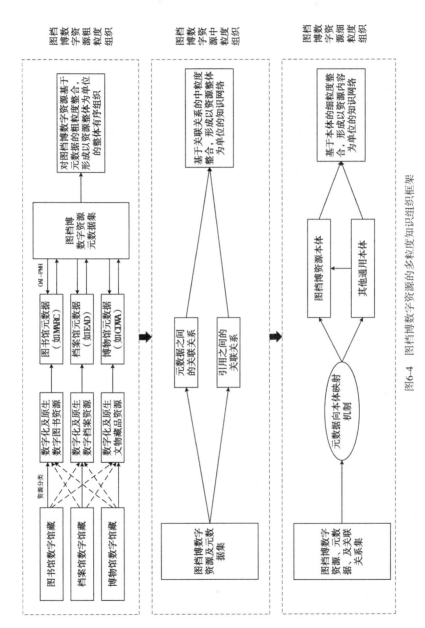

图6-4 图档博数字资源的多粒度知识组织框架

233

图书馆、博物馆以及档案馆在自愿的基础上共享数字资源。这些用于共享的数字资源需要被划分为多种类别。之所以要进行资源分类，就是要避免一些非学术属性的局限性，从而获得优良的元数据描述方案。在分类的基础上，用元数据来描述图书。例如，MARC 用来描述书籍，不管它们是存在于图书馆、博物馆还是档案馆。CDWA 能够对文物集合进行描述，EAD 能够对档案进行描述。这样能够使得数字资源以及元数据之间存在的不和谐的问题得到解决。图书馆、博物馆以及档案馆能够构成元数据仓库，这些仓库各有不同。作为服务提供商，能够利用 OAI-PMH 协议来获取这些元数据，建成的数据库能够用作信息检索，立足于不同的元数据集，对其进行本体描述，形成基于语义描述的数字资源仓库，更好地支持基于语义的资源检索。另外，本体可以扩展资源之间的关系。这些关系可以结合元数据之间的关系和文献资源的引用关系，为用户提供更丰富的二次检索和浏览。这些关系共同构成了数字资源的基本单元级网络。①

通过不同粒度的图档博数字资源组织，可以分别实现基于元数据的粗粒度整合，形成以资源整体为单位的有序化；基于关联关系的中粒度整合，形成以资源整体为单位的知识网络；基于本体的细粒度整合，形成以资源内容为单位的知识网络，以满足数字人文实践开展过程中对图档博数字资源不同层次的需求。

6.2.2　图档博数字资源多粒度知识组织的实现策略

6.2.2.1　粗粒度：基于元数据的图档博数字资源整合利用

元数据的主要目的，是在资源得到整合的情况下，使得信息得到共享，立足于资源本身的特征令图档博能够获得不同的元数据标准。一方面通过元数据的采集能够使得信息共享得以实现，存在的

---

①　穆向阳. 图书馆、博物馆、档案馆合作领域知识重用策略与方法研究［J］. 图书馆理论与实践，2019（6）：106-112.

例子有国际上的 OPAC 项目，以及我国 CALIS 项目，但是从另一方面来看，令图档博数字资源之间的数据互享变得困难。文化与知识之间不可分割，图档博都是世界的文化机构，互相之间一定要进行信息共享，现阶段国内外的图档博合作项目能够显示这一特征。如果图档博合作项目想进行信息共享，就要大力发展元数据，面对不同的项目，就要采用不同的方式来解决问题①。目前有元数据映射、元数据收割两种常用的元数据共享方法。其中元数据映射更加受限于图档博机构本身使用的元数据标准方案，当差别较大时，在元数据映射过程中会丢失一部分信息，仅能保留多方的共同部分，因此，本书认为元数据收割的共享方法是粗粒度图档博数字资源整合利用的较好选择。

图书馆、档案馆和博物馆之间的数字资源存在明显的差异，但是这三个馆之间会经常产生项目交流，如果要共享内部资源，此时就会存在明显的元数据差异，为了解决这些问题开发了多种互操作技术，OAI 协议（Open Archives Initiative）应运而生。OAI 不仅可以解决图档博元数据共享的问题，还可以实现内部的互操作。OAI 协议最开始发源于电子出版社，发明出该项技术的主要目的就是实现不同资源之间的交流与共享。"Archive"指的是学术论文库，它可实现所有的信息资源共享。美国在 1999 年的电子出版界研讨会上曾经提出标准接口，其主要目的是实现所有的学术资源共享，因为不同的元数据之间是存在相互差异的，需要进行共享的前提就是要实行转换，而通过这个接口所有的网络服务器都可以发布相关资源。由于不同的数据库内部包含的元数据是不同的，如果获得了一个标准的接口，那么数据库可以不进行转换就能直接进行信息发布，它会将所有的数据库结合在一起，在使用应用程序时较为方便，就像使用单独数据库一样，直接进行检索。这次会议的意义重大，构建了 OAI 的雏形、国家科学基金（The National Science

235

---

① 穆向阳. 图书、博物、档案数字化服务融合模式研究［J］. 情报科学，2016（3）：15-18.

Foundation，NSF）为设计总体的框架，对康奈尔大学资助，进行技术开发与框架设计。2001 年 1 月推出了 OAI 的可操作版本 OAI-PMH（Open Archives Initiative Protocol for Metadata Harvesting），该协议适用各种网络服务器。而为了构建更加合理的可操作版本，在一年之后，研究人员又推出了第二个版本，他根据第一个版本的使用以及后期的反馈对内部相关问题进行修改，标志着该协议历史上两次里程碑性的事件。

　　OAI-PMH 协议可适用于不同的网络环境，主要的传输框架是利用 TCP/IP 协议。OAI-PMH 协议体现了两个角色的作用：提供服务的角色以及提供数据的角色。在提供数据时需要严格遵守此协议的定义，而该协议有规范的元数据，因此在使用的过程中所发布的元数据需要符合协议规定。而提供服务时同样也是需要按照协议所制定的规范利用元数据提供服务。元数据收割器主要是为用户提供服务，它是以上两个角色之间的通道，OAI 请求主要是提交给数据提供者，在处理之后再原路返回，OAI-PMH 协议互操作框架中需要进行数据同步，而该功能就可较好地满足此需求的关键模块。HTTP 协议为该协议的主要框架，在进行资源描述时所使用的是 XML 文件，最终还需要执行验证功能，主要是利用 XML Schema。OAI-PMH 协议互操作框架如图 6-5 所示。

　　在对元数据进行收割的过程中，OAI-PMH 协议认为不应该对元数据进行标准化设置，数据的提供者可以自己设置标准，但是该协议规定了 DC 核心的元数据是基本的元数据格式，所以数据的提供者也要拥有。目前主要是将 DC 元数据应用于以下几个方面：图片，网页，视频等。为了适应网络的发展，所以该元数据集中的核心元素有多个方面：题名，主题，格式，语种，覆盖范围等。使用者可以根据自己的需求对元素进行选择，并且也可以重复选择元素。如果上述所说元素中没有数据使用者想要的元素，那么在服务提供者可以提供的范围内，会对元数据的前缀进行说明，为使用者提供符合要求的元数据格式。

　　OAI-PMH 协议中，有元数据的操作框架，在该框架中，服务

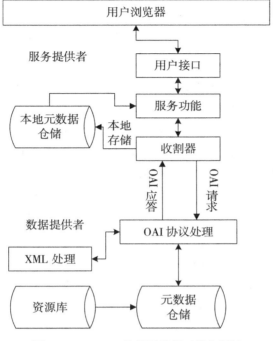

图 6-5 OAI-PMH 协议元数据互操作框架

的提供者在对元数据进行选择时，可以选择多次，也可以选择不同的数据提供者，这个选择过程其实是双向的，数据的提供者也可以主动向多个不同的服务提供者提供元数据。数据提供者和服务提供者的角色区分，主要是通过元数据的收割来实现的。主要是这两者符合 OAI-PMH 的协议规范，其实这两种角色可以由一个组织来完成。除此之外，该协议还为数据的提供者建立了相关的注册认证功能，这可以帮助提供者更好地提供元数据。根据笔者的调查显示，已经有超过 500 个图书馆都认同了该协议，并且也实施了认证功能，成为原数据的提供者。目前随着该协议的不断普及，成为数据提供者的人数也在不断增多。

在对该协议中的互操作框架进行设立时，为了保证该协议能够正常使用，该协议中定义了许多的概念，主要的概念有以下几个：

237

第一个是收割器(Harvester)，其实也是一个用户端的应用程序，主要是发布数据使用者的请求，服务的提供者会对这些请求进行管理，进而根据不同使用者的需求，为其提供符合需求的元数据。

第二个是仓储(Repository)，该仓储存储的主要是元数据，并且元数据是由数据的提供者在管理的，数据的提供者也对协议中的请求进行管理。该仓储中还存储了与协议相关的各种资源，也存储了说明元数据的各种资料。但是数据的管理者不会对数据的表现形式以及数据的存储位置进行过多的了解与干预。

第三个是条目(Item)，属于资源中的基本组织单元，构成了资源。条目的发布主要是由仓储来完成的，并且与条目相关的元数据，只要需要，随时都可以发布。除此之外，可以将条目存入仓储中，也可以将条目转换成标准的格式。

第四个是唯一标示符。主要是对元数据仓储内的条目进行明确的标识，还可以通过条目对原数据进行提取。

第五个是记录。是属于一种特定的格式来对元数据进行表达，主要是由三个部分组成。Header 部分，该部分中包括了唯一标识符，该标示符对条目进行了标识。还有记录时间的戳，以及两个 setSpecs，与此相关的数值主要是对仓储中的集合进行标记与记录。metadata 部分，表示的是资源中与元数据相关的内容，about 部分，主要是对资料进行记录与说明，并且还可以对资料进行选择。并且该种形式再返回到前端时，以 XML 的形式。

第六个是集合，因为资料的类别不同，所以应该根据资料的属性对其进行分组与归类。以层次式的结构作为基础，就可以形成多个集合。

以上六个概念作为基础，那么协议中的服务提供者，就可以对命令动词进行运用，来对 OAI 请求进行构造，那么可以向数据的提供者请求对元数据的资源进行检索。

关于这几个命令动词的描述，如表 6-1 所示。

表 6-1   OAI-PMH 协议命令动词

命令动词	说　　明	参数
GetRecord	用于从仓储中检索一个单独的元数据记录，Required 参数制定了条目的标示符和应该包含在记录中的元数据的格式	identifier
		metadataPrefix
Identify	可以对仓储信息进行检索，有些信息是该协议中必须要用到的，所以仓储可以从动词中得到描述性的信息	
ListIdentifier	是一种缩写，该命令动词可以返回头部，但是不等同于记录。在对参数进行选取时，要考虑结合和时间戳	from
		until
		metadataPrefix
		set
		resumptionToken
ListMetadata Formats	用于在仓储中检索可以或者属于元数据的格式，因为参数可以选择，在一定程度上就限制了对于元数据格式的选择	identifier
ListRecords	记录是从仓储中获得的，对参数进行选择时，是以集合中的成员以及时间戳为基础的	from
		until
		set
		resumptionToken
		metadataPrefix
ListSets	用于返回仓储的集合结构，有利于选择性获取	resumptionToken

239

　　两个提供者可以通过 OAI 请求以及 OAI 响应，通过协议中规定的格式来对消息进行传递。如果服务的提供者将 OAI 响应嵌入了 HTTP 中，那么提供者就可以通过浏览器直接发出请求。数据的提供者可以在接受 OAI 请求后，通过文件格式来提供元数据，最终返回响应。该协议还为数据的提供者发布了与元数据对应的表格，所以服务的提供者会对元数据进行筛选。

对于该协议中的资源进行整合，对于元数据的发布者来说，要根据制定的标准对原数据进行发布，然后服务方才可以提供相关的HTTP请求。原数据的提供方在对相关的资源进行描述时，需要对资源的所有数据进行描述，这也称为条目。如果元数据支持OAI-PMH，就可以被收割。数量足够多的条目不可以组成集，对于一个条目来说，既可以属于特定的集，也可以属于多个集。服务的提供方先发送请求，如果发送了请求，得到回馈，那么数据提供方就会对信息进行反馈。在对信息进行反馈时，一般采用的格式是DC数据格式。

比起对OAI-PMH进行相关的元数据映射，将其用于实现数据资源的共享是更好的选择，目前有多个图书馆都对该协议进行了使用，并且认为应该对不同的元数据标准进行设置。目前OAI-PMH协议受到了多个领域的欢迎，主要原因有以下几点：第一点，该协议也可以用于TCP/IP协议，所以更方便适用于网络环境。第二点，在使用元数据时，应该秉持着求同存异的原则，因为该协议没有制定统一的元数据标准，只要求元数据可以支持OAI协议。虽然图档博的数字资源之间有很大差别，但是因为都可以支持该协议，也符合了该协议中元数据求同存异的原则。第三点，OAI-PMH不仅简单可操作，而且经济实惠。

6.2.2.2 中粒度：基于关联关系的图档博数字资源网络组织

图档博数字资源组织体系的基础是通过元数据共享实现将不同馆藏资源的数据进行集合汇总，在这一集合过程中，主要是借助元数据收割的方式，但是元数据之间的关系是相对比较疏远的。通过元数据收割方式对不同馆藏资源进行资源整合，虽然能够建立以资源特征和学科内容为中心的导航系统。但从整体上来看，以元数据收割方式为主建立的信息资源库仅仅是一种简单的数据聚合，是对不同馆藏资源进行的数据叠加。这种简单的资源汇合方式不能帮助使用者对资源进行第二次选择，因此图档博数字资源在进行组织管理时，要全面地汇集信息资源，为使用者提供优质的数字资源。对于重复或劣质的数字资源，要给予剔除。此外，还要以信息数字化为基础，建立一个具有高效性和全面性的数字资源共享机制。以信息为中心建立的图档博数字资源组织所具有的特点主要有：数字资源类的各部分之间具有紧密联系性，不再是独立的个体，是根据不同数字资源的内容建立数字资源的联系。这种联系主要是以数字资源作为关联的基本单位，但无法对数字资源基本单位的内部因素进行了解。我们可以大致将以信息为基础建立的关联关系分为以下两种类型：第一种类型是对信息进行分类所得到的关联关系，这种关联关系在本质上来说就是资源的分类与重组；第二种类型是对数字资源内部信息进行点对点的关联，这种关联性主要分为元数据的关联关系以及文献检索的引用关系。

基于分类法的关联关系由分类体系决定，从前文的分析可以发现图档博之间使用的分类体系差异巨大，因此在图档博数字资源的整合中分类关系的应用空间较小。那么图档博整合可利用的关联关系有元数据的关联关系，及文献间的引用关系。①

（1）元数据之间的关联关系。

元数据中存在的一些字段能够揭示资源与资源之间的关联关系。其实元数据中存在的很多字段可以作为加强资源之间关联关系的重要手段，此类关联关系主要包括以下两种类型：第一种是泛化关系。泛化关系是指在确定资源之间的关系后，建构一个与资源相关的集合体，并通过所建立的资源集合体向使用者提供对资源进行二次选择的途径。比如当用户在 World Digital Library 浏览某一数字资源条目时，会出现与浏览的数字资源内容相关的资源链接。比如，当打开标题为"莫奈，荷塘"的数字资源条目时，可以观看与这一数字资源相关的文字和视频介绍，而且在文字和视频介绍窗口的下方就会推荐与此类数字资源相关的其他信息，这些所拓展出来的信息都来自于同一个资源机构。上述所举的例子是通过来源机构

241

① 穆向阳. 图博档数字信息资源统一组织与服务模式融合研究[D]. 南京：南京大学, 2014.

进行的资源整合，但是资源重聚的方式并不局限于这一种，按照资源项目的具体目标也可以进行资源重聚。第二种是点对点关系。元数据中的很多字段具有对资源的基本单位提供点对点关系的功能，这些点对点关系相对来说较为明确，关系与关系之间也不具有疏离性。比如，CDWA 中关于关联资源的字段非常丰富，不仅包括：Related Work Label/Identification（相关作品标识）、Work Relationship Type（相关作品类型）等与作品内容相关的字段，而且还包括与作品相关的时间节点，比如 Work Relationship Date（作品关联时间）、Earliest Date（最早时间）、Latest Date（最新时间），此外，还有与作品背景相关的一些内容，比如 Work Broader Context（关联背景）、Broader Context Date（背景日期）、Relationship Number（关联编码）等。

由于图档博数字资源所常用的元数据都具有关联字段，那么就可以将元数据中的关联字段与信息的资源建立关联关系。以信息为基础建立的关联关系所涉及的专业人员来自不同的馆藏，所以图档博数字资源具有很高的价值。这样通过建立元数据中多个字段之间的关联关系，为用户提供对资源进行二次选择的机会，就能将分散的信息资源汇集成一个具有关联性的信息数据库。但是这种具有关联性质的数字资源库是静态性的，这主要是由于以信息为中介建立的关联关系是静止的，一旦建立了相关的资源体系，就很难对其进行修正。而要想对数据作出修改，就要经过专业人员的操作。因此，该资源网络是静态的。

（2）文献间的引用关系。

所谓文献间的引用关系，就是围绕图书馆资源出现的现象，其本质也属于资源的一种，价值较高。它在图档博数字资源共享过程中发挥着无可替代的作用。英国文献学家 Cronin 表示，对于学科发展而言，要想提高对其认知水平，就有赖于引文的使用，它也代表了人类知识和思想的更迭。在引文的串联下，人类知识成果得以成为一个网络化的体系，站在社会现象的角度而言，社会职能的发展阶段也需要通过引文关系来验证和说明，为人类知识结构的科学发展助力，就像 Price 说的，引文将所有的科学论文串联成网络，为学术的发展和继承助力。

20世纪中期，引文索引正式出现，从其发展来看，主要有三个阶段，一是印刷本索引阶段，二是光盘版阶段，三是网络版阶段，对于科研而言，有着无可替代的价值。中文社会科学引文索引，即 CSSCI 正是在我国启用，在十余年的沉淀下，帮助教育部科学地对人文社会科学研究成果进行评价。实际上，引文索引的作用并非体现在学术评价上，还体现在了学术资源的管理化解上。就引文索引来看，其作用主要体现在三大方面：首先，引文索引对检索途径进行了扩充。实际上，引文检索可以支持更广泛的检索字段，举例来说 CSSCI 支持的检索字段有将近 20 项，有效地改善了用户信息检索效果。其次，可以科学地对学术成果进行评价。实际上，文献的引用情况也能够看出其学术价值，若是某文献被频繁引用，那么也可以确定其学术价值也更为突出。也正是在这一基础上，核心期刊应运而生，在特定时间范围内，某期刊的被引量也可以说明其具备的学术影响力，所以，无论是期刊影响因子还是文献半衰期，都是建立在引文索引的基础上的。最后，引用关系支撑着学术特征分析。引文关系更新了分析视角，举例来说，以引文分析为基础，可以掌握学科的活跃程度，同时掌握其成熟程度。并且，引文分析还能够帮助分析个人学术能力，举例来说，从作者相互引用的网络可以提高对特定核心作者的了解程度。总的来说，引文索引对于学术领域而言，其作用不断提高，关乎着科学的发展和学术评价的完善。

站在图档博数字资源共享的角度而言，文献间引用关系属于价值极高的资源。同时，以信息内容为基础的图档博数字资源共享模式需要提高对文献间引用关系特点的关注程度。其特点包括①：

第一，文献引用关系主要是图书馆资源具有的一种现象。对于图书馆数字资源的特征来看，其主要反映的内容就是波普尔三个世界理论里面知识世界的部分，实际上，知识世界在人类认知中的形

243

---

① 穆向阳. 图博档数字信息资源统一组织与服务模式融合研究[D]. 南京：南京大学，2014.

成和完善是一个循序渐进的过程。这一过程就是通过文献类数字资源之间的引用关系来表现出来的，反映的正是知识世界在人类认知中形成的过程。所以，基于这一特点，赋予了引用关系开展学术评价的基础，能够用图书馆数字资源间的关系来进行表现。

第二，引用关系一般是一种信息资源基本单位之间的关系。实际上，从作用层次来看，引用关系的主要作用范围在信息资源基本单位层。站在图书馆的角度而言，其数字资源的基本单位就是论文或者图书，同时，它们也属于图博档资源共享的基本单位。引文可以作用于上述数字资源基本单位，推动其语义关系的产生，让元数据集合方式不再松散，不过其不足在于难以涉及信息资源基本单位更深的层次，无法对知识元相互关系进行表达。

第三，引用关系具有较强的逻辑性。实际上，不同文献的引用和被引用关系也会有所不同，从其中的逻辑关系就不难发现特定研究领域的成果分布，同样，也能够用这一方式来找到研究的源头。所以，引用关系的方向性比较明显，这是上文提到的以元数据特定字段为基础的关联关系所不具备的。就图论而言，以元数据关联关系为基础的资源网络的本质属于无向图，不过以引用关系为基础的资源关系就属于有向图，这一方向性代表着人类在特定的知识领域中产生认知的过程，逻辑性比较突出。

第四，引用关系具有价值评价作用。无论是引用还是被引用，都属于行为的一种，即文献作者以学术目的为基础，自发进行的一种行为，作者之所以选择对特定文献进行引用，主要就是考虑到其具备的学术价值，所以，对于学术评价而言，被引现象是一种普遍的工具。以被引频次为基础的统计，能够帮助相关人员对于文献、作者和组织等进行科学评价。

第五，引用关系也是一种静态关系。动和静都是相对的概念，静态关系的体现在于引用关系产生之后，不会有所变化，这点比较类似元数据间的关联关系。在社会活动和人类知识的发展过程之中，二者的数量不断提升，也会持续地向人类艺术以及科研活动赋予更高的新资源，因此，站在总量的角度而言，无论是元数据关系还是引用关系，其发展趋势都是持续增长的，这里它们又表现出了一定的动态性。不过静态性在这里主要指的是引用关系产生之后都保持静态的状态，无法变更，所以也有一定的原始档案的特征。

以关联关系为基础的图档博数字资源组织，关键就是需要围绕图档博数字资源基本单位，聚焦其关联关系进行打造，同时，这一系列关系的类型也各不相同：一是元数据的字段里便具有关联关系。这一关系并不复杂，也没有方向，即无论是"A 关联 B"还是"B 关联 A"，都是相同的，同时没有清晰地揭示关联的背景和资源逻辑关系，这一关系的简单程度比较高；二是文献类资源间的引用关系。这一关联关系可以通过文献类信息资源关系来体现，方向性比较突出，举例来说，就是"A 引用 B"和"B 引用 A"的寓意内涵是有所区别的，其关联关系也并不相同。

6.2.2.3　细粒度：基于本体的图档博数字资源知识组织

17 世纪，西方学术界出现"本体"（Ontology）一词，而对于西方哲学来说，其最核心的部分被称为本体论。本体论不只是概念的体现，也是关系的体现，在现实生活中，该原理系统是通过逻辑抽象的方式进行构筑，而且概念及相互之间的关系，也可以通过逻辑方法推理得出①。可以从以下几个方面理解图情领域的本体概念：

第一，不同领域具有不同的知识概念体系，以本体的形式反映。本体通过抽象的方式，规划某一具体知识的领域，而对于该领域的一部分推理规则，是通过具体化的形式表达，包括概念及其相互关系。共享的概念不仅需要领域专家达成一定的共识，也需要领域专家达成一致的认同。概念之间存在的关联关系表明其不是被孤立的，丰富的语义不仅是等同关系所具有的，也是属分关系所体现的。本体的基础由概念及其相互关系、本体的推理规则共同构成，概念间的自动推理由本体的推理规则实现。

245

---

① 徐坤. 基于本体的科学数据监护平台研究 [D]. 长春：吉林大学，2014.

第二，共享性是本体所具有的一个特点。不同元数据之间的相互操作，离不开本体。对于元数据来说，它可以为图博档提供语义基础和微观结构，但是信息系统存在的语义异构问题，这是元数据无法完全解决的，只能通过本体处理，从某种程度上，本体可以被看作元数据的元数据，它们之间的关联关系可以通过本体的共享来描述，达到复用本体概念以及本体概念的交互。

第三，资源的部分动态性特征能通过本体表达。资源的某一状态可以通过元数据体现，但资源的变化过程只能通过本体，而无法通过元数据表现。由此可知，本体的内容是不断变化，而本体的服务对象也是变化的。

现在，本体不只是一种提取领域知识的工具，也是一种理解领域知识的工具，甚至可以用来处理领域知识，不分学科①。其体系结构(概念、概念间的关系、关系约束、公理以及推理规则等)被本体通过编码语言来表达，对于计算机来说，编码语言不仅容易理解，更容易处理。为了实现不同形式的信息资源向本体语义网的过渡，可以使用 XML 和 OWL 等形式的计算机语言，除此之外，还可以使用 RDF 以及 RDFs 计算机语言。以 XML(可扩展标记语言)为例，其规范是由 W3C 所制定的，其语法格式是用来描述网络资源的。RDF 是用来规定资源语义的一种框架结构，是基于 XML 实现的，而 RDF Schema 是对 RDF 的一种扩展，RDFs 被称为本体表示语言，包括 OWL(Ontology Web Language)。

对于元数据来说，不能准确描述实体以及实体间的关系的原因在于其不关注建模的底层原则。为了加强认知，学者们开展了大量研究本体的工作。ABC 和 CIDOC CRM 本体的产生就是为了弥补元数据所存在的缺陷和不足。

(1)ABC 本体的使用。

"Harmony Project"是一项由多个国家联合资助的项目，主要由澳大利亚的 DTSC 和英国的 JISC 组成，随后，美国的 NSF 也参

---

① 穆向阳. 本体在 LAM(图书馆、档案馆、博物馆)数字信息资源整合中的局限、问题及解决路径研究[J]. 图书馆理论与实践，2020(5)：73-79.

与其中。① 数字图书馆的方法和模型是该项目的研究主要目标，一部分网上的数字资源的方法和模型也是其研究的重点，尤其是那些内容丰富的。Harmony 项目的一个代表性成果就是 ABC 本体，以下三点是对其模型设计主要目标的概括：一是根据基础的概念框架了解现有的元数据本体，再依靠该框架分析现有的元数据实例；二是指导相关工作，尤其是开发领域内的描述本体；三是对于不同元数据本体间的映射，开发一套概念模型，基础的即可。②

所以，对于 ABC 本体来说，其最基本的用途是发展具体领域本体模型，而不是构建描述图档博数字资源。描述对象从无到有的过程是 ABC 本体特别擅长的，也是十分普遍的过程。以博物馆的资源为例，其经常变化的不仅是资源的保存过程，还包括资源的管理过程，这对于只能描述资源某一状态的元数据来说，是没有办法描述整个变化过程的。ABC 本体之所以适合描述对象，而且是来自不同领域的，是因为它具备描述动态过程的能力，而博物馆的资源不是以物理形态存在，就是以数字形态存在，例如图文资源、音视频资源以及网页资源，包括图书馆和档案馆。实体资源和抽象的内容都可以通过 ABC 本体来描述，不管是时间和空间，还是事件。

ABC 本体所包括的类如表 6-2 所示。

表 6-2　ABC 本体类设置及描述

本体类	描述对象	类间关系
Entity	所有实体	所有的父类
Temporality	资源变化过程	Entity 类的子类，Situation 类、Event 类、Action 类的父类

---

① ABC Onotology [EB/OL]. [2021-02-26]. https：//titan. be/en/abc-ontology.

② Lagoze C, Hunter J. The ABC ontology and model [C]//International Conference on Dublin Core and Metadata Applications. 2001：160-176.

续表

本体类	描述对象	类间关系
Situation	资源变化过程的背景属性	Temporality 类的子类
Event	背景变化	Temporality 类的子类
Action	知识增长	Temporality 类的子类
Actuality	独立实体	Artifact 类、Agent 类的父类
Artifact	抽象实体	Actuality 类的子类，Manifestation 类、Item 类的父类
Manifestation	现实作品	Artifact 类的子类
Item	抽象实体子集	Artifact 类的子类
Agent	事件相关实体	Actuality 类的子类
Abstraction	观念、抽象概念	Work 类的父类
Work	抽象概念相关	Abstraction 的子类
Time	时间相关	/
Place	地点相关	/

①Entity 类。在各个不同类的地位当中，其处于最高的位置，是父类的角色。②Temporality 类。它是以 Entity 类的子类的角色出现的，同时也扮演着 Situation、Event 和 Action 类的父类的角色，它的这些子类能够描述资源变化的过程。③Situation 类。上面提到，其作为 Temporality 类的子类，能够描述一些可以将变化的有关背景展现出来的属性，这些属性往往与时间有着密切的联系。④Event 类。其同样作为 Temporality 类的子类而出现，将从一个 situation 向另一个 situation 的转变加以描述。⑤Action 类。作为 Temporality 类的另一个子类，它可以服务于针对知识增长所展开的建模，这种建模依赖于这一子类提供的特定机制。⑥Actuality 类。Actuality 类由两个子类组成，分别是 Artifact 子类和 Agent 子类。可以被用来描述相对而言时间较为独立的 Universal 类实体和随着时

间进行变化的 Existential 类实体，诸如这两类实体的其他可以被感知的实体，也可以被 Actuality 类来进行描述。⑦Artifact 类。作为 Actuality 的子类，Artifact 类对特定的 Actuality 类展开描述，描述的主要内容是抽象的，与人类意识有关，其中较为典型的表现如一本书。⑧Manifestation 类。Manifestation 类用于对现实的作品加以描述，是 Artifact 类的子类的一种。⑨Item 类。Item 类用于对具体现实的 Artifact 的完全相同的子集进行描述，也是 Artifact 类的子类。⑩Agent 类。该类是 Actuality 类的另一子类，其描述的重要内容是人、设备和组织等实体，这些实体与事件息息相关。⑪Abstraction 类。其描述的内容主要是观念以及抽象的概念，其本身是 Entity 类的子类，又包含了 Work 类这一子类。⑫Work 类。作为一种抽象的概念，再加上本身作为子类的地位，Work 无法在模型之中单独存在。⑬Time 类。作为 Time 类的子类，其描述的主要对象是时间段和时间点等概念。⑭Place 类。其主要对地点信息加以描述，是 Entity 类的子类。以上就是 ABC 本体所划分出的 14 个类，不同的属性得以在不同的类当中得到彰显，图档博专业领域中的数字资源就是借助这些类和属性得以被描述的。

ABC 本体除了能够将更丰富的语义信息进行揭示，还能够将图档博数字资源进行更加精细化的描述，此外还能够将资源动态变化的过程反映出来。数字资源在 ABC 描述的基础上，使得用户可以采用的检索方式更为多样，例如，某一资源的完整生命周期都能够被用户记录或者查找到；再如，资源存储地点进行变更以及资源所有者转换等。ABC 本体能够对图档博数字资源之间更好地开展共享予以技术上的支持，这是其诸多优点中的一个重要体现。

（2）CIDOC CRM 本体的使用。

CIDOC CRM（CIDOC Conceptual Reference Model）本体是目前文化遗产资源领域应用广泛、获得较多认可的本体，成为我文化遗产信息资源整合的常用工具。① CIDOC CRM 本体用于描述文化遗产

249

---

① What is the CIDOC CRM？［EB/OL］.［2021-02-27］. http：//www. cidoc-crm. org/.

领域中的实体、概念和事件等信息。CIDOC CRM 采用面向对象的方法，将文化遗产领域的信息抽象为一系列类和属性，并通过定义类之间的关系来描述这些信息之间的联系和含义。CIDOC CRM 由国际博物馆协会（ICOM）下属的 CIDOC（国际博物馆协会文化遗产委员会）维护和发展。CIDOC CRM 本体的设计主要基于学科交叉的原则，尤其是文化遗产领域的博物学、考古学、档案学、艺术史和建筑史等学科的知识。CIDOC CRM 本体包含一个核心模型和多个扩展模型，其中核心模型定义了文化遗产领域中最基本的实体和关系，而扩展模型则用于描述特定领域的实体和关系。

　　CIDOC CRM 本体的核心模型主要包含以下类和关系：①E1 CRM Entity：表示实体，如人、物、事件等。②E2 Temporal Entity：表示时间实体，如时间段、日期等。③E3 Condition State：表示实体的状态。④E4 Period：表示历史时期。⑤E5 Event：表示事件。⑥E6 Destruction：表示实体的毁坏。⑦E7 Activity：表示活动。⑧E8 Acquisition：表示获得。⑨E9 Move：表示移动。⑩E10 Transfer of Custody：表示转移控制权。⑪E11 Modification：表示修改。⑫E12 Production：表示生产。⑬E13 Attribute Assignment：表示属性赋值。⑭E14 Condition Assessment：表示状态评估。⑮E15 Identifier Assignment：表示标识符赋值。CIDOC CRM 本体的扩展模型则用于描述特定领域的实体和关系，如博物馆、考古和建筑等领域。例如，博物馆领域的扩展模型包括 E22 Man-Made Object、E24 Physical Human-Made Thing、E77 Persistent Item 等类和关系。具体如表 6-3 所示。

表 6-3　CIDOC CRM 本体类设置及描述

本体类	描述对象	类间关系
E1 CRM Entity	所有的实体，包括概念和物质实体	是其他所有本体类的父类
E2 Temporal Entity	具有时间性质的实体，如事件、行为或时间段	与时间和空间位置相关联

续表

本体类	描述对象	类间关系
E3 Condition State	实体在特定时间的状态或条件	可与 E5 Event 或 E4 Period 关联
E4 Period	特定历史时期或时间长度	可包含多个 E5 Event
E5 Event	发生的具体事件	关联 E4 Period 或 E52 Time-Span
E6 Destruction	实体的毁坏或结束	是 E5 Event 的特定类型
E7 Activity	计划内或计划外的活动	可与 E5 Event 或 E39 Actor 关联
E8 Acquisition	获得某物的行为	可与 E5 Event 或 E39 Actor 关联
E9 Move	实体的空间移动	是 E5 Event 的特定类型
E10 Transfer of Custody	控制权的转移	是 E8 Acquisition 的特定类型
E11 Modification	对实体的修改	是 E7 Activity 的特定类型
E12 Production	创造或生产某物的过程	是 E11 Modification 的特定类型
E13 Attribute Assignment	属性或特征的赋值	可与 E1 CRM Entity 关联
E14 Condition Assessment	实体状态的评估	是 E13 Attribute Assignment 的特定类型
E15 Identifier Assignment	标识符的赋值	是 E13 Attribute Assignment 的特定类型

CIDOC CRM 的开发旨在通过为基于证据的文化遗产信息集成提供一个通用和可扩展的语义框架，促进对文化遗产信息的共享理解。它旨在成为领域专家和实施者制定信息系统需求的通用语言，并作为概念建模良好实践的指南。通过这种方式，它可以提供在不同的文化遗产信息来源（如博物馆、图书馆和档案馆）之间进行调解所需的"语义黏合剂"。CIDOC CRM 本体可以帮助研究人员、管理人员和公众在不同和分散的数据集中探索有关我们过去的复杂问题。CIDOC CRM 通过提供定义和正式结构来实现这一点，用

于描述文化遗产文件中使用的隐式和显式概念和关系，以及查询和探索此类数据。这些形式化描述允许以软件和模式不可知的方式集成来自图书馆、档案馆、博物馆等多个源的数据。目前，CIDOC CRM 组织官方对该本体的使用提供了详细的操作指南，①并根据本体的更新持续更新，以指导图书馆、档案馆、博物馆等相关机构内数字资源管理人员的使用，保障数据的统一性、标准性与准确性。

对于特定领域的需求，CIDOC CRM 通过其扩展模型增加了专门的类别和关系，以覆盖这些领域的特殊内容和更细粒度的信息。例如 CRMdig CIDOC CRM 数字化扩展模型旨在描述与文化遗产数字化相关的信息，并处理数字对象及其产生和保持的过程。其中包括数字化过程、数字特性的捕捉等相关的类别。CRMarchaeo 考古扩展模型是为了适应考古发掘的记录需求而开发的，该扩展涉及考古地点、发掘过程、文化层次、考古发现物等的类别和它们之间的关系。CRMsci 科学观测扩展模型旨在为科学观测数据提供一个概念框架，比如自然科学领域中的环境和生物样本的收集和分析，它关注观测活动、样本和分析结果等方面。CRMgeo 地理空间信息扩展模型用于表达地理空间信息和事件在特定位置发生的上下文，这个扩展与 GIS（地理信息系统）技术相结合，能够描述地理坐标、位置和空间结构等信息。CRMinf 扩展模型专注于论证过程和信息对象的编制，例如描述逻辑推理、论证结构和信息对象之间的复杂关系。CRMba 扩展模型是为记录和管理与建筑相关的历史信息而开发的，它关注建筑结构、变化及相关事件。CRMtex 扩展模型旨在用于描述文本作品及其物理承载物的信息，这包括作品的创作和出版过程、文本传输和变异等方面。每个扩展都是为了满足特定领域信息整合的复杂性而设计的。它们通常会定义专门的类别来描述该领域特有的实体和事件，以及这些实体和事件之间的关系。这些扩展通过与核心模型的兼容性，为各领域的实体提供了一套丰

---

① CIDOC CRM Tutorial［EB/OL］.［2021-02-27］. http：//www.cidoc-crm.org/cidoc-crm-tutorial.

富的概念工具，从而实现跨学科、跨领域的信息整合和共享。尽管CIDOC CRM 并未直接提供专门针对图书馆、档案馆与博物馆的详细模型，但这些机构的数据管理需求可以通过使用 CIDOC CRM 核心模型以及适当的扩展模型来满足。例如，图书馆可能会涉及文本作品和它们的物理载体，档案馆可能更关注文件和记录的保管和历史背景，而博物馆可能需要管理和描述三维文物和它们的展览历史。可能的 CIDOC CRM 扩展模型图档博领域相关类设置及描述如表 6-4 所示。

表6-4　CIDOC CRM 扩展模型图档博领域相关类设置及描述

本体类	描述对象	类间关系
E17 Type Assignment	作品或物件的分类、主题标签等	可以被应用到 E22 Man-Made Object 或 E19 Physical Object
E18 Physical Thing	物件的物理实体	是 E19 Physical Object 的一个具体化身
E19 Physical Object	博物馆收藏的物件	可以是 E12 Production 的结果
E22 Man-Made Object	书籍、手稿、地图等作品	可以是 E12 Production 的结果
E28 Conceptual Object	艺术作品的概念性内容	可以与 E22 Man-Made Object 相关联
E29 Design or Procedure	分类系统、借阅规则或存档程序	描述规范操作或程序
E31 Document	存档文件或记录	可以关联到 E40 Legal Body 或 E39 Actor
E35 Title	书籍或其他媒体的标题	关联到 E22 Man-Made Object
E39 Actor	与记录、文件或收藏相关的个人或组织	可以是 E31 Document 的创建者或使用者
E40 Legal Body	具有法律地位的组织，如政府机构	可以是 E31 Document 的存档机构

253

续表

本体类	描述对象	类间关系
E52 Time-Span	物件的年代或与之相关的特定时期	与 E19 Physical Object 相关联描述历史背景
E53 Place	物件的地理来源或相关事件的地点	与 E19 Physical Object 相关联描述地理背景
E55 Type	物件或作品的分类	可用于描述 E19 Physical Object 或 E22 Man-Made Object
E66 Formation	文件或记录集的创建	关联到 E31 Document
E71 Man-Made Thing	人造的可移动物件	通常关联到 E12 Production
E78 Collection	图书馆、档案馆或博物馆的收藏	可以由 E19 Physical Object 或 E22 Man-Made Object 组成
E87 Curation Activity	管护活动	可以关联到 E78 Collection

CIDOC CRM 本体在图档博数字管护协同体系中图档博数字资源细粒度知识组织中具有广泛的应用。图档博数字资源包含大量的图像、文档、音频和视频等多媒体信息，这些信息需要进行细粒度的知识组织和管理。CIDOC CRM 本体提供了一个通用的语义框架，可以用于描述图档博数字资源中的实体、概念和事件等信息。通过使用 CIDOC CRM 本体，可以实现图档博数字资源的共享和理解。具体来说，CIDOC CRM 本体可以用于描述图档博数字资源中的各种实体，如文物、展品、图片、文件等。通过定义这些实体之间的关系，可以建立起一个完整的知识图谱，从而实现对数字资源的细粒度管理。例如，CIDOC CRM 本体可以用于描述文物的生产、流传、展览和保存等事件，从而实现文物数字资源的全生命周期管理。同时，CIDOC CRM 本体还可以用于描述文物的属性、状态和标识符等信息，从而实现对文物数字资源的精细化管理。另外，CIDOC CRM 本体还可以用于描述图档博数字资源之间的关系，如

文物与文献、文物与图片之间的关系等。通过定义这些关系，可以实现对数字资源之间的关联和交叉检索。例如，CIDOC CRM 本体可以用于描述一个文物在博物馆中的展示情况，包括文物所在的展厅、展览时间和展览主题等信息，从而实现对文物数字资源与展览数字资源的关联管理。

CIDOC CRM 本体是图档博数字管护协同体系中图档博数字资源细粒度知识组织的重要工具，可以实现数字资源的统一管理和共享，在数字化文化遗产保护和利用方面具有重要的应用价值。

6.3 方法维度

6.3.1 图档博数字管护的一般流程与方法

依据本书 5.2.3 节图档博数字管护协同体系方法要素分析，图档博数字管护的一般技术方法体系框架如图 6-6 所示。

（1）数字化技术。

数字化是将物理公共文化资源转化为数字形式的过程。数字化技术可以将文物的形态、色彩、纹理等元素转化为数字数据，实现公共文化资源的数字保存、传播和展示。数字化操作主要包括扫描、摄影和三维扫描等。

扫描是将公共文化资源的平面形态转化为数字化图像的一种方法。扫描技术可以将公共文化资源的平面形态转化为数字图像，可以快速地获得高精度的数字图像数据。例如，在数字化图书馆中，通过扫描纸质文献，可以快速地将其转化为数字图像，以便于存储和传播。

摄影是将公共文化资源的三维形态转化为数字化图像的一种方法。摄影技术可以将文物的三维形态转化为数字图像，可以获得更加真实的文物形态信息。例如，在文物数字化中，通过高精度摄影技术可以获得文物的三维形态数据，以便于深入研究和保护。

255

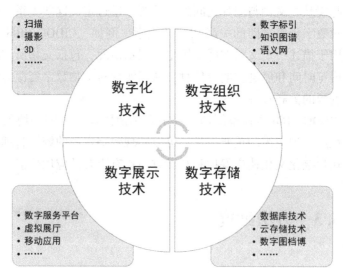

扫描
摄影
3D
......

数字标引
知识图谱
语义网
......

数字化
技术

数字组织
技术

数字展示
技术

数字存储
技术

数字服务平台
虚拟展厅
移动应用
......

数据库技术
云存储技术
数字图档博
......

图 6-6   图档博数字管护方法技术体系框架

三维扫描是将公共文化资源的三维形态转化为数字化数据的一种方法。三维扫描技术可以获取公共文化资源的三维形态信息，并将其转化为数字模型。例如，在文物数字化中，通过三维激光扫描技术可以获得文物的三维形态数据，以便于进行数字化重建和深入研究。

（2）数字组织技术。

数字组织技术是将公共文化资源数字化数据进行分类、索引和组织的方法。数字组织技术可以实现公共文化资源数字化数据的快速检索和管理。数字组织常用的技术包括数字标引、知识图谱和语义网等。

数字标引是一种将公共文化资源数字化数据进行分类和索引的方法。数字标引技术可以实现公共文化资源数字化数据的快速检索和管理。例如，在数字公共文化资源数据库中，通过数字标引技术可以对文物数字化数据进行分类和索引，以便于快速地检索和管理。

知识图谱是一种将公共文化资源数字化数据进行知识组织和表

示的方法。知识图谱技术可以实现公共文化资源数字化数据的关联和语义化表示。例如，在文化遗产数字化管理中，通过知识图谱技术可以将文物数字化数据进行关联和语义化表示，方便了文物数字化数据的管理和利用。

语义网是一种将公共文化资源数字化数据进行语义化描述和组织的方法。语义网技术可以实现公共文化资源数字化数据的语义化组织和查询。例如，在文化遗产数字化管理中，通过语义网技术可以将公共文化资源数字化数据进行语义化描述和组织，方便了公共文化资源数字化数据的管理和利用。

（3）数字存储技术。

数字存储是将数字化的公共文化资源保存在数字媒体中的过程。数字存储技术可以实现公共文化资源数字化数据的保存、管理和检索。数字存储常用的技术包括云存储、数字档案馆和数字化公共文化资源数据库等。

云存储是将公共文化资源数字化数据保存在云端服务器中的一种方法。云存储技术可以实现公共文化资源数字化数据的远程管理和共享。例如，在文化遗产数字档案馆中，通过云存储技术可以将文物数字化数据保存在云端服务器中，方便了文物数字化数据的管理和共享。

数字档案馆是一种将公共文化资源数字化数据进行统一管理的系统。数字档案馆技术可以实现公共文化资源数字化数据的分类、索引和检索。例如，在国家文物局的数字档案馆中，通过数字档案馆技术可以将文物数字化数据进行统一管理和分类，方便了文物数字化数据的检索和使用。

数字化公共文化资源数据库是一种将公共文化资源数字化数据进行存储、管理和检索的系统。数字化公共文化资源数据库技术可以实现公共文化资源数字化数据的分类、索引、检索、分析和展示。例如，在数字化公共文化资源数据库中，通过数字化公共文化资源数据库技术可以将公共文化资源数字化数据进行统一管理和分类，并实现公共文化资源数字化数据的展示和分析。

257

（4）数字展示技术。

数字展示是将数字化的公共文化资源进行展示的过程。数字展示技术可以实现公共文化资源数字化数据的虚拟展示、在线展览和移动展示。数字展示常用的技术包括虚拟展厅、数字展示平台和移动应用程序等。

虚拟展厅是一种利用计算机技术实现公共文化资源虚拟展示的方法。虚拟展厅技术可以实现公共文化资源数字化数据的全方位展示和交互式体验。例如，在数字文化遗产展览中，通过虚拟展厅技术可以将公共文化资源数字化数据呈现在虚拟的展览空间中，观众可以在不同的时间和地点进行公共文化资源的观赏和学习。

数字展示平台是一种将公共文化资源数字化数据进行展示和交流的平台。数字展示平台技术可以实现公共文化资源数字化数据的在线展览、交流和学习。例如，在数字文化遗产平台中，通过数字展示平台技术可以将公共文化资源数字化数据进行在线展览和交流，方便了公共文化资源数字化数据的传播和交流。

移动应用程序是一种利用移动设备实现公共文化资源数字化数据展示的方法。移动应用程序技术可以实现公共文化资源数字化数据的移动展示和交互式体验。例如，在公共文化资源保护和文化遗产传承中，通过移动应用程序技术可以将公共文化资源数字化数据呈现在移动设备上，方便了公共文化资源数字化数据的传播和学习。

（5）数字分析技术。

数字分析是利用数字技术对数字化的公共文化资源进行分析和研究的过程。数字分析技术可以实现公共文化资源数字化数据的深入研究、保护和利用。数字分析常用的技术包括数字化重建、数字化分析和人工智能等。

数字化重建是将公共文化资源数字化数据进行三维建模的方法。数字化重建技术可以实现公共文化资源数字化数据的三维重建和可视化。例如，在公共文化资源保护和文化遗产传承中，通过数字化重建技术可以对文物进行三维建模，以便深入研究其结构和特征，为文物的保护和传承提供技术支持。

数字化分析是将公共文化资源数字化数据进行分析和研究的方

法。数字化分析技术可以实现公共文化资源数字化数据的深入研究和保护。例如，在文物保护中，通过数字化分析技术可以对文物数字化数据进行分析和研究，以便于制定文物保护策略和措施。

人工智能是一种利用计算机技术实现对公共文化资源数字化数据进行自动分类、识别和分析的方法。人工智能技术可以实现公共文化资源数字化数据的自动化处理和分析。例如，在文物数字化处理中，通过人工智能技术可以对文物数字化数据进行自动分类和识别，加快数字化文物的处理速度和提高处理效率。

数字技术的应用可以方便公共文化资源的管理、保护和传播，提高公共文化资源的价值和影响力。在图档博数字管护过程中，数字化、数字存储、数字展示和数字分析等数字技术是不可或缺的。通过数字技术的应用，可以实现公共文化资源数字化数据的全方位保护和传承，为文化遗产的保护和传承提供技术支持。

图档博数字管护流程是指利用数字技术对图书馆、档案馆、博物馆等机构的文物、档案、藏品等进行数字化处理、数字化管理和数字化传播的过程。它是数字化时代下文化遗产保护和利用的重要手段，也是促进文化交流和文化创新的重要途径。基于上述图档博数字管护数字技术体系框架，图档博数字管护的一般流程包括：

（1）数字化前准备。

数字化前准备是数字化工作的基础。它包括了以下几个方面：①选择数字化对象。根据文物、档案、藏品等的价值、重要性和需求，确定数字化对象，建立数字化清单。②制定数字化方案。根据数字化对象的特点和需求，确定数字化方案，包括数字化设备、数字化流程、数字化标准等。③准备数字化设备和工具。根据数字化方案，准备数字化设备和工具，包括数字相机、扫描仪、图像处理软件等。④建立数字化环境。为数字化工作提供必要的环境条件，包括光线、温度、湿度等方面的控制和保障。

（2）数字化处理。

数字化处理是将文物、档案、藏品等实物转换成数字化数据的过程。它包括了以下几个方面：①拍摄或扫描文物、档案、藏品等实物。根据数字化方案，使用数字相机或扫描仪对文物、档案、藏

259

品等实物进行拍摄或扫描。②对数字化数据进行处理。使用图像处理软件对数字化数据进行处理，包括裁剪、调整亮度、对比度、色彩等。③对数字化数据进行质量控制。对数字化数据进行质量控制，包括检查图像的清晰度、色彩还原度、亮度、对比度等。

（3）数字化管理。

数字化管理是对数字化数据进行组织、存储、检索和传播的过程。它包括了以下几个方面：①数字化数据组织和建库。对数字化数据进行分类、编目、标注等，建立数字化数据库。②数字化数据存储和备份。对数字化数据进行存储和备份，确保数字化数据的安全性和可靠性。③数字化数据检索和利用。通过数字化平台和工具实现数字化数据的检索和利用，方便用户获取所需的数字化数据。

（4）数字化传播。

数字化传播是将数字化数据进行共享和传播的过程。它包括了以下几个方面：①数字化数据共享和开放。将数字化数据共享和开放，方便其他机构和用户获取和利用数字化数据。②数字化数据展览和推广。通过数字化平台和工具，实现数字化数据的展览和推广，提高数字化数据的知名度和影响力。③数字化数据保护和利用权管理。对数字化数据进行保护和管理，确保数字化数据的合法权益和利用权益。

6.3.2　图档博数字管护协同的流程与方法重组

图档博的数字管护是基于信息资源全生命周期的管理，以实现数字资源的发掘与再利用，根据数字管护生命周期模型，典型的数字管护流程主要包括：收集、评价、组织、处理、描述、访问、再利用等，其中也还需考虑数字资源利用过程中产生的新资源的管理与旧资源的剔除。

在数字资源生命周期的前期，也就是数字资源的产生阶段，图档博机构要在宏观上制定相关的政策，如馆藏资源的数字化计划、数字资源管理策略、数字资源长期保存策略、数字资源利用策略等，以明确后续数字管护各个阶段的任务。

在数字资源生命周期的中期，也就是数字资源的组织与处理阶段，图档博工作的重点在于数字资源的组织与知识的抽取。首先，数字管护人员应对数字资源进行规范化处理与规范化存储，保证数字资源的定期更新，并完成对数字资源的描述，包括元数据描述、关联关系构建、甚至是语义标注等。其次，数字管护人员要对数字资源进行评估鉴定，有选择性地对数字资源进行迁移与存储。最后，对中间暂时性、动态的数字资源进行暂时性的归档与维护，对选择的数字资源进行长期保存。

在数字资源生命周期的后期，图档博机构主要提供数字资源的整合、共享复用等。在此阶段，同样需要数字管护人员对可进行整合共享的资源进行鉴定评估，并完成其由独立区域向合作区域的迁移。此外，此阶段往往还会产生新的数字资源，数字管护人员也应将新产生的数字资源纳入管护范围。同时，也要注意在数字管护过程中的知识产权问题。

以信息资源生命周期为基础，基于数字管护基本流程扩展图档博协同的数字管护流程可表示如图 6-7 所示。

图档博数字管护协同流程与单一机构的数字管护相较需要综合考虑图档博机构的独立性与共享性。在图档博数字管护协同体系中，图档博机构要兼顾独立的馆藏服务与数字资源管理，又要在适当的节点开始协同合作。因此，基于生命周期的图档博数字管护协同的流程主要包含三个大阶段：

第一阶段：实体资源管理阶段。

实体资源是指具体的物质文物和非物质文化遗产，如手稿、画像、文献、建筑、文物等。实体资源数字化是将实体资源通过数字技术手段转化成数字形式的过程，是数字化文化遗产保护和传承的前提。在数字化阶段中，由实体资源数字化而形成的数字资源甚至占有当前图档博数字资源的很大一部分，因此在整个图档博数字管护协同的流程中仍然不能忽视对实体资源的管理。

实体资源管理阶段主要包括对实体资源的收集、鉴定、保管、修复、加工、描述和归档等环节。在图档博数字管护协同的流程中，实体资源管理需要多个机构或个体之间进行协同合作，共同完

261

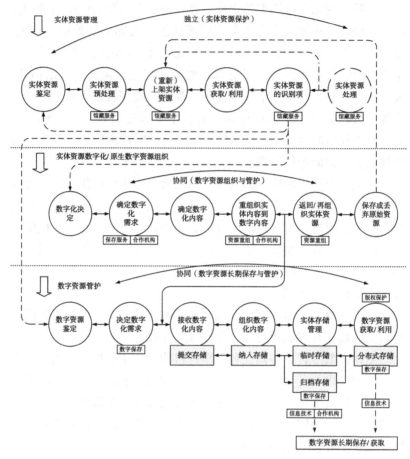

图 6-7　基于生命周期的图档博数字管护协同流程

成实体资源的数字化和管理。

以博物馆数字化实践为例，博物馆在收集文物时，需要对文物进行鉴定和登记，并制订文物的保管计划和修复计划。在数字化阶段，博物馆需要对文物进行影像数字化、三维数字化或者其他数字化手段，形成数字化文物数据。在实体资源数字化后，博物馆需要对数字化文物数据进行管理和描述，包括元数据的编制、数字文物的分类和组织、数字文物的检索和应用等。

第二阶段：实体资源的数字化及组织以及原生数字资源组织

阶段。

实体资源数字化及组织以及原生数字资源组织阶段是图档博数字管护协同的重要环节。该阶段通过图档博数字资源的组织手段才从资源底层开始实现图档博数字管护协同体系内的数字资源的整合。

实体资源数字化和组织包括数字资源的采集、存储、处理和传输等，是将数字化的实体资源转化为规范化的数字化文物数据，并进行数字资源的分类和组织的过程。在数字化和组织过程中，需要考虑不同机构或个体之间数字资源的格式、标准、结构、元数据等的统一和协调。

原生数字资源组织是指数字文物、数字档案和数字图书馆等数字资源在数字环境下的组织形式。原生数字资源与实体资源不同，其本身就是数字形式的，因此数字资源管理的重点在于数字资源的分类、描述和组织。在数字资源的分类和组织时，需要考虑不同机构或个体之间数字资源的结构、元数据、关键词等的统一和协调。

以数字图书馆为例，数字图书馆的数字化资源来源包括数字化图书、数字化期刊、数字化报纸、数字化音视频等，数字化资源的组织需要通过分类、元数据的编制和关键词的赋值等方式，实现数字化资源的整合和管理。同时，在数字资源的组织中，需要考虑不同机构或个体之间数字资源的格式、标准、结构、元数据等的统一和协调，以便实现数字资源的共享和互用。

第三阶段：数字资源管护阶段。

数字资源管护阶段是图档博数字管护协同的最终目标和重点。该阶段经过组织的图档博数字资源通过数字人文、数字管护技术的应用实现可信存储、长期保存、可视化展示与应用等，为数字文化遗产的保护和传承提供技术保障和支持。

数字资源管护阶段主要包括数字资源的存储、保存、检索和展示等。数字资源的存储和保存需要考虑数字资源的可靠性、可访问性和可持续性。数字资源的检索需要考虑元数据的编制和关键词的赋值等，以便实现数字资源的智能检索和应用。数字资源的展示需要考虑数字资源的呈现方式和展示效果，以便满足用户的需求和期望。

　　以数字档案为例,数字档案的数字化和管理需要考虑数字档案的存储和保存、检索和展示等问题。数字档案的存储和保存需要使用可信存储技术,保证数字档案的安全和可持续性。数字档案的检索需要考虑元数据的编制和关键词的赋值,以便实现数字档案的智能检索和应用。数字档案的展示需要考虑数字档案的呈现方式和展示效果,以便满足用户的需求和期望。

　　其中,在实体资源的数字化及组织以及原生数字资源组织阶段中,不同机构或个体之间需要协调数字资源的格式、标准、结构、元数据等,以便实现数字资源的共享和互用是图档博数字管护协同实现的前提与基础。

　　首先,图档博要制定数字资源标准和规范。制定数字资源标准和规范是数字资源协调的基础。标准和规范可以规定数字资源的格式、编码、元数据、分类和命名等,以便不同机构或个体之间数字资源的交流和共享。例如,Dublin Core 元数据标准是数字资源元数据的基础标准,定义了数字资源的关键词、标题、作者、日期等基本元数据。

　　其次,图档博要共同制定数字资源的分类体系。数字资源的分类体系是数字资源管理和组织的基础。不同机构或个体之间需要共同制定数字资源的分类体系,以便实现数字资源的统一分类和组织。例如,图书馆界的 MARC21 标准规定了图书馆资源的分类和编目规则,可以帮助不同图书馆之间实现数字资源的共享和互用。

　　再次,图档博要实现数字资源的格式转换和兼容性。不同机构或个体之间可能使用不同的数字资源格式,这会导致数字资源的共享和互用出现问题。为了解决这个问题,可以实现数字资源的格式转换和兼容性。例如,可以使用开放标准的文件格式,如 PDF、JPEG、MP3 等,以便实现数字资源的跨平台和跨系统的共享和互用。

　　然后,图档博应建立数字资源交流和共享平台。建立数字资源交流和共享平台是数字资源协调的重要手段。通过数字资源交流和共享平台，不同机构或个体之间可以方便地交流和共享数字资源。例如，可以建立数字资源共享平台，如数字博物馆、数字图书馆等，以便实现数字资源的共享和互用。

最后，图档博要进一步加强数字资源管理和服务能力。加强数字资源管理和服务能力是数字资源协调的重要前提。通过加强数字资源管理和服务能力，不同机构或个体之间可以更好地管理数字资源，提供更好的数字资源服务。例如，可以加强数字资源的存储和管理能力，提供数字资源的在线访问和下载服务，以便实现数字资源的共享和互用。

综上所述，图档博数字管护协同是数字文化遗产保护和传承的重要手段。基于信息资源生命周期的图档博数字管护协同的流程主要包含三个大阶段，即实体资源管理阶段、实体资源的数字化及组织以及原生数字资源组织阶段和数字资源管护阶段。在图档博数字管护协同的流程中，需要考虑不同机构或个体之间数字资源的格式、标准、结构、元数据等的统一和协调，以便实现数字资源的共享和互用。通过数字管护技术的应用，实现数字文化遗产的保护和传承，为文化遗产保护和传承提供技术保障和支持。综上所述，图档博协同数字管护的流程重组就是在图档博数字管护的一般流程基础上，充分考虑机构内部活动、机构外部合作的协调，对图档博数字资源全生命周期的管理协同。

6.4 环境维度

265

6.4.1 健全政策引导机制

图档博数字管护协同体系建设中的政策引导机制，是指国家和地方政府以及相关管理机构通过制定政策、法规和标准等手段，引导和促进图档博数字管护协同体系的建设和发展。该机制的内涵包括以下几个方面：①政策引导的目标与定位。政策引导机制旨在通过政策导向，促进图档博数字管护协同体系建设的目标和定位的明确，确保其与国家和地方发展战略的协调一致。②政策法规的制定与落实。政策引导机制需要制定相关的政策法规，明确图档博数字管护协同体系建设的法律法规框架，促进各方面的协同合作与发展。③标准规范的制定和推广。政策引导机制需要建立与完善图档博数字管护协同体系建设相关的标准规范，推动标准化建设，促进行业的规范化管理。④资金支持的保障与补贴。政策引导机制需要通过财政投入、税收优惠等方式，为图档博数字管护协同体系建设提供资金支持和保障，促进其健康发展。⑤人才培养与技术创新的支持。政策引导机制需要加强对图档博数字管护协同体系建设相关领域的人才培养和技术创新的支持与引导，提高行业的技术水平和竞争力。

随着数字技术的迅猛发展，数字化和网络化已经成为文化发展的趋势，数字文化资源的保护、整合、利用与服务已经成为当代文化发展的重要任务。在这一背景下，我国政府出台了一系列与数字文化资源相关的政策文件，为数字文化资源的保护、整合、利用与服务提供了政策支持和战略引导，也为我国图档博数字管护的发展提供了重要的支持。当前我国已颁布实施的相关政策文件主要如表6-5 所示。

表 6-5　国家相关政策文件

文件名称	颁布机构	颁布时间	主 要 内 容
《2006—2020 年国家信息化发展战略》	中华人民共和国国务院	2006 年 2 月 28 日	对我国信息化发展历史背景和现状做出分析，提出五个方面任务：加强信息技术创新、促进信息产业发展、加强信息基础设施建设、推进信息化应用、加强信息安全保障，为文化数字化、信息化的发展提供总体指导

续表

文件名称	颁布机构	颁布时间	主　要　内　容
《中共中央关于全面深化改革若干重大问题的决定》	中共中央	2013年11月12日	要深化文化体制改革，推进文化市场化、数字化、产业化，加强文化软实力建设。提出多个方面任务：加强文化市场调节、推进文化产业转型升级、加强文化资源保护利用、深化文化体制改革，为文化数字化、信息化的发展提供政策支持和战略引导
《关于加强公共文化服务体系建设的若干意见》	中共中央、国务院	2016年5月4日	要加强公共文化服务体系建设，推进公共文化服务向数字化、网络化、智能化方向发展，提高文化服务的覆盖面和服务质量。任务包括加强公共文化服务设施建设、促进文化资源共享、推进文化产业发展、提升文化软实力，为文化数字化、信息化的发展提供政策支持和战略引导
《全国公共文化服务体系建设规划纲要（2016—2020年）》	中华人民共和国文化部、财政部等	2016年7月	以数字技术为支撑，建设数字公共文化服务体系，推动公共文化资源数字化、网络化、智能化，提升公共文化服务覆盖范围和质量，促进文化产业发展和文化软实力提升。任务包括加强公共文化服务设施建设、推进文化资源数字化、促进文化产业发展、提高文化服务质量，为文化数字化、信息化的发展提供政策支持和战略引导
《关于加快构建现代公共文化服务体系的意见》	中共中央、国务院	2017年5月23日	加快构建现代公共文化服务体系，推动公共文化服务向数字化、网络化、智能化方向发展，提高文化服务覆盖面和服务质量。任务包括加强公共文化服务设施建设、推进文化资源数字化、推动文化产业发展、提高文化服务水平，为文化数字化、信息化的发展提供政策支持和战略引导

267

文件名称	颁布机构	颁布时间	主 要 内 容
《关于进一步加强公共数字文化建设的指导意见》	中共中央、国务院	2018 年 5 月 28 日	加强公共数字文化建设，推动文化数字化资源的整合和共享，促进文化产业发展和文化软实力提升。任务包括推动数字文化资源整合共享、加强数字文化产业发展、提高数字文化服务质量，为数字文化资源的整合、共享和开发提供政策支持和战略引导
《关于推进实施国家文化数字化战略的意见》	中共中央、国务院	2021 年 4 月 19 日	推进实施国家文化数字化战略，加快数字技术在文化领域的应用和创新，提高文化数字化水平和文化软实力，为文化强国建设提供支撑。任务包括加强数字文化资源保护利用、推进数字文化产业发展、深化数字文化服务创新、提高数字文化服务能力，为文化数字化、信息化的发展提供政策支持和战略引导

　　上述政策文件为我国图档博数字管护的发展带来了积极的影响。首先，这些政策文件强调了数字技术在文化领域的应用和创新。在《2016—2020 年国家信息化发展战略》中，政策文件明确提出了推进信息化应用的任务，其中包括推动数字技术在文化领域的应用创新，实现文化资源数字化、网络化、智能化。在此基础上，后续政策文件如《关于加强公共数字文化建设的指导意见》《关于推进实施国家文化数字化战略的意见》等，也进一步强调了数字技术在文化领域的应用和创新，鼓励数字技术与文化产业的深度融合。这些政策文件的出台，为我国图档博数字化、智能化的建设提供了重要的政策支持和指导。

　　其次，这些政策文件鼓励数字文化资源的共享和整合。在《关于进一步加强公共数字文化建设的指导意见》中，政策文件明确提出了推动数字文化资源整合共享的任务，强调要加强数字文化资源保护利用，推动数字文化产业发展，提高数字文化服务质量。在此基础上，后续政策文件如《全国公共文化服务体系建设规划纲要（2016—2020 年）》《关于推进实施国家文化数字化战略的意见》等，也进一步强调了数字文化资源的共享和整合。这些政策文件的出台，为数字文化资源的优化配置和高效利用提供了政策支持和指导，对于我国图档博数字资源的管理和服务具有重要的意义。

此外，这些政策文件还鼓励文化产业的发展和文化软实力的提升。在《中共中央关于全面深化改革若干重大问题的决定》中，政策文件明确提出了要推进文化市场化、数字化、产业化，加强文化软实力建设的任务。在此基础上，后续政策文件如《全国公共文化服务体系建设规划纲要（2016—2020 年）》、《关于进一步加强公共数字文化建设的指导意见》等，也强调了文化产业的发展和文化软实力的提升。这些政策文件的出台，为文化产业的数字化转型和升级提供了政策支持和指导，也为我国图档博数字资源的服务与推广提供了更广阔的市场空间和发展契机。

最后，这些政策文件还强调了数字文化服务的创新和提升。在《关于加快构建现代公共文化服务体系的意见》中，政策文件明确提出了要加快构建现代公共文化服务体系，推动公共文化服务向数字化、网络化、智能化的方向发展。在此基础上，后续政策文件如《关于进一步加强公共数字文化建设的指导意见》《关于推进实施国家文化数字化战略的意见》等，也进一步强调了数字文化服务的创新和提升。这些政策文件的出台，为数字文化服务的提高提供了政策支持和指导，为我国图档博数字资源的服务提供了更加高效、智能、便捷的服务方式和手段。

上述政策文件为我国图档博数字管护的发展提供了政策支持和战略引导，鼓励数字技术在文化领域的应用和创新，促进文化数字化和文化软实力的提升，同时也鼓励文化资源的共享和整合，为图档博数字资源的管理和服务提供了更加有力的支持。这些政策文件的出台，为我国图档博数字管护的发展提供了宝贵的经验和启示，也为全球图档博数字服务的发展提供了有益的参考。但与此同时，我们也应意识到在当前我国图档博数字管护相关政策仍存在问题与不足。

269

　　首先，政策规划和实践不够贴近实际需求。当前我国图档博数字管护相关政策文件制定和实践中，有时候还存在政策规划和实践不够贴近实际需求的问题。政策文件中的某些要求或指标过于简单或者理想化，难以在实践中得到有效落实和实现。例如，《国家数字文化资源建设规划（2016—2020 年）》提出了数字文化资源的数字化、网络化、智能化和共享化等要求，但是在实践中，这些要求在不同地区和机构的实现程度存在较大差异。

　　其次，政策落实缺乏有效机制和措施。尽管当前我国图档博数字管护相关政策文件中提出了许多重要的政策要求和指导，但是政策落实缺乏有效机制和措施。政策执行中缺乏有效的考核和评估机制，缺乏足够的政策执行力度和监管措施。例如，《国家图书馆数字资源服务管理办法》规定了图书馆数字资源的服务模式、服务内容、服务标准和服务保障等，但是在实践中，缺乏有效的考核和评估机制，难以实现政策的有效落实。

　　再次，政策文件之间缺乏协调和整合。当前我国图档博数字管护相关政策文件较多，但是政策文件之间缺乏有效的协调和整合。不同的政策文件之间存在重叠和矛盾，缺乏有效的衔接和配合。例如，《文物数字化保护管理办法》和《文物保护法》之间存在某些条款的重复和冲突，导致在实践中政策执行存在一定的困难。

　　此外，政策实践中缺乏有效的激励机制。当前我国图档博数字管护相关政策实践中，缺乏有效的激励机制。政策的执行和实践需要有明确的激励措施，以促进机构和个人的积极性和创造性，提高政策实施的效果和质量。例如，政府可以通过奖励、补贴等方式，激励图档博机构积极推进数字文化资源的保护、整合、利用和服务。

　　最后，政策执行中缺乏专业人才和技术支持。当前我国图档博数字管护相关政策执行中，缺乏足够的专业人才和技术支持。数字资源的保护、整合、利用和服务需要具备一定的技术和人才支持，政策实践中需要加强相关技术和人才的培养和引进。例如，政府可以通过加强相关技术和人才的培训和引进，提高图档博机构的技术水平和服务能力。

针对当前我国图档博数字管护相关政策文件在政策引导方面存在的问题与不足，政府应该加强政策的协调和整合，避免政策之间的冲突和重叠。政府还应该加强政策的落实机制和监管措施，建立有效的考核和评估机制，确保政策实施的有效性和质量。文化管理机构应该加强政策的宣传和实践，提高政策落实的积极性和主动性。文化管理机构还应该加强政策的解读和指导，为图档博机构提供有效的政策支持和服务。图档博机构应该加强数字化技术和人才的培养和引进，提高数字资源的保护、整合、利用和服务的能力和水平。图档博机构还应该加强数字资源的版权保护和管理，加强数字资源的整合共享，提高数字服务的智能化和个性化。具体来说，可以采取以下措施：

首先，加强政策协调和整合。政府应该建立政策协调机制，避免政策之间的冲突和重叠。政府还应该加强政策的落实机制和监管措施，建立有效的考核和评估机制，确保政策实施的有效性和质量。

其次，提高政策落实的积极性和主动性。文化管理机构应该加强政策的宣传和实践，提高政策落实的积极性和主动性。文化管理机构还应该加强政策的解读和指导，为图档博机构提供有效的政策支持和服务。

再次，加强数字化技术和人才的培养和引进。图档博机构应该加强数字化技术和人才的培养和引进，提高数字资源的保护、整合、利用和服务的能力和水平。图档博机构还应该加强数字资源的版权保护和管理，加强数字资源的整合共享，提高数字服务的智能化和个性化。

然后，建立有效的激励机制。政府应该建立有效的激励机制，以促进图档博机构和个人的积极性和创造性，提高政策实施的效果和质量。激励机制可以包括奖励、补贴、评选等多种形式。

最后，加强政策执行的监督和评估。政府应该加强政策执行的监督和评估，建立完善的政策评估和监督机制，加强政策实施的监管和评估。政府还应该加强政策执行的信息公开和透明度，提高政策执行的公正性和公信力。

271

公共数字文化资源的保护、整合、利用和服务是当今数字文化建设的重要组成部分。在图档博数字管护协同体系构建中，健全政策引导机制可以通过制定相关政策、法规和标准等文件，引导和规范数字文化资源的管理和利用，从而确保数字文化资源的合法性、安全性和可持续性，促进数字文化资源的保护和传承。①政府部门的参与和支持。政府部门是政策制定和实施的主体，应积极参与和支持政策引导机制的不断改进和完善，加强政策制定和宣传推广工作，提高政策执行和监管效能，加强政策评估和反馈机制，不断提高政策引导机制的科学性和针对性。健全图档博数字管护协同体系构建的政策引导机制不能脱离多元主体的共同参与与支持。②学术界和专家的参与和支持。学术界和专家是政策制定和实施的重要参与者和支持者，应积极参与政策制定和评估工作，提供专业意见和建议，推动政策引导机制的理论创新和实践探索，不断提高政策引导机制的科学性和实效性。③社会组织和公众的参与和支持。社会组织和公众是数字文化资源管理和利用的直接参与者和受益者，应积极参与数字文化资源管理和利用的规范化和科学化，提供反馈和建议，推动政策引导机制的民主化和公开化，不断提高政策引导机制的透明度和公正性。④产业界和企业的参与和支持。产业界和企业是数字文化产业发展的主体和推动者，应积极参与数字文化资源管理和利用的规范化和科学化，提高数字文化产品的创新能力和市场竞争力，推动数字文化产业的可持续发展，不断提高政策引导机制的实效性和经济效益。与此同时，政府与相关文化管理部门的政策也应适应数字文化资源管理和利用的不断发展和变化，促进数字文化资源的保护和传承，推动数字文化产业的发展和国际交流与合作，提升数字文化资源管理水平，推动数字文化建设的全面发展和数字文化资源的可持续利用。

6.4.2　完善资金投入机制

图档博数字管护协同体系是一个集成了多种技术手段和资源的综合性系统，旨在提高文化遗产数字化管理和保护的效率和水平。

资金投入机制是该系统中一个重要的组成部分。首先，资金投入机制是指在图档博数字管护协同体系中，对于各项项目的运营和开发所需的资金来源、分配方式以及使用规范的一种规划和管理机制。这包括了资金的筹集、分配、监管等方面，以确保资金的合理使用和最终的效果。其次，资金投入机制还涉及对于不同项目的资金需求进行科学评估和优先排序的过程。在图档博数字管护协同体系中，有着各种各样的项目，包括数字化设备的购置、数字文献的整理、数字化展览的制作等。对于这些项目，需要根据其重要性、紧迫性、资源需求等因素进行评估，以确定其资金的优先级和分配比例。此外，资金投入机制还应该考虑到不同项目之间的协同效应。在图档博数字管护协同体系中，各个项目之间具有紧密的关联性，相互之间的协同作用可以产生更大的效益。因此，在资金投入机制的制定中，需要考虑到不同项目之间的协同效应，以最大化整个系统的效益。最后，资金投入机制还需要考虑到资金的来源和使用效果的监管。在图档博数字管护协同体系中，资金的来源可能包括政府拨款、社会捐赠、商业合作等多种途径。对于这些资金，需要建立完善的监管机制，以确保其使用的透明和效果的评估。同时，还需要建立一套完整的财务管理体系，以确保资金的安全和合理使用。完善资金投入机制对于图档博数字管护协同体系的可持续发展具有重要意义。资金投入的稳定性和连续性是保障该体系长期发展的基本前提。资金投入不仅可以用于技术研发、设备采购和人才培养等方面，还可以提升该体系的技术水平和竞争力。此外，资金投入还可以促进不同单位之间的合作与协同，推进该体系的整体发展。

目前，图档博数字管护协同体系的资金来源主要包括以下几个方面：①政府拨款：政府是文化遗产保护的主要责任方之一，因此，图档博数字管护协同体系的运营和开发可能会获得政府的拨款支持。政府拨款通常具有稳定性和长期性优势，可以为图档博数字管护协同体系提供持续的资金保障。②社会捐赠：社会捐赠是图档博数字管护协同体系获得资金的另一种途径。通过向社会公众募集捐款，可以获得更广泛的支持和参与，同时也可以提高公众对文化

273

遗产保护的认识和关注度。③商业合作：商业合作是图档博数字管护协同体系获得资金的另一种方式。通过与企业或其他商业组织合作，可以获得资金和技术支持，同时也可以通过商业化运营等方式为图档博数字管护协同体系带来可持续的收益。本书调查了部分国家级图档博等公共文化服务机构的资金来源情况，如表 6-6 所示。

表 6-6　部分国家级图书馆、档案馆、博物馆等重要公共文化
服务机构资金来源

机构名称	资金来源	占比①
国家图书馆	中央财政拨款、自筹资金、项目拨款、其他	中央财政拨款：73.86%；自筹资金：14.00%；项目拨款：8.60%；其他：3.54%
国家博物馆	中央财政拨款、自筹资金、社会捐赠、其他	中央财政拨款：71.29%；自筹资金：13.64%；社会捐赠：9.05%；其他：5.02%
国家图书馆数字化文化资源中心	中央财政拨款、自筹资金、社会捐赠、其他	中央财政拨款：61.43%；自筹资金：21.18%；项目拨款：10.37%；其他：7.02%
国家档案局	中央财政拨款、自筹资金、社会捐赠、其他	中央财政拨款：72.44%；自筹资金：12.36%；社会捐赠：7.91%；其他：7.29%
国家文物局	中央财政拨款、自筹资金、项目拨款、其他	中央财政拨款：56.29%；自筹资金：16.43%；项目拨款：18.17%；其他：9.11%

相应地，图档博数字管护协同体系中资金的用途主要包括以下几个方面：①数字化设备的购置。为了实现文化遗产数字化管理和保护的目标，图档博数字管护协同体系需要投入大量的资金购置数字化设备，如扫描仪、相机、计算机等。②数字文献的整理。对于

---

① 注：各项资金来源占比由各机构年度工作报告公开内容计算。

已有的文化遗产资料，需要进行数字化整理和处理，包括扫描、修复、整理、存档等步骤。③数字化展览的制作。数字化展览是图档博数字管护协同体系的重要组成部分，需要投入资金制作数字化展览内容和设计展览样式。④人力资源的培养和招聘。为了保证图档博数字管护协同体系的正常运营，需要投入资金培养和招聘专业人才，包括数字化管理人员、文献专家、展览设计师等。⑤系统运营和维护：图档博数字管护协同体系需要进行系统运营和维护，包括服务器维护、软件更新、数据备份等，需要投入资金保障系统的正常运行。⑥公众教育和推广。图档博数字管护协同体系还需要投入资金进行公众教育和推广工作，增加公众对文化遗产保护的认识和关注度，提高文化遗产数字化管理和保护的效率和水平。

完善的资金投入机制是实现图书馆、档案馆、博物馆数字管护合作的关键。资金是数字管护合作的基础，也是实现合作的先决条件。在资金投入机制的建设方面，政府在其中发挥着重要的作用。政府支持数字管护合作，可以通过政策和资金支持来解决数字管护项目的资金问题，从而保障数字管护合作的顺利进行。此外，数字管护合作也需要拓宽融资渠道，吸引更多的社会资本，为数字管护项目提供更多的资金支持。

在政府层面，政府应该明确各级政府责任，支持政府工作，从而提高中央和地方两个积极性的前提下，促进公共财政主渠道功能的强化。政府可以采取多种方式来支持数字管护合作，包括财政贴息、项目补贴以及直接补贴等方式，也可以采取风险补偿和资金投入等方式，以提高社会力量的共同参与度。政府应该加大对数字管护项目的支持力度，从而保障数字管护项目的顺利进行。

在社会层面，数字管护合作需要拓宽融资渠道，以获取更多的资金支持。数字管护合作可以采取一些服务性收费方式，如资源利用费、对外培训等，以保证数字管护项目的顺利运营。数字管护合作也可以吸纳更多社会资本用于公共文化服务领域事业发展，其可以选择接受社会捐赠，也可以选择吸纳企业和民间资本来实现。数字管护合作需要遵循"共同受益、管理和开发"的原则，促进数字管护合作伙伴资源共建共享，实现可持续发展的必

275

要条件。

　　在管理层面，数字管护合作需要从项目发展规划出发，促进资金的合理安排和有效运作。数字管护合作需要制定科学的资金管理制度，确保资金使用的合法性、规范性和透明度。数字管护合作需要加强财务监管和风险管理，降低资金使用的风险。数字管护合作需要建立数字文化产品评估机制，对数字文化产品和服务进行评估，确保资金的投入和使用是有价值的。

6.4.3　推进人才培养机制

　　图档博数字管护协同体系建立过程中的人才培养机制，是指通过系统化、规范化的培训和教育计划，为员工提供必要的知识和技能，以适应数字管护协同体系建设所需的复杂技术、管理和协作能力的要求。人才培养机制的内涵主要包括以下几个方面：首先，岗位能力培养。为了适应数字管护协同体系建设的需要，需要针对不同岗位的需求，制定相应的培训计划和课程，提高员工的专业技能和工作能力。此外，还需要建立完善的岗位职责和绩效考核机制，激励员工不断提升自身素质和业绩水平。其次，跨部门协作培养。数字管护协同体系涉及多个部门和领域的协作，需要建立跨部门协作机制，加强协作和沟通，提高整体协同效率。为此，需要针对跨部门协作的需求，设计相应的培训和交流机制，提高员工的跨部门协作能力和沟通技巧。再次，创新思维培养。数字管护协同体系建设需要员工具备创新思维和敏锐的市场意识，能够主动适应市场变化和业务需求。为此，需要建立创新思维培养机制，鼓励员工提出创新点子和解决方案，加强创新意识和能力的培养。最后，综合素质培养。数字管护协同体系建设需要员工具备全面的综合素质，包括领导力、沟通能力、团队协作能力等。为此，需要建立综合素质培养机制，培养员工的领导力和管理能力，提高员工的团队协作和沟通能力。具体而言，图档博数字管护协同体系的人才能力的培养需求如表6-7所示。

276

表6-7 图档博数字管护协同人才培养能力需求

数字管护环节	人才能力需求	应用场景
数字资源建设	数据分析能力、数据挖掘能力、数学建模能力、数据可视化能力	数据采集、清洗、分析和制定数据报告等
数字资源管理	全面的数字资源管理知识、信息管理能力、数字化技术应用能力	数字资源的建立、归档、检索和维护等
数字资源共享	知识产权法律法规、数字资源管理、信息技术应用能力、数字资源评估能力	数字资源的共享、交换、流通和利用等
数字资源安全	网络安全技术、信息安全管理、风险评估、应急响应能力	数字信息安全保障、风险评估和应急响应等
数字资源服务	市场营销能力、客户服务能力、数字技术应用能力、用户体验设计能力	数字服务的规划、设计、营销和客户服务等
协同管理	团队管理能力、协调沟通能力、项目管理能力、跨部门协作能力	数字管护协同体系的组织、协调、管理和沟通等

当前图档博协同数字管护人才培养的现状比较复杂，整体上存在一些问题和挑战。

首先，数字管护协同体系涉及多个领域和技术，人才培养涉及面广、难度大。因此，人才培养需要建立系统化、规范化的培训和教育计划，提供必要的知识和技能，以适应数字管护协同体系建设所需的复杂技术、管理和协作能力的要求。然而，当前的人才培养机制仍然不够完善，培训和教育资源紧缺，缺乏系统性和规范性。同时，由于数字管护协同体系的快速发展，人才培养需要及时调整和更新，但是当前的培训和教育机制仍然存在滞后性和不适应性。

其次，数字管护协同体系的人才需求日益多样化，需要具备更全面的综合素质和能力。除了传统的技术能力和管理能力外，还需要具备创新思维、跨部门协作、市场营销和用户体验等方面的能力。然而，当前的人才培养机制仍然过于注重技能培养，忽视了综合素质和能力的培养，导致人才缺乏全面性和多样性。

最后，数字管护协同体系人才的流动性和稳定性存在问题。由于行业发展快速，人才市场竞争激烈，人才的流动性和稳定性受到影响，导致企业难以留住优秀人才。此外，数字管护协同体系的人才需求和市场需求存在不匹配的情况，导致人才供需矛盾，人才缺口和人才浪费并存。

针对上述问题，建立更加完善和规范的人才培养机制，不妨尝试需要采取以下人才培养策略：

（1）建立多层次、多形式的培训机制。

针对数字管护协同体系不同岗位的需求，建立系统的、多层次、多形式的培训机制，包括内部培训、外部培训、线上、线下、在职、离职等不同形式的培训方式。通过科学的培训体系，提高员工的专业技能和工作能力，满足数字管护协同体系建设的需要。例如，可以开设内部讲座、培训班和研讨会，邀请行业专家、学者和企业高管，分享数字管护协同体系的最新技术和管理经验；还可以通过线上学习平台，提供网络课程和自主学习资源，方便员工随时随地学习。

（2）加强综合素质和能力的培养。

除了传统的技术能力和管理能力外，还需要注重员工的创新思维、跨部门协作、市场营销和用户体验等方面的能力。建立多样化的综合素质培养机制，鼓励员工提出创新点子和解决方案，加强创新意识和能力的培养；加强团队协作和沟通能力的培养，提高员工的跨部门协作和沟通技巧；引导员工关注市场需求和用户体验，提高市场营销和用户体验设计能力。例如，可以建立开放式创新机制，鼓励员工提出创新点子和解决方案，组织创新竞赛和创新实践活动，提高员工的创新意识和能力；还可以组织跨部门协作和沟通训练，加强员工的团队协作和沟通技巧；同时，可以邀请市场营销和用户体验专家，进行培训和指导，提高员工的市场营销和用户体验设计能力。

（3）建立稳定的人才流动机制。

通过建立合理的薪酬福利机制和职业发展规划机制，留住优秀人才，提高人才的归属感和忠诚度；同时，鼓励人才流动，促进人才的跨领域和跨企业流动，提高人才的综合素质和经验积累。例如，可以建立多样化的薪酬福利机制，包括基本薪资、绩效奖金、福利待遇等，提高员工的薪酬福利水平；同时，可以建立职业发展规划机制，为员工提供晋升和发展的机会，提高员工的归属感和忠诚度；还可以为员工提供跨领域和跨企业的交流和学习机会，促进人才的流动和交流。

（4）加强行业与高校合作，提高人才培养质量。

通过与高校合作，建立数字管护协同体系的人才培养体系，推广数字管护协同体系的理念和技术，提高人才培养的质量和水平；同时，加强与行业协会和专业机构的合作，建立数字管护协同体系人才培养的标准和评价体系，推动人才培养的规范化和标准化。例如，可以与高校合作，共同开设数字管护协同体系的课程和实践项目，提高学生的数字化技能和管理能力；同时，可以与行业协会和专业机构合作，建立数字管护协同体系人才培养的标准和评价体系，推动人才培养的规范化和标准化。

各图档博机构应当根据自身情况与需求，建立多层次、多形式的培训机制、加强综合素质和能力的培养、建立稳定的人才流动机制、加强行业与高校合作等策略来完善数字管护协同体系的人才培养机制。

279

6.4.4 落实标准规范机制

馆藏开发政策的差异使得图书馆、档案馆与博物馆资源存在一定的差异。由于图档博数字资源整合的异构系统性，在存储资源、加工资源、组织资源以及传递资源等环节，其整合效果在很大程度上取决于各机构在这些环节所采用标准的统一程度。图档博数字管护协同体系中的标准规范机制是指在数字化图书馆、档案馆和博物馆等机构中，制定和遵循一系列规范和标准的机制。这些规范和标准涉及数字资源的创建、描述、存储、检索和管理等方面，主要包括：

（1）数据格式和编码规范。

标准规范机制确保数字资源以一致的数据格式和编码规范进行创建和描述。这样可以确保不同机构之间的数字资源能够互操作，实现资源的共享和交流。

（2）元数据标准。

标准规范机制涉及元数据的标准化。元数据是描述数字资源的关键信息，如标题、作者、日期、主题等。通过遵循元数据标准，机构可以确保元数据的一致性和可互操作性，从而提高资源的可发现性和可访问性。

（3）数字保护和长期保存规范。

标准规范机制还包括数字资源的保护和长期保存规范。这些规范确保数字资源在存储和传输过程中的安全性和完整性，并提供可靠的长期保存策略，以确保数字资源的可持续性和可访问性。

（4）用户界面和交互设计规范。

标准规范机制还涉及用户界面和交互设计规范。这些规范确保数字资源平台和应用界面的一致性和易用性，提供良好的用户体验，使用户能够方便地浏览、搜索和访问数字资源。

目前，在图档博数字管护协同体系中可使用的一些国际规范标准如表6-8所示。这些标准规范在数字资源管理和组织中已经得到了广泛的应用，并为机构提供了基础框架和规范，以实现数字资源的一致管理、互操作和可持续性。

表 6-8 常用国际标准

国际标准	描 述	应 用 案 例
Dublin Core 元数据标准	定义数字资源的基本元数据,包括关键词、标题、作者、日期等。适用于各种类型的数字资源	欧洲数字图书馆(Europeana)和美国国会图书馆(Library of Congress)等机构在数字化文化遗产项目中使用 Dublin Core 元数据标准来描述数字资源的基本元数据,如标题、作者、日期、关键词等
MARC21 标准	图书馆资源的分类和编目规则,用于实现数字资源的共享和互用。包括分类、编目和元数据等方面的规则	全球图书馆联盟(OCLC)等机构使用 MARC21 标准来编目和管理数字化图书馆资源,以便实现数字资源的共享和互用
TEI(Text Encoding Initiative)标准	文本编码的标准,适用于数字化的文本资源。定义文本的标记语言、元素、属性等规则	英国国家档案馆(The National Archives)等机构使用 TEI 标准来编码和管理数字化历史文本资源,以便实现数字资源的长期保存和访问
MPEG(Moving Picture Experts Group)标准	数字视频和音频压缩的标准,适用于数字化的视频和音频资源。定义压缩、编码和传输等规则	视频网站如 YouTube 和 Netflix 等使用 MPEG 标准来压缩和传输数字影片,以便实现数字资源的流媒体传输和在线观看
OAIS(Open Archival Information System)参考模型	数字资源长期保存的标准,用于数字资源的长期保存和管理。定义框架、流程和元素等规则	美国国家档案馆(National Archives and Records Administration)等机构使用 OAIS 参考模型来管理数字化历史文献和档案资源,以便实现数字资源的长期保存和访问
EAD(Encoded Archival Description)标准	档案资源编码的标准,适用于数字化的档案资源。定义描述档案资源的标记语言和规范	美国国家档案馆等机构使用 EAD 标准来编码和描述数字化档案资源的结构和内容,以便实现档案资源的组织和检索

国际标准	描　　述	应　用　案　例
PREMIS （Preservation Metadata Implementation Strategies）标准	数字资源长期保存元数据的标准，用于记录数字资源的保存信息和策略。定义元数据模型和元素	国际机构和图书馆等使用 PREMIS 标准来记录数字资源的保存元数据，如格式、完整性检查、修复策略等，以便实现数字资源的长期保存和管理
OAIPMH（Open Archives Initiative Protocol for Metadata Harvesting） 标准	元数据收集和共享的协议，用于实现不同数字资源库之间的元数据共享。定义元数据交换和传输的规范	学术机构和数字图书馆使用 OAIPMH 标准来实现元数据的收集和共享，以便实现不同机构之间的数字资源互联互通

　　上述常用的国际标准规范通常都有相应的实施指南或最佳实践可供参考。这些指南和最佳实践提供了详细的说明和建议，帮助机构正确理解和应用标准规范，以确保其在实际应用中的有效性和一致性。这些指南和最佳实践通常由标准制定组织、行业协会或专业机构发布，且经过实践验证和专家共识。例如，Dublin Core 元数据标准有一份名为 Dublin Core Metadata Element Set 的指南，提供了对元数据元素及其使用的详细说明和建议。TEI 标准有一份名为 TEI Guidelines 的指南，包含了关于文本编码的详细规范和最佳实践。MARC21 标准有一份名为 MARC 21 Format for Bibliographic Data 的指南，提供了对图书馆资源编目的详细规则和建议。图档博机构应用国际标准规范的指南与最佳实践可以确保不同机构在应用标准时的统一性和一致性，使得数字资源的描述、编码和管理具有可比性和互操作性。此外，指南和最佳实践提供了实施标准规范的详细步骤和建议，帮助机构遵循标准化的流程和方法，从而提高数字资源管理的效率和质量。同时，遵循标准规范的实施指南与最佳实践可以降低机构的开发和维护成本，避免重复劳动和不必要的

资源浪费。

但与此同时，我们也应意识到完全套用国际标准的一些不足之处。首先，标准和规范的制定周期较长。标准和规范的制定通常需要很长时间，因为需要经过广泛的讨论和审查。这会导致标准和规范的制定周期较长，无法及时适应数字资源的快速发展和变化。其次，标准和规范的适用范围有限。不同类型的数字资源可能需要不同的标准和规范，因此单一的标准和规范可能无法适用于所有类型的数字资源。例如，Dublin Core 元数据标准可以适用于各种类型的数字资源，但对于某些特定类型的数字资源，如生物信息数据、地理信息数据等，可能需要更具体的元数据标准。再次，标准和规范的实施需要成本。标准和规范的实施需要成本，包括对数字资源进行格式转换、标准化和元数据编制等方面的工作。这可能会增加数字资源管理和组织的成本和工作量。最后，标准和规范存在局限性。标准和规范通常是基于当前技术和理解的，难以预测未来的技术和需求变化。因此，标准和规范可能存在局限性，无法适应未来的数字资源管理和组织的需求。因此，在实际应用中，需要权衡标准和规范的利弊，选择适合自己机构或个体的标准和规范，并根据实际情况进行调整和改进。

那么，图档博机构在数字管护协同体系建立过程中，选择与应用标准规范时，应当着重应该考虑以下因素：①数字资源类型。不同类型的数字资源可能需要不同的标准和规范。例如，文本资源通常需要文本编码标准，图像资源通常需要图像格式标准，音频和视频资源通常需要压缩和传输标准。因此，首先需要确定数字资源的类型，然后选择适合该类型数字资源的标准和规范。②应用场景和需求。不同的应用场景和需求可能需要不同的标准和规范。例如，数字资源的长期保存和管理需要适用于数字资源长期保存和管理的标准和规范，数字资源的在线传输和访问需要适用于数字资源在线传输和访问的标准和规范。因此，在选择标准和规范时，需要考虑数字资源的具体应用场景和需求。③已有实践和经验。已有实践和经验可以帮助选择适合自己机构或个体的标准和规范。例如，其他机构或个体在数字资源管理和组织中已经应用了某些标准和规范，

283

并且取得了良好的效果和成果，可以参考其实践和经验来选择适合自己的标准和规范。④标准和规范的可用性和可维护性。选择标准和规范时，还需要考虑其可用性和可维护性。例如，选择已经得到广泛应用和支持的标准和规范，可以更容易地获取相关资源和支持。同时，选择易于维护和更新的标准和规范，可以更好地保持数字资源的可持续性和互用性。

具体而言：

首先，图档博机构应确定数字资源类型。图档博拥有大量的文献、图片、音频和视频等数字资源，因此需要根据不同类型的数字资源选择适合的标准和规范。例如，对于文献资源，可以考虑使用 Dublin Core 元数据标准；对于图像资源，可以考虑使用 JPEG 或 TIFF 图像格式标准；对于音频和视频资源，可以考虑使用 MPEG 压缩和传输标准。

其次，图档博机构要考虑应用场景和需求。图档博需要考虑数字资源的不同应用场景和需求，选择适合的标准和规范。例如，对于数字资源的长期保存和管理，可以考虑使用 OAIS 参考模型；对于数字资源的在线传输和访问，可以考虑使用 Web 标准和网络协议。

再次，图档博机构应借鉴已有实践和经验。图档博可以借鉴其他机构或个体在数字资源管理和组织中的实践和经验，选择适合自己的标准和规范。例如，可以参考欧洲数字图书馆(Europeana)在数字化文化遗产项目中使用的 Dublin Core 元数据标准，以及美国国家档案馆(National Archives and Records Administration)在数字化历史文献和档案资源中使用的 OAIS 参考模型等。

最后，图档博机构要注重标准和规范的灵活性和可扩展性。图档博需要注重选择灵活性和可扩展性强的标准和规范，以适应未来的数字资源管理和组织的需求。例如，可以选择支持多语言、多媒体和扩展元数据的标准和规范，以满足数字资源管理和组织的需求。

综上所述，图档博在数字管护协同中可以根据不同类型的数字资源、应用场景和需求、已有实践和经验以及标准和规范的灵活性和可扩展性等因素，选择适合自己的标准和规范。同时，图档博还可以结合数字管护协同的实际情况，制定相应的数字资源管理和组织策略，以实现数字资源的共享、互用和长期保存。

6.4.5 优化知识产权机制

图档博数字管护涵盖了数字资源从产生到利用全生命周期，在图档博数字管护协同的过程中数字资源的知识产权必然会产生冲突，尤其是数字资源的长期保存过程中。知识产权保护机制是通过一系列法律、政策和措施来确保知识产权的合法权益得到有效保护和维护的系统。

从图档博知识产权保护的内容而言，其知识产权机制主要涉及以下内容：①著作权保护。著作权是保护文学、艺术和科学作品的权利，包括文字、音乐、电影、软件等。在数字管护协同体系中，保护图档博数字内容的著作权是重要的方面。这涵盖了对数字图像、视频、音频、图表、文本等原创内容的保护。②专利保护。专利是对发明的独占权，用于保护新技术、新产品或工业设计的创新。在数字管护协同体系中，涉及的技术创新和发明可以通过专利保护来确保其独占权，防止他人未经授权使用、制造或销售。③商标保护。商标是用于区分商品或服务来源的标识，如商标名称、标志、图案等。在数字管护协同体系中，保护图档博数字内容的商标可以确保其在市场中的独特性和识别性，防止他人冒用或混淆。④版权保护。版权是保护原创作品的权利，包括文学、艺术、音乐、戏剧、建筑等领域。在数字管护协同体系中，版权保护涵盖了数字图像、音频、视频、文本等作品的原创性和独立性，以保证作者或权利人的权益。⑤数据库保护。数字管护协同体系可能涉及大量的数据和数据库，其中包含了重要的信息和价值。保护数据库的知识产权意味着对数据库中的数据结构、组织和内容的保护，以防止未经授权的使用、复制或篡改。⑥商业秘密保护。商业秘密是企业的机密信息，如技术、工艺、客户列表、商业计划等。在数字管护协同体系中，保护商业秘密是防止未经授权的披露或使用该信息，以

285

维护企业的竞争优势和商业利益。从图档博知识产权保护的流程而言，其知识产权保护机制主要设计以下环节：①法律框架。知识产权保护机制的核心是建立一套完善的法律框架，包括著作权法、专利法、商标法等相关法律法规。这些法律规定了知识产权的定义、范围、权利和义务，以及侵权行为的认定和法律责任等。②权利确权。知识产权保护机制要求对知识产权进行确权，即通过注册、备案等方式确认权利人对其创作、发明或商标的所有权。确权程序的严格性和公正性是保护知识产权的基础。③侵权打击。知识产权保护机制要求采取有效的措施打击侵权行为。这包括加强执法力度，打击盗版、假冒伪劣产品的制造和销售，以及加强网络版权管理，打击网络侵权行为等。④维权渠道。知识产权保护机制要求建立健全的维权渠道，使权利人能够便利地维护其合法权益。这包括设立知识产权维权机构、建立维权网站等，为权利人提供法律咨询、投诉举报、纠纷解决等服务。⑤国际合作。知识产权保护机制需要加强国际合作，与其他国家和地区进行知识产权保护的交流与合作。这包括加入世界知识产权组织，参与国际知识产权协议和公约的制定与实施，以及加强跨国知识产权执法合作等。

在图档博数字管护协同过程中，知识产权保护仍然面临一些问题与挑战。首先，盗版和侵权。数字管护协同体系中的数字内容容易受到盗版和侵权行为的侵害。盗版指未经授权的复制、传播和使用他人的数字内容，而侵权则包括未经许可的使用、修改、分发或展示他人的数字内容。这些行为损害了原创作者和权利人的权益，同时也影响了数字管护协同体系的可持续发展。其次，跨境侵权问题。数字内容在全球范围内可以轻松传播，因此跨境侵权问题成为一个重要挑战。不同国家和地区的法律、执法力度和知识产权保护水平存在差异，导致跨境侵权行为难以有效打击。加强国际合作和协调，建立跨境执法机制是保护知识产权的重要举措。再次，技术挑战。随着技术的不断发展，数字内容的复制和传播变得更加容易。新技术如区块链、人工智能等也为盗版和侵权提供了新的手段和挑战。保护数字内容的知识产权需要与技术发展同步，探索创新的技术解决方案来提高保护效果。此外，法律法规落地难。虽然有一些法律法规用于保护数字内容的知识产权，但在实际操作中，法律法规的落地执行仍然存在一定难度。缺乏有效的执法机构、执法人员的专业能力和资源，以及对知识产权侵权行为的有效打击等问题，制约了知识产权保护的实施。最后，公众意识和教育薄弱。公众对知识产权保护的意识仍然不足。有些人对盗版和侵权行为缺乏足够的认知，甚至认为这些行为是合理的。因此，加强对公众的知识产权教育和意识提高是保护数字内容的知识产权的重要方面。

针对上述问题，政府、文化管理部门、图档博机构等相关部门与群体应合作来优化图档博数字管护协同体系中的知识产权保护机制。

首先，完善法律法规。包括：①制定明确的数字内容知识产权保护法律，包括著作权法、专利法、商标法等，以适应数字环境下的知识产权保护需求。例如，明确对数字内容的著作权保护范围和权利人的权益。②加强对违法盗版行为的打击力度，提高侵权行为的法律责任和惩罚力度，以起到震慑作用。③鼓励知识产权的合理使用和合法授权，通过制定相关法规和机制，促进数字内容的正版化和合法化。

其次，加强执法力度。包括：①增加执法人员的数量和专业能力，通过培训和提升技能，提高对知识产权侵权行为的识别和打击能力。②建立高效的举证和取证机制，确保能够有效收集和保护证据，支持对侵权行为的调查和起诉。③加强执法资源投入，包括财力、人力和技术设备，提高执法效率和效果。

再次，推动技术创新。包括：①积极研发和应用数字管护技术，如区块链、数字水印、内容识别等，用于保护数字内容的版权和知识产权。例如，使用区块链技术确保数字内容的溯源和防篡改，使用数字水印技术标识和追踪数字内容的版权信息。②建立数字内容的安全存储和传输机制，采用加密技术和安全协议，确保内容在传输和存储过程中的安全性和完整性。③推动数字内容的智能识别和监测技术，通过机器学习和人工智能等技术手段，自动识别侵权行为和盗版内容，并及时采取相应的防护措施。

287

此外，加强合作与共享。包括：①建立知识产权保护信息共享机制，政府、文化管理部门、图档博机构等相关部门之间共享知识产权保护的信息、案例和最佳实践。通过信息共享，可以加强对侵权行为的监测和预警，及时采取措施进行打击。②推动建立公共数字内容库，鼓励数字内容的合法授权和共享。通过授权机制和合作模式，促进数字内容的正版化和合法使用，减少盗版和侵权行为的发生。

最后，加强教育宣传。包括：①开展知识产权保护的宣传和教育活动，向公众普及知识产权的重要性和保护方法。例如，开展知识产权保护的主题宣传活动、举办讲座和培训课程等，提高公众对知识产权的认知和重视。②针对学生、教师和从业人员，开展知识产权保护的教育和培训，加强相关专业知识和法律意识的培养。例如，将知识产权保护纳入教育课程中，举办专门的培训班和研讨会，提供实际案例和操作指南，帮助相关人员更好地了解和应用知识产权保护的知识。

上述优化措施在实施过程中必然还将遭遇更多具体的挑战，一些可以预见的挑战与应对措施如表 6-9 所示。

表 6-9 优化知识产权保护机制的挑战因素与应对措施

挑　　战	应　对　措　施
法律法规的制定和执行难题	加强法律法规的制定和修订，以适应新技术和形式。 提高执行力度，加强侵权行为的追踪和打击
技术手段的局限性	推动技术研发和创新，不断改进数字管控技术，提高其可靠性和有效性。 加强对新兴技术的研究和验证，确保其适用性和有效性
盗版和侵权行为的变异性	不断跟进和更新反制措施，以应对不断演变的盗版和侵权行为。 加强侦查和打击能力，提高对侵权行为的识别和处理水平

续表

挑 战	应 对 措 施
社会认知和意识的提升	进行广泛的教育宣传活动，提高公众对知识产权保护的认知和意识。 强调知识产权保护的重要性，推动社会观念和行为的转变
跨部门和跨地区的合作难题	加强各部门之间的信息共享和协作，建立跨部门合作机制。 推动国际的合作与协调，加强跨国打击盗版和侵权行为的合作
社会经济因素的影响	推动数字内容的合理定价和便捷获取，减少盗版需求。 加强正版内容的宣传和推广，提高正版消费的吸引力和便利性
网络安全威胁和数据泄露风险	加强网络安全措施，包括加密技术、防火墙和入侵检测系统等。 建立严格的数据保护和隐私政策，保护知识产权相关数据的安全
跨境争议和国际法律差异	加强国际合作，制定共同的法律标准和规则，以便更好地跨境保护知识产权。 建立国际仲裁机构，解决跨境争议和法律差异问题
社交媒体和在线平台侵权问题	加强与社交媒体和在线平台的合作，制定更严格的侵权监管机制和规定。 加强对侵权行为的监测和处理，快速响应和移除侵权内容
高技术产业的垄断和专利滥用	加强反垄断和反竞争行为的监管，防止高技术产业中的滥用行为。 审慎审查和授权专利，防止专利权被滥用以限制创新和竞争

这些措施的实施需要政府、文化管理部门、图档博机构等相关部门与群体之间的紧密合作和协调。政府在法律法规制定、执法力度和政策引导方面发挥重要作用，文化管理部门负责指导和协调图档博数字管护协同体系的建设，图档博机构负责实施具体的知识产权保护措施。同时，各方还应该积极与科技企业、学术界和社会组织等合作，共同推动知识产权保护机制的优化和创新。举例来说，中国政府在知识产权保护方面采取了多项措施。例如，中国的《著作权法》对数字内容的保护做出了明确规定，强化了对数字版权的保护措施。此外，中国政府还开展了多次打击盗版行动，如"剑网行动"，通过加大执法力度打击盗版网站和盗版行为。图档博机构如国家图书馆、博物馆等也采用了数字水印、版权标识等技术手段，加强对数字内容的保护和溯源。同时，中国政府还鼓励数字内容的正版化和合法共享，推动数字内容产业的健康发展。

6.5 本章小结

本章在图档博数字管护协同体系逻辑框架的基础上，进一步分别从主体维度、客体维度、方法维度、环境维度提出了图档博数字管护协同的具体实现策略。

首先，主体维度上，本章在对图档博数字管护协同主体角色确认与过程分析的基础上构建了图档博基于数字人文项目的协作模式。

其次，客体维度上，本章设计了服务数字人文的图档博数字资源多粒度知识组织框架，并分别从粗粒度、中粒度、细粒度三个层面选择了具体的实现策略。

然后，方法维度上，本章进行了基于信息生命周期的图档博协同数字管护流程重组，主要包括实体资源管理阶段、实体资源的数字化及组织以及原生数字资源组织阶段、数字资源管护阶段。

最后，环境维度上，本章阐述了支持数字人文的图档博数字管护协同多重保障机制，主要包括：政策引导机制、资金投入机制、人才培养机制、标准规范机制、知识产权机制。

　　本章是对图档博数字管护协同体系实现的探索，既为图档博数字资源服务协同提供了依托与平台，又满足了数字人文对数字资源的深度需求，促进公共文化数字资源的融合、长期保存与复用，是对我国大力开展数字资源与服务协同体系建设的回应。

第7章 研究总结与展望

　　数字人文的产生为人文社会科学提供了一个从未有过的广阔视野，图书馆、档案馆与博物馆（Library, Archives, Museum, LAM）作为人类记忆机构，保存着丰富的人类人文数据，与数字人文有着密不可分的关系。一方面，图书、档案、文物等文化遗产是数字人文的资源基础，而数字人文带来的方法和工具丰富着人文信息资源建设与利用的生命力与可能性。另一方面，数字人文领域同样促进图档博丰富自身的理论、方法与技术，推动图档博的数字资源建设。

　　因此，在数字人文的需求下，越来越多的图书馆、档案馆、博物馆开始对人文资料进行数字化、网络化组织，不断提升数字资源服务。同时，机构内积累的大量原生数字资源也被纳入机构馆藏中，作为应对数字时代挑战的基本策略。作为具有悠久人类知识积累历史的文化机构，图书馆、档案馆与博物馆再次成为数字时代数字资源集聚的实体和数字人文实践的重要资源基地。

　　我国"十三五"规划强调建设现代公共文化服务体系，坚持政府主导、共建共享，推进基本公共文化服务规范化、均等化。要坚持继承和弘扬优秀传统文化，把弘扬优秀传统文化与发展现实文化有机结合起来，实现中华优秀传统文化的创造性转化和创新发展。要坚持开放包容，吸收和借鉴人类文明成果，推动中华文化走向世界。这就要求图书馆、档案馆和博物馆组织能够更好地继承和传播传统文化，从而提高民族文化自信，实现文化资源的交流与共享。

2021年第十三届全国人民代表大会第四次会议上，时任总理李克强在政府工作报告中再次指出："十四五"时期，我们要"加快数字化发展，打造数字经济新优势，协同推进数字产业化和产业数字化转型，加快数字社会建设步伐，提高数字政府建设水平，营造良好数字生态，建设数字中国。"

在我国数字资源与服务协同体系建设的大力推进下，图档博作为社会文化资源的宝库，如何在先进的数字资源管理理念的指导下，引进革新的技术手段，优化数字资源管理流程，协同为数字人文的研究与实践提供数据支持，实现文化资源的可信、长期保存与利用是当下的重要任务之一。

本书立足我国数字资源与服务协同体系建设，以图档博"数字保存"向"数字管护"转向为契机，以服务数字人文发展及传承文化资源为目标，对图档博的协同体系进行了研究。本书综合运用文献调研法、案例分析法、实地调查法、专家访谈法、归纳演绎法，进行了图档博数字管护协同体系的相关研究现状综述、理论基础构建与实践现状调查，提出了图档博数字管护的协同体系框架与实现策略。

经过对图档博数字管护协同体系的系统研究，在理论层面，本书以图档博数字管护为视角研究图档博数字资源的组织、保存、利用问题，拓展了图档博协同的研究思路；以图档博数字管护协同体系为研究对象，进行了跨学科的研究探索，有利于推动学科交叉融合，促进新的学科生长点形成。在实践层面，本书以图档博数字管护的协同实现，既为图档博数字资源服务协同提供了依托与平台，又满足了数字人文对数字资源的深度需求；通过图档博数字管护协同体系的实现，促进公共文化数字资源的融合、长期保存与复用，是对我国大力开展数字资源与服务协同体系建设的回应。

7.1 研究结论

本书在辨析"LAMs""数字人文""数字管护"核心概念的基础

上，融合了情报学、档案学、图书馆学、博物馆学、协同学等多学科的思想观念和理论成果，结合国内外图档博数字管护协同现状调查成果，展开了系统研究，取得了一些研究成果，得到一些基本结论如下：

（1）信息生命周期理论、档案后保管理论、协同理论等多学科的经典理论是图档博数字管护协同体系构建与实现的理论基础。

图档博数字管护协同体系研究涉及数字人文、数字管护、图书馆学、档案馆学、博物馆学、协同学等多个学科与研究领域，目前还未有专门针对该问题的理论体系形成。本书在辨析了"数字管护""图档博数字资源"核心概念的基础上，引入了信息生命周期理论、档案后保管理论与协同理论，形成了图档博数字管护协同体系的理论基础框架。

首先，信息生命周期理论是目前数字资源管理的主要理论依据之一，也是数字管护模型形成的重要理论基础。信息生命周期涵盖了信息资源从产生到利用直至最后老化、消亡的动态循环过程。在信息生命周期内伴随着信息价值的形成与增值。在信息生命周期的不同发展阶段，与之相对应的数字资源管理方式与管理重点也有所变化。图书馆、档案馆与博物馆的数字馆藏资源作为文化信息资源的重要组成部分，其信息生命周期的变化形态与规律也遵循信息生命周期的一般规律，包括数字资源的形成、组织、存储、开发利用、销毁等各数字资源管理环节。只有依托信息生命周期理论，对图档博数字资源从产生到消亡或循环复用的各个阶段进行全方位的管护，才能实现图档博数字资源的增值，保障图档博数字资源的可信存储与长期保存，做到图档博数字资源的共建共享、融合复用，实现图档博数字管护协同的最终目标。

其次，"后保管"思想标志着档案工作由纸质时代向数字时代的过渡，也意味着档案范式的变化和转移。档案后保存理论诞生40 年来，通过提高档案保存效果，降低数字环境下的保存成本，不断调整和完善，保障档案从支持业务需求到满足社会利用的全过程价值实现，促进档案观念的更新，促进档案管理的全过程再造，促进档案职能和社会责任的拓展和重塑。事实上，后保管模式在世界范围内的应用越来越多，包括但不限于政府档案管理、文化遗产保护等领域，为数字时代的档案实践拓展了空间，注入了强大的生命力。图书馆、档案馆、博物馆如何进行数字资源建设？如何开展数字服务？如何保障数字资源的长期保存与利用？如何确保数字资源的可信与共享？面对这些问题，图档博机构也在不断探索，正是在档案后保管理论的催生下才有了图档博"数字管护"理念的引入与实践。档案后保管理论对数字资源管理的路径、功能、模式的阐述是图档博"数字管护"工作重要理论指导。

最后，协同学的原理曾被应用到信息论中，学者们试图利用信息的概念，通过非平衡相变来解决自组织系统的宏观结构问题。由此可见，协同学的一般原理和规律不仅适用于自然现象的研究，而且为研究资源共享、社会文化进化等一些复杂事物的发展提供了新的原理和方法。因此，协同理论及其概念具有普遍性，协同科学也可以应用于图书馆、档案馆、博物馆等非均衡系统中，促进图书馆、档案馆、博物馆等资源系统之间的调整，最终达到均衡状态。协同学的概念主要体现在资源的整合与高度共享，以及系统的协调与合作。在复杂多变的信息环境下，数字人文的发展需要不断深化，图书馆和档案馆博览馆要突破壁垒和障碍，充分整合自身资源，实现资源价值的最大化，无论是馆员、档案馆员、博物馆，还是用户都能轻松获取相关资源，以实现信息共享支持他们在瞬息万变的数字世界展览中快速发展。

（2）数字人文的资源需求、技术需求、管理需求不断向深度与广度延展，图档博机构已具备数字资源建设基础与数字管护能力，融合已成为图档博的共同愿景，数字人文将成为图档博数字资源建设与数字管护变革走向的一大驱动力。

为分析数字人文实践的开展需求、明确图档博机构数字管护能力、预测图档博机构数字管护发展趋势、剖析图档博协同现有模式，本书设计了由4个子调查组成的系统调查，以从多个相关领域剖析当前图档博数字管护协同现状。

首先，基于数字人文项目的案例调查。通过选取具有代表性的数字人文项目，分析它们的参与机构、实践内容、政策标准、资金投入等开展情况，了解当前数字人文实践的实践概况与发展需求。

其次，基于图档博机构的实地调查。通过选取具有代表性的图档博机构，实地考察它们的数字资源建设、数字管护工作及机构内外的合作开展，了解当前图档博机构的数字管护实践概况与实践能力。

然后，基于领域专家的访谈调查。通过针对性的图档博领域内专家访谈，深入剖析图档博机构数字管护与数字人文发展的关系，预测图档博机构将如何进一步服务数字人文，优化公共文化资源服务。

最后，基于图档博协同实践的案例调查。通过选取具有代表性的图档博协同项目，分析它们的数字资源整合、存储、服务情况及合作模式，了解当前图档博协同的实践成果，为图档博数字管护协同提供借鉴。

综合上述调查结果，图档博数字管护现状可以总结为：数字人文的资源需求、技术需求、管理需求不断向深度与广度延展，图档博机构已具备数字资源建设基础与数字管护能力，融合已成为图档博的共同愿景，数字人文将成为图档博数字资源建设与数字管护变革走向的一大驱动力。

（3）图档博数字管护协同体系是行为主体以应对数字人文需求为目标，在行政主体引导、管理，以及协同保障机制的多重作用下，形成的基于数字人文项目的多元主体通过数字管护技术方法与模型应用，对图档博数字资源实现基于全生命周期的多粒度数字资源知识组织，向其他参与主体提供服务并在互动中得到反馈的系统有机整体。

图档博数字管护协同体系是一个复杂的有机整体。本书针对当前图档博数字管护协同体系构成不清晰的问题，依据人类认识事物的一般方法与过程，分别从主体、客体、方法、环境四个方面分别解构了该协同体系的构成要素，构建了图档博数字管护协同的四维体系。如何以图档博的协同联动，形成科学系统的图档博数字管护协同体系，本书继续构建了图档博数字管护协同体系逻辑框架，即行为主体以应对数字人文需求为目标，在行政主体引导、管理，以及协同保障机制的多重作用下形成基于数字人文项目的多元主体协作模式，通过数字管护技术方法与模型应用，对图档博数字资源实现基于全生命周期的多粒度数字资源知识组织，向其他参与主体提供服务并在互动中得到反馈。并进一步在协同理论的指导下分析了主体协同、客体协同、方法协同、环境协同的内涵。针对该逻辑框架的具体实现问题，本书分别进一步提出了主体维度——基于数字人文项目的多元主体协作模式、客体维度——图档博数字资源多粒度知识组织框架、方法维度——基于生命周期管理的数字管护协同流程重组、环境维度——支持数字人文发展的多重协同保障机制的复合实现策略。该协同体系的提出既为图档博数字资源服务协同提供了依托与平台，又满足了数字人文对数字资源的深度需求，促进公共文化数字资源的融合、长期保存与复用，是对我国大力开展数字资源与服务协同体系建设的回应。

7.2 研究局限

经过系统的理论研究、实践研究、创新研究，本书取得了一些研究成果，但也存在着一些不足与局限，主要包括：

(1)对国内外图档博数字管护协同实践现状缺乏更加广泛的调研。

尽管本书针对图档博数字管护协同体系进行了系统调查，但总的来说因个人、环境等多种因素限制，调查范围还存在一定的局限性。且由于目前专门的图档博数字管护协同实践还非常薄弱，本书不得已才将其分解成四个子调查，以求分阶段、分层次地全面掌握现状。随着图档博数字管护协同实践的开展与深入，还需进一步开展更加全面、广泛、直接相关的图档博数字管护协同实践调查，以切实了解当前的实践现状。

(2)对数字人文需求、图档博机构的数字管护能力的定量研究不足。

本书分别使用了案例分析、实地调查与专家访谈的方法对数字人文需求、图档博机构的数字管护能力等进行了调查与评估，但主要为定性分析，还缺少详细的定量评估指标内容以从数据层面揭示图档博数字管护协同现状。

(3)对图档博数字管护协同体系的运行机制缺少实证研究。

本书在理论研究与调查分析的基础上提出了图档博数字管护协同体系，并设计了各维度的具体实现策略。图档博数字管护协同体系是一个复杂的系统，本书碍于笔者能力限制，尚还未能对该体系进行实证研究，缺少对图档博数字管护协同体系实践情况的验证。

7.3 研究展望

本书是我国公共数字文化服务体系建设与数字人文发展的时代要求下，对图档博数字管护协同的尝试探索。碍于笔者、能力环境的限制，针对图档博数字管护协同体系的构建与实现，本书还有许多未尽之事。笔者认为未来研究还需进一步探索的内容主要包括：

(1)完善对图档博数字管护实践与研究成果的系统研究。

针对本书在图档博数字管护现状调查中的不足，笔者认为未来还应进一步完善对其实践与研究成果的系统研究，以全面、深入地揭示图档博数字管护协同的基础与问题。

(2)丰富图档博数字管护协同体系构成要素的维度。

图档博数字管护协同体系是一个复杂的有机整体。本书依据认识事物的一般规律分别从主体、客体、方法、环境四个维度分析了该体系的构成，并阐述了四个维度上协同的内涵与具体实现策略。但图档博数字管护协同体系必然还存在其他更为复杂的维度，例如，文化维度等，进一步分析图档博数字管护协同体系的构成，是未来完善该协同体系的重要内容。

(3)探讨图档博数字管护协同体系实现的技术细节与运行

机制。

本书因条件、能力限制等因素，尚未对图档博数字管护协同体系的实践进行实证研究，未来还需进一步探讨实现该协同体系的技术细节与运行机制，进一步或修正、或丰富该协同体系的组成与实现。

附录 I　IRB Project Description Form

Please read the IRB Manual: Instructions to Investigators prior to completing this form.

The project description should be no more than 2,500 words (approximately 5 single spaced pages, font should be no smaller than 12 pt.) in length, not including consent forms and instruments.

General Description. Briefly describe the overall goals of the proposed research and the general procedures you plan to use in conducting your research project.

This project is a preliminary investigation of my doctoral dissertation, the construction of LAMs (libraries, archives, and museums) model for the digital curation of digital cultural heritage under digital humanities environment.

The objective of this investigation is to understand the current status of the digital curation of digital cultural heritage within LAMs and the experience, attitudes, and evaluations of interviewees with the development of digital humanities.

By qualitative analysis of the interview manuscript, the investigation intends to explore the challenges and opportunities faced by the digital curatorial work of LAMs under the new digital humanities environment. Besides, how do LAMs understand and evaluate the cooperation mode in digital curation? What key factors hinder or promote LAMs to optimize their digital curatorial content and services? What kind of collaboration is expected by LAMs in digital curation in digital humanities projects? This investigation will try to find some answers to these questions.

As a preliminary investigation of my doctoral dissertation, its ultimate purpose is to improve the utilization and dissemination of digital cultural heritage in LAMs to ensure cultural inheritance.

Significance of the Study. Provide a brief theoretical and empirical rationale for why you believe this study is important. Include a concise review of literature including conceptual framework, and specific hypotheses to be tested and/or research questions to be addressed.

This investigation project involves three research fields: LAMs, digital curation, and digital humanities.

The concept and model of LAMs have received close attention from policymakers, industry, academia, and even the public. Generally speaking, LAMs refer to seeking cultural commonality among libraries, archives, and museums to achieve cross-machine, cross-domain collaboration, and promote public use of cultural resources in a more convenient and integrated manner. Diversified collaboration projects have become the source of new standards, new models, and new ideas of digital cultural heritage stewardship in LAMs. Among these projects, digital curation is an indispensable part.

301

As the practice of digital preservation in libraries, archives, and museums gradually matured, the concept of digital curation came into being. It was first used in "Digital Curation: Digital Archives, Libraries, and e-Science Seminar" in 2001, organized by Digital Preservation Coalition and British National Space Centre. Unlike digital preservation based on the OAIS model and trusted warehousing, digital curation, which includes a series of information management activities such as archiving, preservation, and maintenance, is based on the data life-cycle theory. Information sharing, data reuse, and knowledge appreciation have become important goals.

While the theory and practice of LAMs and digital curation continue to develop, new environments and new challenges have been brought in by digital humanities. Digital humanities research originated in humanistic computing has gradually evolved from interdisciplinary to an independent field. Many digital humanities associations are formed in the past twenty years, for example, the Association for Computers in the Humanities(ACH), the European Association for Digital Humanities (EADH), the Canadian Association for Digital Humanities (CADH), and the Japanese Association for Digital Humanities Humanities(JADH), etc. and jointly constructed the International Digital Humanities Organization, the Alliance of Digital Humanities Organizations (ADHO). Many universities have also established digital humanities centers, such as the Computer-Assisted Humanities Research Center and Stanford Humanities Laboratory at Stanford University, Hyper Studio at MIT, the Digital Humanities Research Center at the University of Southern California, the Institute of Humanities and Technology at the University of Maryland, and the

Human Computing Research Center at King's College London, Japan Kyoto Digital Literature Research Center at Ritsumeikan University, etc. In 2015, Wuhan University established China's first digital humanities research center.

Presently, libraries, archives, museums, and even academic institutions have digitized their cultural collections and established many cultural websites and databases. In the meantime, rich born-digital cultural resources have also been included in the collections as a basic strategy to meet the cultural inheritance challenges of this digital age. However, the requirements of digital humanities for resources will continue to extend in-depth. As John Unsworth proposed to use seven scholarly primitives to summarize the characteristics of digital humanities activities, namely Discovering, Annotating, Comparing, Referring, Sampling, Illustrating, and Representing, information enrichment and semantic associations will be necessary foundations for the development of digital humanities. In the process of digital humanities knowledge reconstruction, LAMs will further activate and regenerate human knowledge.

Although there are few direct studies on the LAMs model of digital curation of digital cultural heritage for digital humanities, the close relationship between them has been emphasized. Firstly, LAMs are the gathering place of digital cultural heritage. Digital humanities and LAMs have always been in a symbiotic relationship. Many scholars have discussed the relationship between digital humanities and libraries, archives, and museums. The ACRL Association of Colleges and Research Libraries (ACRL) pointed out that libraries need digital humanities librarians. Secondly, digital curation is a necessary activity for LAMs to serve digital humanities projects. The research on the digital curatorial activities of libraries,

303

archives, and museums all suggested the importance of cooperation. The Association of Research Libraries (ARL) also emphasized the need to promote the preservation of shared digital memories through digital curation activities by LAMs.

Therefore, LAMs, digital curation, and digital humanities are in an inseparable community with the bond of digital cultural heritage stewardship. Although this situation already exists in practice, our understanding of it is still relatively vague. This investigation is intended to obtain direct information through interviews, and to analyze how it works through qualitative analysis. The conclusion of this investigation will help further research on developing the strategy of constricting the LAMs model of digital curation of digital cultural heritage for digital humanities.

Research questions of this investigation are:
1. What is the current status of digital curatorial work in libraries, archives, and museums?
2. What digital humanities projects or related work is currently being carried out by libraries, archives, and museums? What roles did LAMs play in them?
3. To fulfill the requirement of digital humanities, how should LAMs collaborate in digital curatorial work?

Participant Population. Describe the characteristics of the participant population, highlighting any potential vulnerabilities in this research project.

The interviewees of this investigation project are the colleague in libraries, archives, museums, or related digital preservation institutions. The potential vulnerability is that some interviewees may not directly participate in the digital curation work, digital humanities projects, or collaboration projects with other institutions.

Research Procedures and Sources of Research Material. Describe your research data collection procedures and identify the sources of research material obtained from individually identifiable living human participants in the form of specimens, records, or other data.

All the participants will join in an interview with me via Zoom separately. During the interview, about twelve questions will be asked, lasting 30 minutes to 1 hour. If the interviewee does not wish to answer any of the questions during the interview, she/he can skip it and move to the next question. The entire interview will be recorded. The information recorded is confidential.

Participant Recruitment. Describe plans and procedures for the recruitment of participants and the steps to obtain informed consent. Outline who will be recruited, by whom, from where, and how it will be accomplished. Include recruitment script and any recruitment materials in your attachments.

The nonrandom purposive sampling method will be used to recruit interviewees. All the participants will be contacted by peer-to-peer email and the interviews will be separately.

Risks. It is very unusual for human participants' research to have zero risk to them. Describe any potential risks (For example, confidentiality and privacy matters; physical, psychological and social well-being; legal and financial risks, etc.) and assess their likelihood and seriousness.

> There is no known risk associated with participation in this investigation. There are no physical, psychological, social, or legal risks associated with this semi-structured interview. Occasionally, the content of the questions may raise personal and emotional issues according to interviewees' own experience and outlook. However, such responses to interview content will not pose a psychological threat.

Protection Against Risks. Describe the procedures for protecting against or minimizing any potential risks and assess their likely effectiveness. Where appropriate, describe provisions for secure storage of data.

> All the interviewees can skip any questions or withdraw the interview at any time. All the interviews record will be confidential and stored off-line in the hard disk. Access to the interview transcript will be limited to the investigator and academic colleagues and researchers with whom she might collaborate as part of the research process.

Benefits. Discuss any direct, specific benefits *to participants*. (If none, please write "none. ")

> All participants may have a better understanding of the digital curation in LAMs or get new ideas on the relationship between digital humanities and LAMs.

Informed Consent. Describe your consent process. (How and when you will distribute the informed consent document, when will it be collected, etc.)

Informed consent will be distributed and collected before every interview peer to peer by email.

附录 II　Semi-structured Interview Questions List

Part 1　Digital Curation

Q1. Would you please briefly describe the digital collections in your institution?

Q2. Would you please describe the main procedures or workflows of digital curation in your institution?

Q3. Are there any standards or guidance for digital curation (or digital archiving, digital preservation, digital collection stewardship) in your institution?

Q4. Would you please describe what kind of services your institution provides to other institutions and the public for its digital collections, such as metadata interoperability, accessibility, interaction with users?

Part 2　Digital Humanities Projects

Q5. Has your institution participated in or carried out digital humanities projects? What changes do you think the digital humanities projects have brought to your institution(e. g. collections, workflows, services, outreach, academic support)?

Q6. In your opinion, what challenges or problems did your institution encounter in participating or carrying out digital humanities projects? What support is needed for future success?

Q7. What do you think could be done for the digital humanities projects by your institution that it isn't doing now?

Part 3 LAMs Collaboration

Q8. What collaboration projects does your institution currently have with other LAMs? Have you participated in these projects? If yes, would you please talk about your experience? (not only in digital humanities projects)

Q9. Do you think it is necessary to collaborate with other libraries, archives or museums in digital curation? As far as you are concerned, what advantages and disadvantages does the collaboration have for your institution? (not only in digital humanities projects)

Q10. If several LAMs prepare to start a collaborative digital humanities project, what do you think the difficulties or problems would be? What key factors do you think determine whether the institution carries out collaborative projects with other LAMs?

Q11. In your opinion, what kinds of LAMs collaborations are the most effective and beneficial(to institutions, to the public) of their digital curation in digital humanities projects? Could you give some examples?

参 考 文 献

一、学术专著

[1] Ellis Burcaw. 新博物馆学手册[M]. 重庆大学出版社, 2011.

[2] 哈肯. 高等协同学[M]. 郭治安, 译. 北京：科学出版社, 1989.

[3] Kowalczyk S T. Digital curation for libraries and archives[M]. ABC-CLIO, 2018.

[4] McHenry R. The new encyclopaedia Britannica [M]. Chicago：Encyclopaedia Britannica Ltd, 1993.

[5] Sabharwal A. Digital curation in the digital humanities：Preserving and promoting archival and special collections [M]. Chandos Publishing, 2015.

[6] Schaffner J, Erway R. Does every research library need a digital humanities center? [M]. Dublin：OCLC Online Computer Library Center, Inc, 2014.

[7] Schreibman S, Siemens R, Unsworth J. A companion to digital humanities[M]. Oxford, UK：Blackwell Publishing, 2004.

[8] Tansley S, Tolle K. The fourth paradigm：Data-intensive scientific discovery[M]. Redmond, WA：Microsoft research, 2009.

[9] 陈红京. 数字博物馆资源建设规范与方法[M]. 上海：上海科学技术出版社, 2006.

[10]邓绍兴，和宝荣. 档案管理学[M]//高等学校文科教材，档案管理学. 北京：中国人民大学出版社，1989.

[11]王绍平，陈兆山，陈钟鸣. 图书情报词典[M]. 上海：汉语大词典出版社，1990.

[12]吴慰慈，董焱. 图书馆学概论：修订本[M]. 北京：北京图书馆出版社，2002.

[13]周晓英. 档案信息论[M]. 北京：中国人民大学出版社，2000.

二、学位论文

[1]Mabe K. Collaboration between libraries, archives and museums (LAMS)in the digitisation of information in South Africa[D]. GP, Joburg：University of Johannesburg，2017.

[2]蔡亚萍. 建立专题档案资源库协同保障机制研究[D]. 南京：南京大学，2015.

[3]常艳丽. 图博档文化遗产信息资源数字化融合服务研究[D]. 南京：南京大学，2014.

[4]陈路遥. 数字人文领域的知识网络研究[D]. 上海：华东师范大学，2018.

[5]代柯.《两个世界的完美结合：数字化时代下的博物馆、图书馆与档案馆》(第六章)翻译实践报告[D]. 成都：四川外国语大学，2017.

[6]范媛静. 数字信息资源长期保存政策比较研究[D]. 保定：河北大学，2007.

[7]冯泽元. 数字人文背景下参与式档案信息服务研究[D]. 南昌：南昌大学，2020.

[8]郭宇超. 协同学理论下的事故应急救援研究[D]. 北京：首都经济贸易大学，2017.

[9]韩文靓. 图博档数字化服务发展趋势研究[D]. 南京：南京大学，2013.

[10]何蕾. 中外LAM合作项目的对比研究[D]. 长春：吉林大学，

2019.

[11]胡益锋.数字博物馆中的协同与展示技术研究[D].杭州:浙江大学,2005.

[12]黄小淋.面向数字人文的图书馆开放数据管理模式研究[D].大连:辽宁师范大学,2019.

[13]孔明月.数字人文视域下非物质文化遗产档案开发研究[D].保定:河北大学,2020.

[14]寇润茁.《两全其美:数字化时代的博物馆、图书馆和档案馆》(第一至五章)翻译报告[D].成都:四川外国语大学,2016.

[15]李松涛.数字人文视角下人文研究者利用档案馆藏的行为与激励研究[D].长春:吉林大学,2020.

[16]廖艺萍.论档案馆与图书馆关于馆藏档案资源的交流与合作[D].福州:福建师范大学,2017.

[17]孟庆金.现代博物馆功能演变研究[D].大连:大连理工大学,2011.

[18]母咏然.数字人文发展及服务研究[D].南京:南京大学,2018.

[19]穆向阳.图博档数字信息资源统一组织与服务模式融合研究[D].南京:南京大学,2014.

[20]石洁.面向公众的国家综合档案馆特色馆藏体系建设研究[D].济南:山东大学,2010.

[21]宋丹丹.数字人文视阈下云南少数民族节日文化信息资源建设研究[D].昆明:云南大学,2019.

[22]苏敏.美国高校图书馆数字人文服务及启示[D].福州:福建师范大学,2019.

[23]王方.档案馆跨界合作调查研究[D].哈尔滨:黑龙江大学,2018.

[24]王洁.合作联盟视角下图情机构与智库协同创新机制及效果评价研究[D].长春:吉林大学,2019.

[25]王兴娅.基于要素分析的高校数字档案信息服务模式研究[D].南京:南京大学,2013.

[26]伍进平.数字信息资源合作保存研究[D].保定:河北大学,

2010.

[27] 夏大为. 公共服务视角下的当代中国档案馆开放性设计策略研究[D]. 广州：华南理工大学，2015.

[28] 徐坤. 基于本体的科学数据监护平台研究[D]. 长春：吉林大学，2014.

[29] 徐诺. 档案工作中的跨界合作研究[D]. 合肥：安徽大学，2016.

[30] 徐文哲. 数字图书馆协同系统及其运行机制[D]. 南京：南京大学，2015.

[31] 杨帆. 协同创新环境下数字图博档联盟融合发展研究[D]. 南昌：南昌大学，2019.

[32] 张彩红. 档案馆与图书馆合作研究[D]. 哈尔滨：黑龙江大学，2017.

[33] 张红亮. 美欧版权制度对数字保存的影响及对我国的启示[D]. 郑州：郑州大学，2010.

[34] 张静. 数字人文中历史人物数据的可视化应用研究[D]. 长沙：湖南大学，2019.

[35] 张瑞瑞. 档案管理多元主体的协同治理研究[D]. 郑州：郑州大学，2018.

[36] 张小冰. 区域数字信息资源长期保存的合作机制研究[D]. 南京：南京农业大学，2009.

[37] 张晓艳. 数字信息资源长期保存中的知识产权问题研究[D]. 武汉：华中师范大学，2009.

[38] 赵红颖. 图书档案资源数字化融合服务实现研究[D]. 长春：吉林大学，2015.

[39] 周振国. 高校档案馆、博物馆数字信息资源整合研究[D]. 南昌：南昌大学，2014.

[40] 朱思苑. 数字人文环境下高校图书馆角色定位研究[D]. 镇江：江苏大学，2019.

[41] 左娜. 中美数字人文建设项目对比研究[D]. 长春：吉林大学，2019.

三、期刊论文

[1] Abrams S, Kunze J, Loy D. An emergent micro-services approach to digital curation infrastructure [J]. International Journal of Digital Curation. 2010, 5(1): 172-186.

[2] Allen N. Collaboration through the Colorado digitization project [J/OL]. First Monday, 2000, 5(6). https://firstmonday.org/ojs/index.php/fm/article/view/755/664.

[3] Askin N. Collaboration and crowdsourcing: the future of LAM convergence [J]. See Also, 2015(1): 1-15.

[4] Awoniyi Stephen. The contemporary museum and leisure: recreation as a museum function [J]. Museum Management and Curatorship, 2001, 19(3): 297-308.

[5] Leimkuehler R. Digital Curation Fundamentals. By Jody L. DeRidder [J]. Archival Issues, 2020, 40(2): 81-82.

[6] Barry R K, Pitti D V, Thibodeau S G. Development of the Encoded Archival Description DTD [J/OL]. 2006. https://www.loc.gov/ead/eaddev.html.

[7] Bartlett J A. Project management in Libraries, Archives And Museums: Working with government and other external partners [J]. Reference & User Services Quarterly, 2011, 51(1): 87-88.

[8] Battley B, Daniels E, Rolan G. Archives as multifaceted narratives: Linking the touchstones of community memory [J]. Archives and Manuscript, 2014, 42(2): 155-157.

[9] Beagrie N. Digital curation for science, digital libraries, and individuals [J]. International Journal of Digital Curation, 2008, 1(1): 3-16.

[10] Betsy D, Sherman D. Hand in hand: Museums and libraries working together [J]. Public Libraries, 2003, 42(2): 102-105.

[11] Bhattacharya U. Digital information resources and digital

information literacy: A symbiotic approach[J]. 2007(12): 351-357.

[12]Blake J A, Bult C J, Donoghue M J, et al. Interoperability of biological data bases: A meeting report[J]. Systematic Biology, 1994, 43(4): 585-589.

[13]Boutard G. Co-construction of meaning, creative processes and digital curation[J]. Journal of Documentation, 2016, 72(4): 755-780.

[14]Brookes B C. The growth, utility, and obsolescence of scientific periodical literature[J]. Journal of documentation, 1970, 26(4): 283-294.

[15]Chen C M, Tsay M Y. Applications of collaborative annotation system in digital curation, crowdsourcing, and digital humanities[J]. The Electronic Library, 2017, 35(6): 1122-1140.

[16]Choudhury G S. Case study in data curation at Johns Hopkins University[J]. Library Trends, 2008, 57(2): 211-220.

[17]Choudury, Sayeed. Data curation: An ecological perspective. [J]. College & Research Libraries News, 2010, 71(4): 194-196.

[18]Clement T, Hagenmaier W, Levine Knies J. Toward a notion of the archive of the future: Impressions of practice by librarians, archivists, and digital humanities scholars[J]. The Library Quarterly, 2013, 83(2): 112-130.

[19]Cole F J, Eales N B. The history of comparative anatomy: Part I.—A statistical analysis of the literature [J]. Science Progress (1916-1919), 1917, 11(44): 578-596.

[20]Constantopoulos P, Dallas C, Androutsopoulos I, et al. DCC&U: An extended digital curation lifecycle model [J]. International Journal of Digital Curation, 2009, 4(1): 34-45.

[21]Conway P. Archival preservation practice in a nationwide context[J]. American Archivist, 1990, 53(2): 204-222.

[22]Conway P. Digitizing preservation[J]. Library Journal, 1994, 119

315

(2): 42-45.

[23] Cook T. The concept of the archival fonds: Theory, description, and provenance in the post-custodial era[J]. The Archival fonds: from theory to practice, 1992: 31-85.

[24] Dallas C. Curating archaeological knowledge in the digital continuum: From practice to infrastructure[J]. Open Archaeology, 2015, 1(1): 176-207.

[25] Dallas C. Digital curation beyond the "wild frontier": A pragmatic approach[J]. Archival Science, 2016, 16(4): 421-457.

[26] Davis W, Howard K. Cultural policy and Australia's national cultural heritage: Issues and challenges in the GLAM landscape [J]. Australian Library Journal, 2013, 1(62): 15-26.

[27] Dobreva M, Duff W M. The ever changing face of digital curation: Introduction to the special issue on digital curation[J]. 2015(15): 97-100.

[28] Downing M E. Book review: Digital curation for libraries and archives[J]. Technical Services Quarterly, 2019, 36(4): 420.

[29] Duff W M, Carter J, Cherry J M, et al. From coexistence to convergence: Studying partnerships and collaboration among libraries, archives and museums [J]. Information Research: An International Electronic Journal, 2013, 18(3): n3.

[30] Edwards P M. Collection development and maintenance across libraries, archives, and museums: A novel collaborative approach[J]. Library Resources & Technical Services, 2004, 48(1): 26-33.

[31] Eleanor S. Copyright and cultural institutions: Guidelines for digitization for U. S. libraries, archives, and museums[J]. Music Library Association. Notes, 2011, 67(3): 557-559.

[32] Feng Y, Richards L. A review of digital curation professional competencies: Theory and current practices[J]. Records Management Journal, 2018, 28(1): 62-78.

[33] Fresa A, Justrell B, Prandoni C. Digital curation and quality

standards for memory institutions: Preforma research project[J].
Archival Science, 2015, 15(2): 191-216.

[34]Gibson H, Morris A, Cleeve M. Links between libraries and
museums: Investigating museum-library collaboration in England
and the USA[J]. Libri, 2007, 57(2): 53-64

[35]Groenewegen D, Treloar A, Harboe-Ree C. The data curation
continuum: Managing data objects in institutional repositories[J].
2007, 13(9-10): 1-14.

[36]Hannah Gibson. Links between libraries and museums: Investigating
museum-library collaboration in England and the USA[J]. Libri,
2007, 57(2): 53-64.

[37]Hedegaard R. The benefits of archives, libraries and museums
working together: A Danish case of shared databases[J]. New
Library World, 2004, 105(7/8): 290-296.

[38]Hedstrom M, King J L. On the LAM: Library, archive, and
museum collections in the creation and maintenance of knowledge
communities[J]. Paris, France: Organisation for Economic Co-
Operation and Development. Retrieved October, 2003(1): 2006.

[39]Hedstrom M. Digital preservation: A time bomb for digital
libraries[J]. Computers and the Humanities, 1998(31): 189-202.

[40]Heidorn P B. The emerging role of libraries in data curation and e-
science[J]. Journal of Library Administration, 2011, 51(7-8):
662-672.

[41]Higgins S. Digital curation: The development of a discipline within
information science[J]. Journal of Documentation, 2018, 74(6):
1318-1338.

[42]Higgins S. Digital curation: The emergence of a new discipline[J].
International Journal of Digital Curation, 2011, 6(2): 78-88.

[43]Higgins S. The DCC curation lifecycle model[J]. International
Journal of Digital Curation, 2008, 3(1). 134-140.

[44]Hook D. Web-based portal for impact evaluation reveals information

317

needs for museums, libraries and archives [J]. Evidence Based Library and Information Practice, 2007, 2(1): 137.

[45] Hyewon lee, Soyoung yoon, Ziyoung park. "SEMANTIC" in a Digital Curation Model [J]. Journal of Data and Information Science, 2020(5): 81-92.

[46] Jeanne D. The preservation management handbook: A 21st-century guide for Libraries, Archives, and Museums [J]. Library Resources & Technical Services, 2015, 59(2): 95-96.

[47] Jennifer Novia. Library, archival and museum(LAM)collaboration: Driving forces and recent trends [J]. The Journal of the New Members Round Table, 2012(1): 1-10.

[48] Kalfatovic M R, Kapsalis E, Spiess K P, et al. Smithsonian team flickr: A library, archives, and museums collaboration in web 2. 0 space [J]. Archival science, 2008, 8(4): 267-277.

[49] Kamada H. Digital humanities role for libraries [J]. College and Research Libraries News, 2010, 7(9): 484-485.

[50] Koga T. Collaboration of libraries, archives and museums: A perspective from japan [J].

[51] Kouper I. Professional participation in digital curation [J]. Library & Information Science Research, 2016, 38(3): 212-223.

[52] Lee C A, Tibbo H. Where's the archivist in digital curation? Exploring the possibilities through a matrix of knowledge and skills [J]. Archivaria, 2011(72): 123-168.

[53] Lee H, Yoon S, Park Z. "SEMANTIC" in a digital curation model [J]. Journal of Data and Information Science, 2020, 5(1): 81.

[54] Linda Hill Ph D, Greg Janee OBMLS, 曾雷. 在数字图书馆结构中融入知识组织系统 [J]. 现代图书情报技术, 2004(1): 4-7.

[55] ltmans E, van Wijngaarden H. The KB e-Depot digital archiving policy [J]. Library Hi Tech, 2006, 24(4): 604-613.

[56] Lukenbill B. Modern gay and lesbian libraries and archives in north America: A study in community identity and affirmation [J].

Library Management, 2002, 23(1/2): 93-100.

[57] Madrid M M. A study of digital curator competences: A survey of experts [J]. The International Information & Library Review, 2013, 45(3-4): 149-156.

[58] Marcum D. Archives, libraries, museums: Coming back together?[J]. Information & Culture, 2014, 49(1): 74-89.

[59] Marty P F. An introduction to digital convergence: Libraries, archives, and museums in the information age [J]. Archival Science, 2008, 8(4): 247-250.

[60] Niu J. Appraisal and selection for digital curation[J]. International Journal of Digital Curation, 2014, 9(2): 65.

[61] Novia J. Library, archival and museum (LAM) collaboration: Driving forces and recent trends [J]. The journal of the new members round table, 2012(1): 1-10.

[62] Østby J B. Cross-sectorial challenges for archives, libraries and museums[J]. IFLA journal, 2006, 32(3): 232-236.

[63] Padilla T G, Higgins D. Library collections as humanities data: The facet effect [J]. Public Services Quarterly, 2014, 10(4): 324-335.

[64] Pennock M. Digital curation: A life-cycle approach to managing and preserving usable digital information[J]. Library & Archives, 2007(1): 1-3.

[65] Poole A H, Garwood D A. "Natural allies": Librarians, archivists, and big data in international digital humanities project work[J]. Journal of Documentation, 2018, 74(4): 804-826.

[66] Poole A H. "A greatly unexplored area": Digital curation and innovation in digital humanities[J]. Journal of the Association for Information Science and Technology, 2017, 68(7): 1772-1781.

[67] Poole A H. How has your science data grown? Digital curation and the human factor: a critical literature review[J]. Archival Science, 2015, 15(2): 101-139.

[68] Poole A H. The conceptual landscape of digital curation [J].
Journal of Documentation, 2016.

[69] Raab C M, Roth E J. Documenting new paltz history: A case study
in library-museum cooperation [J]. College & Undergraduate
Libraries, 2001, 8(2): 103-112.

[70] Ray J. Digital curation in museums[J]. Library Hi Tech, 2017, 35
(1): 32-39.

[71] Ray J. The rise of digital curation and cyberinfrastructure: From
experimentation to implementation and maybe integration [J].
Library Hi Tech, 2012, 30(4): 604-622.

[72] Robinson H. Knowledge utopias: An epistemological perspective on
the convergence of museums, libraries and archives[J]. 2015, 12
(2): 210-224.

[73] Robinson H. Remembering things differently: Museums, libraries
and archives as memory institutions and the implications for
convergence[J]. Museum Management and Curatorship, 2012, 27
(4): 413-429.

[74] Rockenbach B A. Digital humanities in libraries: New models for
scholarly engagement[J]. 2013, 53(1): 10-26.

[75] Rodger E J, Jörgensen C, D'Elia G. Partnerships and
collaboration among public libraries, public broadcast media, and
museums: Current context and future potential [J]. Library
Quarterly, 2005, 75(1): 42-66.

[76] Sabharwal A. Digital humanities and the emerging framework for
digital curation[J]. College & Undergraduate Libraries, 2017, 24
(2-4): 238-256.

[77] Saonn T, Peset F, Ferrer S A. Factors for the adoption of linked
data andimplementation of web semantics in libraries, archives
andmuseums[J]. Information Research, 2013, 18(1): 16.

[78] Shajitha C. Digital curation practices in institutional repositories in
South India: a study [J]. Global Knowledge, Memory and

Communication, 2020, 69(8-9): 557-578.

[79]Shankar K. For wantofa nail: Three tropesin data curation[J]. Preservation, Digital Technology & Culture, 2015, 44(4): 161-170.

[80]Sheffer J A, Hunker S D. Digital curation: Pedagogy in the archives [J]. Pedagogy: Critical Approaches to Teaching Literature, Language, Composition, and Culture, 2019, 19(1): 79-105.

[81]Shushi W. Cooperation on local history and the concept of network building between libraries, museums and archives in China[J]. IFLA journal, 2006, 32(4): 356-361.

[82]Tanackovic S F, Badurina B. Collaboration of Croatian cultural heritage institutions: Experiences from museums [J]. Museum management and curatorship, 2009, 24(4): 299-321.

[83]Taycher L. Books of the world, stand up and be counted! All 129, 864, 880 of you[J]. Inside Google Books. Accessed December, 2010(1): 2013.

[84]Tedd L A. People's Collection Wales: Online access to the heritage of Wales from museums, archives and libraries [J]. Program: electronic library & information systems, 2011, 45(3): 333-345.

[85]Tibbo H R. Placing the horse before the cart: Conceptual and technical dimensions of digital curation [J]. Historical Social Research/Historische Sozialforschung, 2012: 187-200.

[86]Tibbo H R, Lee C A. Convergence through capabilities: Digital curation education[J]. Society for imaging science and technology, 2010(1): 53-56.

[87]Timms K. New partnerships for old sibling rivals: The development ofintegrated access systems for the holdings of archives, libraries, and museumsfor libraries, archives and museums[J]. Archivaria, 2009, 68(3): 68-79.

[88]VanderBerg R. Converging libraries, archives and museums:

321

Overcoming distinctions, but for what gain? [J]. Archives and manuscripts, 2012, 40(3): 136-146.

[89] VanHaitsma P, Book C. Digital curation as collaborative archival method in feminist rhetorics[J]. Peitho Journal, 2019, 21(2): 505-531.

[90] Waibel G, Erway R. Think globally, act locally: Library, archive, and museum collaboration[J]. Museum Management and Curatorship, 2009, 24(4): 323-335.

[91] Warwick C, Galina I, Rimmer J, et al. Documentation and the users of digital resources in the humanities[J]. Journal of Documentation, 2009, 65(1): 33-57.

[92] Wu S. Cooperation on local history and the concept of network building between libraries, museums and archives in China[J]. IFLA Journal, 2006, 32(4): 356-361.

[93] Wythe D. New technologies and the convergence of libraries, archives, and museums [J]. RBM: A Journal of Rare Books, Manuscripts and Cultural Heritage, 2007, 8(1), 51-55.

[94] Yakel E. Digital curation [J]. OCLC Systems & Services: International digital library perspectives, 2007, 23(4): 335-340.

[95] Yakel E. Presidential libraries: Merging public records and private lives[J]. OCLC Systems & Services: International digital library perspectives, 23(3): 238-241.

[96] Zorich D, Waibel G, Erway R. Beyond the silos of the LAM: Collaboration among libraries, archives and museums [J]. OCLC Programs and research, 2008(5): 5-8.

[97] 包伟民. 数字人文及其对历史学的新挑战[J]. 史学月刊, 2018(9): 5-12.

[98] 曹琴仙, 郭笑红. 美国高校图档共享实践及对我国的启示[J]. 河北大学学报(哲学社会科学版), 2016, 41(3): 118-121.

[99] 曾蕾, 王晓光, 范炜. 图档博领域的智慧数据及其在数字人文研究中的角色[J]. 中国图书馆学报, 2018, 44(1): 17-34.

[100]曾小莹. 数字人文背景下的图书馆：作用与服务[J]. 图书与情报，2014(4)：111-113.

[101]陈京莲. 我国图书馆、档案馆、博物馆馆际合作项目分析[J]. 情报探索，2016(7)：45-48.

[102]陈秋慧. 美、英、澳国家图书馆基于馆藏的出版研究[J]. 图书馆论坛，2017，37(2)：120-125.

[103]陈小辉. 协同学视角下传统村落公共空间的保护更新[J]. 福州大学学报(哲学社会科学版)，2018(1)：21-26.

[104]陈照宁. 数字人文背景下档案组织策略及利用模式分析[J]. 城建档案，2020(6)：40-41.

[105]戴艳清. 公益性数字文化服务合作机制研究论纲[J]. 图书馆学研究，2014(10)：61-64.

[106]戴艳清. 国外公益性数字文化服务合作机制研究进展[J]. 档案学研究，2014(4)：79-85.

[107]丁培. 数据策展与图书馆[J]. 图书馆学研究，2013(6)：94-98.

[108]董凌轩，刘友华，朱庆华，等. 图博档数字化融合服务中的信息安全管理[J]. 图书馆论坛，2014，34(3)：107-112.

[109]董娜. 基于RFID的图书馆智能管理系统应用探讨——以天津图书馆三馆文献混合流通管理为例[J]. 图书馆工作与研究，2014(8)：90-91.

[110]杜定友，钱亚新，钱亮，钱唐. 图书分类法史略[J]. 广东图书馆学刊，1987(1)：1-9，13.

[111]杜彦峰，相丽玲，李文龙. 大数据背景下信息生命周期理论的再思考[J]. 情报理论与实践，2015，38(5)：25-29.

[112]杜宗明. 数字人文环境下的图书馆角色定位与实践路径[J]. 农业图书情报学刊，2017，29(10)：103-106.

[113]冯惠玲，加小双. 档案后保管理论的演进与核心思想[J]. 档案学通讯，2019，248(4)：4-12.

[114]冯惠玲. 数字记忆：文化记忆的数字宫殿[J]. 中国图书馆学报，2020，46(3)：4-16.

[115]冯晴,陈惠兰.国外图书馆参与数字人文研究述评[J].图书馆杂志,2016,35(2):14-19.

[116]高梦杰.我国档案馆数字人文服务的现状,障碍及策略研究[J].兰台内外,2020(13):14-15.

[117]高雄.我国图书馆、档案馆与博物馆数字信息资源整合研究[J].档案管理,2016(2):43-45.

[118]关萍.体制创新——"三馆合一"[J].图书情报导刊,2006(13):75-76.

[119]郭鹏.国际图博档三馆融合研究的可视化分析[J].山西档案,2017(5):24-29.

[120]韩玺,张玥,朱庆华.基于移动视觉搜索的图书馆、档案馆、博物馆资源融合服务模式研究[J].情报资料工作,2018(2):63-70.

[121]郝世博,朱学芳.LAM数字化融合服务中动态信任评估研究[J].图书情报工作,2014,58(15):64-69.

[122]郝世博,朱学芳.基于信任管理的图书馆、档案馆、博物馆数字化协作可信监督模型构建[J].情报资料工作,2014(3):43-48.

[123]何直刚.藏品分类略说——附述三系三段分类法[J].中国博物馆,1986(3):81-85.

[124]胡晓庆.信息生命周期理论视角下的档案数据治理策略研究[J].山西档案,2020,254(6):58-61.

[125]胡心悦.图书馆、档案馆和博物馆资源整合的发展趋势——基于ICA、IFLA和ICOM历届会议主题的研究[J].图书情报工作,2014,58(17):97,136-142.

[126]黄俊.图书馆、档案馆、博物馆共建地域文化资源库研究——以南昌汉代海昏侯文化资源库建设为例[J].南方文物,2018(3):279-282,296.

[127]季晓林.图书,情报,档案一体化管理的探索和思考[J].情报资料工作,2005(5):145.

[128]加小双.新西兰数字连续性行动计划的分析与启示[J].图书

情报工作，2016，60(1)：45-51.

[129]杰克.英国博物馆、档案馆和图书馆理事会[J].中国档案，
2004(2)：53.

[130]杰拉尔德·汉姆著，刘越男译.档案边缘[J].山西档案，1999
(1)：14-17.

[131]杰拉尔德·汉姆著，刘越男译.后保管时代的档案战略[J].
档案，2000(6)：26-29.

[132]金波，添志鹏.档案数据内涵与特征探析[J].档案学通讯，
2020(3)：4-11.

[133]金波，晏秦.数据管理与档案信息服务创新[J].档案学研究，
2017(6)：99-104.

[134]金波，杨鹏.大数据时代档案数据治理研究[J].档案学研究，
2020(4)：29-37.

[135]金波.论数字档案信息资源建设[J].档案学通讯，2013(5)：
45-49.

[136]孔洁.数字人文视域下的数字博物馆建设[J].今古文创，
2020(25)：56-57.

[137]郎宇洁，周庆山.图博档三馆数字信息资源移动服务的融合
化需求模式实证分析[J].山西档案，2017(5)：12-17.

[138]李大青.试论图书馆，档案馆与博物馆的跨机构合作[J].图
书馆界，2012(6)：11-13.

[139]李洁.数字人文背景下图书馆员角色转换[J].图书馆研究与
工作，2017(10)：26-30，37.

[140]李金芮，肖希明.国外公共数字文化资源整合管理体制模式
及其适用性研究[J].图书情报工作，2015，59(3)：26-34.

[141]李满花.图书馆的文化本质和图书馆学研究的文化选择[J].
中国图书馆学报，2009，2：4-8.

[142]李农.欧美图书馆、博物馆、档案馆馆际合作趋势[J].图书
馆杂志，2008(8)：37，59-61.

[143]李睿，黄靖芸.图档博与大学合作共建各地"城市记忆"[J].
图书情报工作，2019，63(22)：82-90.

[144]李尚民.特藏资源建设的五个问题[J].图书馆理论与实践,2017(1):59-61.

[145]李松涛,张卫东,左娜.数字人文视角下人文研究者利用档案馆藏的行为与激励研究[J].山西档案,2020(3):77-97.

[146]李伟超.国内外LMA数字信息资源保存与服务研究[J].图书馆理论与实践,2015(7):1-5.

[147]李翔,张斌.数字策展的研究进展[J].情报杂志,2014,33(8):130-138.

[148]李雪冰."三馆合一"特色服务模型[J].图书馆理论与实践,2013(11):114-115.

[149]李杨,陆和建.协同创新视阈下图书馆档案馆博物馆联盟建设探讨[J].图书馆建设,2017(6):82-86.

[150]李之龙.关于博物馆藏品分类与藏品组织的关系[J].东南文化,1993(4):176-179.

[151]李子林,王玉珏,龙家庆.数字人文与档案工作的关系探讨[J].浙江档案,2018(7):13-16.

[152]梁继红.近代中国文化资源整合的历史考察[J].图书情报知识,2012(5):35-41.

[153]蔺梦华,甘子超.公共文化服务体系下县域图书馆、博物馆、档案馆合作发展模式探析——以佛山市顺德区为例[J].图书馆理论与实践,2019(9):72-75.

[154]刘爱琴,于贾燕,尚珊.基于数字信息资源共享的三馆协作平台构建[J].图书馆学研究,2017(8):29-34.

[155]刘家真.我国图书馆、档案馆与博物馆资源整合初探[J].中国图书馆学报,2003,29(3):36-38.

[156]刘健,陈晴.数字人文与博物馆[J].中国博物馆,2018(2):18-24.

[157]刘晋如.中美档案数字人文项目比较研究[J].档案管理,2019(2):33-36.

[158]刘景亮,李景凯,裴丽,等.国外图书馆数据策展的研究热点分析[J].图书馆学研究,2016(14):29-33.

[159] 刘婧琢. 基于 Data Curation 的高校机构知识库研究[J]. 图书馆工作与研究, 2014(8): 109-112.

[160] 刘美, 王海荣. 德国图书馆、档案馆和博物馆合作的组织运行实践[J]. 高校图书馆工作, 2016, 36(5): 37-40.

[161] 刘炜, 叶鹰. 数字人文的技术体系与理论结构探讨[J]. 中国图书馆学报, 2017, 43(5): 32-41.

[162] 刘小琴.《中华人民共和国图书馆法》制定工作的进展, 思路与主要内容[J]. 大学图书馆学报, 2003, 21(2): 2-5.

[163] 刘小瑛. 我国图书馆、档案馆、博物馆数字信息资源整合面临的主要问题及应对策略[J]. 图书馆学研究, 2014(12): 45, 63-66.

[164] 刘孝文, 张海英. 图书馆, 档案馆和博物馆资源整合初探[J]. 兰台世界, 2007(8): 17-48.

[165] 刘艳. 图书馆众筹: 社会资本协同治理公共文化服务体系[J]. 图书馆论坛, 2019, 39(9): 55-63.

[166] 刘杨. 国内外 Data Curation 生命周期管理研究对比[J]. 图书馆论坛, 2015, 35(5): 100-104.

[167] 刘越男. 后保管时代的档案战略[J]. 档案, 2000(6): 26-29.

[168] 卢加明, 张浩. 公共档案馆在缩小数字鸿沟中的作用[J]. 北京档案, 2007(5): 42-42.

[169] 陆俊, 邓瑞芬, 胥伟岚. 我国 LAM 资源共享推进机制研究[J]. 图书馆工作与研究, 2016(11): 22-26.

[170] 罗红, 罗小臣, 陈京莲, 等. 基于 LAM(图书馆、档案馆、博物馆)协作的图书馆馆藏发展研究[J]. 图书情报工作, 2017, 61(23): 58-66.

[171] 罗红. LAM(图书馆、档案馆、博物馆)协作内容与模式研究[J]. 情报理论与实践, 2017, 40(6): 33-39.

[172] 吕鸿. 基于三馆协同的非物质文化遗产知识整合研究[J]. 图书与情报, 2010(3): 127-129.

[173] 马海群. 发达国家图书档案事业结盟与合作战略规划综述[J]. 中国图书馆学报, 2012(4): 21-28.

[174]马双双,吴建华.图书馆、博物馆和档案馆评估比较研究[J].档案与建设,2019(2):4-8,13.

[175]马雁.试论档案记忆视角下的高校档案工作的转变与拓展[J].山西档案,2016(3):106-107.

[176]马泳娴.公共文化服务视域下的口述历史服务[J].高校图书馆工作,2019,39(2):52-58,84.

[177]马自坤,刘中研,杨清云.我国数字文化资源整合研究文献计量分析[J].高校图书馆工作,2019,39(6):48-53.

[178]苗斌,马瑞杰.《档案法》设定法律责任若干问题的探讨[J].档案学通讯,2001(5):52.

[179]苗青.对数字出版环境下图书馆拓展编目对象的探讨[J].现代情报,2014,34(3):135-138.

[180]莫振轩.我国图书馆、档案馆、博物馆馆际合作的现状与发展策略[J].图书馆工作与研究,2012(8):8-12.

[181]穆向阳,朱学芳.图书、博物、档案数字化服务融合模式研究[J].情报科学,2016,34(3):14-19.

[182]穆向阳.本体在LAM(图书馆、档案馆、博物馆)数字信息资源整合中的局限、问题及解决路径研究[J].图书馆理论与实践,2020(5):73-79.

[183]穆向阳.图博档数字信息资源整合内在动力机制研究[J].图书馆理论与实践,2016(5):61-65,94.

[184]穆向阳.图书、博物、档案数字化服务融合模式研究[J].情报科学,2016(3):15-18.

[185]穆向阳.图书馆、博物馆、档案馆合作领域知识重用策略与方法研究[J].图书馆理论与实践,2019(6):106-112.

[186]潘连根.数字人文在档案领域中应用的理性思考[J].档案与建设,2020(379):6-10.

[187]秦雪平.图书馆、档案馆与博物馆数字信息资源整合研究——以世界数字图书馆为例[J].情报探索,2013(1):69-72.

[188]任杰.数字化视域下图书博物档案的资源整合研究[J].档案

管理，2020（1）：46-47.

[189] 任树怀，时婉璐. 论数据管护环境下学科馆员的角色定位[J].
图书馆杂志，2014，33（9）：48-53.

[190] 沙其敏. 地方历史文献存取，检索的趋势以及遇到的问题[J].
国家图书馆学刊，2005（1）：12-16.

[191] 尚奋宇，任文文. 面向数字人文的高校开放档案组织策略及
利用模式研究[J]. 山西档案，2020（2）：101-108.

[192] 盛卿，肖鹏. 口述历史在图书馆、档案馆和博物馆展示设计
中的应用研究——以苏格兰国家博物馆"苏格兰：不断发展
的民族"展厅为例[J]. 高校图书馆工作，2016，36（5）：19-24.

[193] 施玥馨，王玉珏，李子林. 数字人文变革对档案馆业务活动的
影响[J]. 山西档案，2019（5）：80-86.

[194] 石芬芳，李洪渠. 从教育到社会服务：职业博物馆的功能与设
计研究[J]. 职教论坛，2014（21）：19-23.

[195] 时婉璐，任树怀. 数据管护：图书馆服务的新创举[J]. 图书馆
杂志，2012，31（10）：24-27，34.

[196] 舒忠梅. 数字人文背景下的档案知识图谱构建研究[J]. 山西
档案，2020（2）：53-60.

[197] 宋伯胤. 论博物馆藏品分类（下）——兼述"四部四项分类
法"[J]. 东南文化，1991（6）：230-237.

[198] 宋向光. 博物馆定义与当代博物馆的发展[J]. 中国博物馆，
2003（4）：2-7.

[199] 宋雪雁，张岩琛，窦芳菲，李梦诗. 基于资源整合的馆际协同
合作机制研究[J]. 图书情报工作，2016，60（12）：22-28.

[200] 宋占茹. 论档案馆馆际资源合作共享[J]. 兰台世界，2010
（12）：40-41.

[201] 苏依纹. 档案机构主导开发数字人文项目的方法探究——以
美国马里兰州档案馆奴隶制文化遗产项目为例[J]. 浙江档
案，2020（9）：21-23.

[202] 孙莉. 档案数字信息资源协同服务实现机制的探讨[J]. 山西
档案，2020（1）：87-93.

[203]孙凌云.网络环境下的知识组织系统研究与发展概述[J].图书馆理论与实践,2010(3):28-30,48.

[204]覃兆刿,孟月.论档案与国家软权力[J].档案学研究,2019(3):10-15.

[205]覃兆刿.价值目标与伦理重构——关于档案馆社会化服务的功能与效能研究[J].档案学研究,2005(5):15-20.

[206]覃兆刿.双元价值观与"档案"的定义[J].北京档案,2003(9):16-19.

[207]谭必勇,徐拥军,张莹.档案馆参与非物质文化遗产数字化保护的模式及实现策略研究[J].档案学研究,2011(2):69-74.

[208]谭榕,亓靖涛.新时代新角色:数字保存的监管[J].图书与情报,2011(3):45-48.

[209]唐虹.图书馆联盟协同管理模式研究[J].图书馆学研究,2012,291(16):79-83.

[210]唐晶,辛璐,马新蕾.图书馆与博物馆公共休闲服务合作初探[J].图书与情报,2012(4):48-51.

[211]唐义,肖希明,周力虹.我国公共数字文化资源整合模式构建研究[J].图书馆杂志,2016,35(7):12-25.

[212]唐义,肖希明.国外数字监控(Digital Curation)教育及对我国的启示——以 DigCCurr 项目为例[J].图书与情报,2013(6):41-46.

[213]唐义.文化部和国家档案局合作:加强公共数字文化资源整合力度的迫切需求[J].图书情报知识,2016(4):4-11.

[214]唐义.我国公共数字文化资源整合需求的调查分析[J].图书情报工作,2015,59(11):6-12.

[215]特里·库克.对数字时代来源原则的反思[J].李音,译.档案学研究,2011(1):82-85.

[216]特里·库克.四个范式:欧洲档案学的观念和战略的变化——1840 年以来西方档案观念与战略的变化[J].李音,译.档案学研究,2011(3):81-87.

[217]特里·库克.电子文件与纸质文件观念:后保管及后现代主

义社会里信息与档案管理中面临的一场革命[J].刘越男,译.山西档案,1997(2):7-13.

[218]童茵,张彬.董其昌数字人文项目的探索与实践[J].中国博物馆,2018(4):114-118.

[219]王储君.试论图书馆与博物馆及档案馆的新型合作模式[J].科技创新导报,2017,14(5):126-127.

[220]王二峥.数字人文与图书馆研究[J].四川图书馆学报,2016(4):24-26.

[221]王海宁,丁家友,聂云霞.Digital/Data Curation 的概念与翻译研究[J].图书馆杂志,2018,37(1):8-18.

[222]王海荣,李娟娟.图书馆、档案馆、博物馆合作研究进展分析——基于 IFLA 会议主题及我国国家级、省部级课题的分析[J].现代情报,2016,36(8):137-142,150.

[223]王海荣,刘美.德国数字文化资源整合的实践及启示——以BAM 门户为例[J].图书情报工作,2015,59(18):77-82,133.

[224]王鹤北.博物馆定义的发展与演变[J].齐齐哈尔大学学报(哲学社会科学版),2010(3):165-166.

[225]王红.浅析图书馆、博物馆、档案馆的馆际合作及实现[J].图书情报工作,2011,55:352-353.

[226]王晋月,李秋月,杨杰.图书馆、档案馆与博物馆融合背景下的专业课程体系改革研究[J].浙江档案,2016(6):18-21.

[227]王静,李烁.图档博融合服务中数字信息资源整合策略研究[J].浙江档案,2019(11):31-33.

[228]王莉娜,赵思雨.数字人文在我国档案领域的综合应用研究:基于 CNKI 的系统性文献综述[J].山西档案,2020(4):48,49-56.

[229]王满春.我国档案馆开展数字人文项目的策略探究[J].黑河学刊,2020(2):164-166.

[230]王南.基于协同理论的高校图书馆联盟服务体系构建研究[J].图书馆学刊,2020,42(10):11-14.

[231] 王萍, 陈为东, 黄新平. 国内数字文化资源整合研究进展[J]. 图书情报工作, 2016, 60(12): 6-13.

[232] 王萍, 王毅, 赵红颖. 图书档案数字化融合服务评价模型研究[J]. 图书情报工作, 2013, 57(12): 34-40.

[233] 王萍. 档案著录国际标准(CAD)的推广应用[J]. 档案学通讯, 2010(2): 89-93.

[234] 王启祥. 博物馆与社区活动模式初探[J]. 博物馆学季刊, 2002, 16(1): 27-33.

[235] 王巧玲. 美国林肯总统图书馆与博物馆融合服务创新实践及借鉴意义[J]. 档案学研究, 2020(1): 126-130.

[236] 王雪芬, 朱庆华, 朱学芳. 云环境下基于图博档数字化资源的中华文化资源平台构建研究[J]. 数字图书馆论坛, 2014(1): 30-34.

[237] 王艳贞, 曹航. 论国家档案馆的有限公共性[J]. 浙江档案, 2013(6): 20-21.

[238] 王玉珏. 学科融合与边界探索: 面向数字人文的档案研究[J]. 山西档案, 2020(2): 1.

[239] 望俊成. 信息老化的新认识——信息价值的产生与衰减[J]. 情报学报, 2013, 32(4): 354-362.

[240] 魏青山, 闫晓弟, 李娟, 等. 陕西省图书馆、博物馆与档案馆特色数字信息资源整合研究与思考[J]. 图书馆, 2014(2): 92-94.

[241] 吴加琪. 区域档案信息资源共建共享的协同机制研究[J]. 档案管理, 2016(3): 32-34.

[242] 吴加琪. 数字人文兴起及档案工作的参与机制[J]. 档案与建设, 2017(12): 12-15.

[243] 吴敏琦. Digital Curation: 图书情报学的一个新兴研究领域[J]. 图书馆杂志, 2012, 31(3): 8-12.

[244] 吴品才. 博物馆对档案馆文化品牌打造的启示[J]. 浙江档案, 2010(5): 26-28.

[245] 吴亚芸, 戴清杰, 刘桂锋. 信息生命周期理论视角下的特色馆

藏资源实践与探索[J]. 新世纪图书馆, 2021, 294(2): 39-43.

[246]伍媛媛. 档案馆与博物馆既各自独立又相互交融的国际视野[J]. 档案学研究, 2018(5): 70-73.

[247]夏翠娟. 面向人文研究的"数据基础设施"建设——试论图书馆学对数字人文的方法论贡献[J]. 中国图书馆学报, 2020, 46(3): 24-37.

[248]夏天. 档案信息咨询互动数据集构建与分析[J]. 浙江档案, 2019(9): 26-29.

[249]夏忠刚. 档案馆博物馆图书馆社会功能之比较[J]. 浙江档案, 2001(1): 15-16.

[250]项欣, 祁彬斌, 朱学芳. 图博档馆藏实体多模交互式呈现的可用性评估[J]. 图书馆论坛, 2019(1): 92-99.

[251]肖秋会, 李冉. 档案后保管理论与档案多元论比较[J]. 档案管理, 2021, 249(2): 18-20.

[252]肖希明, 刘巧园. 国外公共数字文化资源整合研究进展[J]. 中国图书馆学报, 2015, 41(5): 63-75.

[253]肖希明, 刘巧园. 基于元数据仓储的公共数字文化资源整合研究[J]. 图书馆, 2015(9): 17-21, 26.

[254]肖希明, 唐义. 图书馆学博物馆学档案学课程体系整合初探[J]. 中国图书馆学报, 2014, 40(3): 4-12.

[255]肖希明, 杨蕾. 国外公共数字文化资源整合宏观管理及其启示[J]. 图书与情报, 2015(1): 2-8, 14.

[256]肖希明, 张芳源. 国外公共数字文化资源合作保存模式研究[J]. 信息资源管理学报, 2014, 4(2): 37-44, 57.

[257]肖希明, 郑燃. 国外图书馆、档案馆和博物馆数字信息资源整合研究进展[J]. 中国图书馆学报, 2012, 38(3): 26-39.

[258]肖奕. 图书馆支持数字人文研究进展[J]. 图书馆论坛, 2018, 38(4): 25-30.

[259]肖永英, 谢欣. 图书馆、档案馆、博物馆合作机制研究进展[J]. 图书馆杂志, 2015, 34(1): 29-35, 48.

[260]熊莉君, 张福阳, 张灿. 图书馆在数字人文领域的传播功能与

服务研究[J]. 图书馆, 2016(2): 88-93, 99.

[261]徐文哲. LAM 数字化融合服务中自适应自动信任协商模型研究[J]. 情报资料工作, 2014(5): 44-48.

[262]徐亚男. 图情档一体化管理的理念与实践[J]. 兰台世界, 2013(14): 86-87.

[263]许俊平. 档案馆与博物馆学界的对话[J]. 档案管理, 2000(4): 21-23.

[264]杨鹤林. 数据监护: 美国高校图书馆的新探索[J]. 大学图书馆学报, 2011(2): 18-21, 41.

[265]杨千. 数字人文视域下我国档案资源合作开发模式研究[J]. 档案与建设, 2019(10): 8-12.

[266]杨茜茜. 档案、图书、博物馆三馆信息资源整合研究[J]. 浙江档案, 2013(4): 19-21.

[267]杨茜茜. 基于共享的数字档案馆信息资源整合[J]. 浙江档案, 2014(3): 8-9.

[268]杨茜茜. 数字人文视野下的历史档案资源整理与开发路径探析——兼论档案管理中的历史主义与逻辑主义思想[J]. 档案学通讯, 2019(2): 17-22.

[269]杨淑娟, 陈家翠. 图书馆员数字监护素养研究[J]. 图书馆建设, 2013(1): 78-80.

[270]杨滋荣, 熊回香, 蒋合领. 国外图书馆支持数字人文研究进展[J]. 图书情报工作, 2016, 60(24): 122-129.

[271]叶靖宜. 数字人文技术在档案编研中的应用研究[J]. 电脑知识与技术, 2020(16): 13-15.

[272]游庆桥. 关于美术馆藏品登记著录与普查工作的思考[J]. 中国美术馆, 2012(4): 10-11.

[273]于明鹤, 聂铁铮, 李国良. 数据管护技术及应用[J]. 大数据, 2019(5): 1-17.

[274]虞晨琳. 国际数据管护的科学知识图谱研究[J]. 知识管理论坛, 2017, 2(3): 201-213.

[275]袁咏秋, 李家乔. 外国图书馆学名著选读[J]. 北京: 北京大学

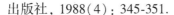

出版社，1988（4）：345-351.

［276］原野．我国数字人文研究在博物馆中的发展及应用［J］．创新科技，2016（9）：45-47.

［277］詹逸珂．数字人文项目前端历史档案资源众包探析：特征、风险及其控制［J］．山西档案，2020（2）：77-84.

［278］张斌，李翔．从数字保存到数字策展的变革走向探析［J］．情报理论与实践，2014，37（10）：25-29.

［279］张斌，李子林．数字人文背景下档案馆发展的新思考［J］．图书情报知识，2019（6）：68-76.

［280］张斌，李子林．图档博机构"数字叙事驱动型"馆藏利用模型［J］．图书馆论坛，2021（5）：1-10.

［281］张芳源，王铮．国外面向信息获取公平的图书馆档案馆博物馆资源整合环境分析［J］．图书馆工作与研究，2016（2）：14-19.

［282］张纪岳．独树一帜的协同学［J］．自然辩证法通讯，1983（6）：22-30.

［283］张佳丽．信息生态视角的我国西部地区少数民族高校图书馆、博物馆与档案馆整合研究——以内蒙古民族大学为例［J］．山西档案，2016（3）：40-42.

［284］张乐莹，张卫东，赵烨橦．数字人文产品开发过程中档案馆的角色定位研究［J］．山西档案，2020（4）：21，22-28.

［285］张美芳．面向数字人文的声像档案信息资源组织利用的研究［J］．档案学研究，2019，33（4）：72-76.

［286］张美芳．图书保护、档案保护、文物保护学科整合研究［J］．大学图书馆学报，2016，34（4）：42，69-73.

［287］张盼．我国档案馆、图书馆、博物馆合作开展记忆工程的SWOT分析［J］．档案管理，2014（4）：24-26.

［288］张诗博．"数字人文"背景下的图书馆知识服务［J］．晋图学刊，2013（5）：40-42，53.

［289］张卫东，孙振嘉．馆际合作视阈下我国档案文化资源整合路径研究［J］．档案学通讯，2017（4）：63-67.

［290］张卫东，赵红颖，李洋. 欧美图书档案数字化融合服务实践及启示［J］. 图书情报工作，2013，57(12)：23-27，22.

［291］张卫东. 全球化视野下中国 LAM 合作模式研究［J］. 图书情报工作，2016，60(12)：14-21.

［292］张兴旺，李晨晖. 数字图书馆大数据知识服务体系协同设计研究［J］. 图书与情报，2015(3)：61-70.

［293］张章. 试析图书馆与博物馆的合作共赢模式［J］. 图书馆工作与研究，2014(2)：13-16.

［294］张智雄，郭家义，吴振新，等. 基于 OAIS 的主要数字保存系统研究［J］. 现代图书情报技术，2005(11)：1-13.

［295］张智雄，吴振新，刘建华，等. Digital Curation 和 Digital Preservation 之概念辨析［J］. 现代图书情报技术，2014(1)：4-13.

［296］赵红颖，王萍. 图书档案数字化融合服务研究论纲［J］. 图书情报工作，2013(3)：17-22.

［297］赵晖. 跨系统图书馆联盟协同管理概念模型及管理体系研究［J］. 图书馆建设，2010(3)：89-92.

［298］赵生辉，朱学芳. 数字社会记忆资源跨机构聚合机制研究［J］. 档案学研究，2014(2)：34-38.

［299］赵生辉，朱学芳. 图书、档案、博物数字化服务融合策略探析［J］. 情报资料工作，2014(4)：68-74.

［300］赵生辉，朱学芳. 图书、档案、博物信息共享空间的理论模型与建设思路初探［J］. 图书馆论坛，2014，34(10)：15-23.

［301］赵生辉，朱学芳. 我国高校数字人文中心建设初探［J］. 图书情报工作，2014(6)：64-69.

［302］赵生辉，朱学芳. 我国图书馆、档案馆、博物馆数字化协作框架 D-LAM 研究［J］. 情报资料工作，2013(4)：57-61.

［303］赵生辉. 图书、档案、博物数字化服务融合策略探析［J］. 情报资料工作，2014(4)：68-72.

［304］赵思渊. 地方历史文献的数字化、数据化与文本挖掘：以《中国地方历史文献数据库》为例［J］. 清史研究，2016(4)：26-35.

[305]赵雪芹.档案数字信息资源协同服务实现机制研究[J].兰台世界,2019(6):59-61.

[306]郑慧,梁艳.档案文化传播主体及其选择[J].档案学通讯,2016(3):38-42.

[307]郑燃,李晶.我国图书馆,档案馆与博物馆数字信息资源整合研究进展[J].情报资料工作,2012(3):69-71.

[308]郑燃,唐义,戴艳清.基于关联数据的图书馆、档案馆和博物馆数字信息资源整合研究[J].图书与情报,2012(1):71-76.

[309]郑爽,丁华东.数字人文对档案记忆功能实现的启示[J].档案与建设,2019(7):23-26.

[310]周九常.霍顿信息管理思想简论[J].情报科学,2006(8):1137-1140.

[311]周俊烨.基于关联数据的图书馆、档案馆和博物馆数字信息资源整合模式构建[J].图书馆,2019(1):70-75.

[312]周磊,郑燃.图书馆、档案馆与博物馆合作模式研究[J].图书情报知识,2012(5):42-49.

[313]周林兴,周振国.高校档案馆、博物馆数字信息资源整合研究[J].档案管理,2014(5):10-14.

[314]周满英,付禄.数据管护生命周期模型比较研究[J].图书馆研究与工作,2018(9):34-37,87.

[315]周淑云,伍丹.基于信息生命周期的高校图书馆数据监护流程分析[J].山东图书馆学刊,2016(3):26-29.

[316]周文泓,刘静.数字人文和图书情报与档案管理的双向构建要点研究[J].图书与情报,2019(6):101-110.

[317]周文泓,张宁.全球数字连续性的行动全景与启示——基于英国,新西兰,澳大利亚与美国国家政策的探讨[J].情报理论与实践,2017(3):138-142.

[318]周耀林,姬荣伟.我国档案馆安全协同治理机制研究——巴西国家博物馆火灾后的思考[J].档案学研究,2018(6):44-51.

[319]朱金,韦美珠.高校学位论文的管理与利用[J].图书馆学研

337

究，2004（3）：80-83.

[320]朱娜. 数字人文的兴起及图书馆的角色[J]. 图书馆，2016（12）：17-22，48.

[321]朱晓峰，苏新宁. 构建基于生命周期方法的政府信息资源管理模型[J]. 情报学报，2005，24（2）：136-141.

[322]朱晓峰. 生命周期方法论[J]. 科学学研究，2004（6）：7-12.

[323]朱学芳. 图博档信息资源数字化建设及服务融合探讨[J]. 情报资料工作，2011（5）：57-60.

[324]祝敬国. 博物馆藏品分类标准化研究[J]. 中国博物馆，1991（1）：30-35.

[325]左娜，张卫东. 数字人文视角下的档案学研究[J]. 图书与情报，2019（6）：94-100.

四、会议论文

[1] Beebe C. Exploring convergence：Digital multimedia collections among museums，archives，and libraries［C］//Kraft D H. ASIS 2000：Proceedings of the 63rd ASIS Annual Meeting. Washington，DC：ERIC，2000：519.

[2] Dallas C. An agency-oriented approach to digital curation theory and practice［C］//Trant J，Bearman，D. Proceedings：International Symposium on "Information and Communication Technologies in Cultural Heritage". Toronto：Archives & Museum Informatics，2008：49-72.

[3] Duranti L，Shaffer E. The memory of the world in the digital age：Digitization and preservation［C］//An International Conference on Permanent Access to Digital Documentary Heritage，UNESCO Conference Proceedings，Vancouver. 2012：26-28.

[4] Gray J，Szalay A S，Thakar A R，et al. Online scientific data curation，publication，and archiving［C］//Alexander S S. Proc. SPIE 4846，Virtual Observatories. Hawaii：Waikoloa，2002：103-107.

[5]Harvey R. Curation in the curriculum: Equipping the profession to ensure the preservation of information[C]//Unsworth J. iConference 2010 proceedings. Urbana-Champaign: University of Illinois, 2010.

[6]Karatas T, Lombardo V. A multiple perspective account of digital curation for cultural heritage: Tasks, disciplines and institutions[C]//Adjunct Publication of the 28th ACM Conference on User Modeling, Adaptation and Personalization. 2020: 325-332.

[7]Lee C A, Tibbo H R, Schaefer J C. Defining what digital curators do and what they need to know: The DigCCurr project[C]// Proceedings of the 7th ACM/IEEE-CS joint conference on Digital libraries. 2007: 49-50.

[8]Martin R. Cooperation and change: Archives, libraries and museums in the United States: World library and information congress: 69th IFLA general conference and council, August 1-9, 2003[C]// Berlin: Institute of Museum and Library Services, 2003.

[9]Mueller L. Towards information science services: information science and the digital humanities: ISI2017 Satellite Workshop on the Relationship of Information Science and the Digital Humanities[C]. Berlin: Humboldt University Berlin, 2017.

[10]Post C, Chassanoff A, Lee C, et al. Digital curation at work: modeling workflows for digital archival materials[C]//2019 ACM/ IEEE Joint Conference on Digital Libraries(JCDL). IEEE, 2019: 39-48.

[11]Tibbo H R, Duff W. Toward a digital curation curriculum for museum studies: A North American perspective[C]//CIDOC Annual Conference, Athens, Greece: CIDOC. Retrieved from http: // www. cidoc2008. gr/cidoc/Documents/papers/drfile. 2008: 06-18. 4718982366.

[12]Undorf W. Means before purpose: the development of cooperation between cultural heritage institutions in Sweden: International

Federation of Library Associations and Institutions：68th IFLA Council and General Conference，August 18-24，2002［C］. Sweden：Royal Library of Sweden，2002.

［13］童茵. 数字人文方法在博物馆研究与展示中的应用［C］//2018 年(第五届)科学与艺术研讨会论文集，2018.

五、网络资源

［1］A Collaborative Initiative of the Library of Congress. Preserving Our Digital Heritage：Plan for the National Digital Information Infrastructure and Preservation Program［EB/OL］.［2020-11-25］. http://www.digitalpreservation.gov/documents/ndiipp_plan.pdf.

［2］A short guide to the digital humanities［EB/OL］.［2020-10-02］. http://jeffreyschnapp. com/wp-content/uploads/2013/01/D _ H _ ShortGuide.pdf.

［3］Abbott D. What is Digital Curation？［EB/OL］.［2020-06-14］. http://www. dcc. ac. uk/resources/briefing-papers/introduction-curation/what-digital-curation.

［4］African Online Digital Library［EB/OL］.［2020-10-23］. https://aodl.org/.

［5］American Comedy Archives［EB/OL］.［2021-01-03］. https://www. emerson. edu/departments/archives-special-collections/collections/american-comedy-archives.

［6］American Memory Digital Collections［EB/OL］.［2020-09-02］. http://memory.loc.gov/ammem/index.html.

［7］Andre P，Besser H，Elkington N，et al. Preserving Digital Information：Report of the Task Force on Archiving of Digital Information［EB/OL］.［2020-11-24］. http://www. clir. org/pubs/reports/pub63watersgarrett.pdf.

［8］Archives Nationals France［EB/OL］.［2021-01-03］. https://www. archives-nationales. culture.gouv.fr/.

［9］Archives of American Art［EB/OL］. ［2021-01-03］. https：//www. aaa.si.edu/.

［10］American Memory［EB/OL］. ［2020-11-06］. http：//memory.loc. gov/ammem/index.html.

［11］Beagrie N, Lupovici C, Doerr M. Trusted Digital Repositories： Attributes and Responsibilities［EB/OL］. ［2020-11-22］. http：//www. oclc.org/content/dam/research/activities/trustedrep/repositories.pdf.

［12］Beagrie N, Pothen P. The digital curation：Digital archives, libraries and e-science seminar［EB/OL］. ［2020-09-02］. http：// www.ariadne.ac.uk/issue30/digital-curation.

［13］Beinecke Rare Book and Manuscript Library［EB/OL］. ［2021-01-03］. https：//beinecke.library.yale.edu/.

［14］Caitlin C., Sarah P., and Thomas P. Digital humanities in and of the library［EB/OL］. ［2020-10-18］. https：//acrl. ala. org/dh/2016/07/29/introduction/.

［15］CEDARS. Curl Exemplars in Digital Archives［EB/OL］. ［2020-11-23］. http：//www. elbib. ru/index. phtml？ page = elbib/rus/journal/1999/part4/fox.

［16］Chicago Jazz Archive［EB/OL］. ［2021-01-03］. https：//www.lib. uchicago.edu/collex/collections/chicago-jazz-archive/.

［17］Cleveland Historical［EB/OL］. ［2020-10-23］. https：//cleveland-historical.org/.

［18］CLOCKSS［EB/OL］. ［2021-02-02］. https：//clockss.org/.

［19］Consultative Committee for Space Data Systems：Reference Model for an Open Archival Information System (OAIS)［EB/OL］. ［2020-11-23］. http：//public. ccsds. org/publications/ archive/650x0b1s.pdf.

［20］Cornucopia［EB/OL］. ［2020-11-06］. http：//www. ariadne. ac.uk/issue/40/turner/.

［21］Digital Curation Centre［EB/OL］. ［2020-09-02］. http：//www. dcc.ac.uk/.

［22］Digital Curation Unit［EB/OL］.［2020-9-02］. http://www.dcu.gr/.

［23］Digital Dunhuang［EB/OL］.［2020-09-02］. https://www.e-dunhuang.com/index.htm.

［24］Digital Infrastructure Team［EB/OL］.［2020-10-02］. https://infteam.jiscinvolve.org/wp/2012/02/23/.

［25］Digital Research and Curation Center［EB/OL］.［2020-09-02］. http://ldp.library.jhu.edu/dkc.

［26］DPLA［EB/OL］.［2020-11-06］. https://dp.la/.

［27］Ensemble @ Yale［EB/OL］.［2020-10-23］. https://web.library.yale.edu/dhlab/ensemble.

［28］Envisioning Baroque Rome［EB/OL］.［2020-10-23］. https://www.baoquerome.org/.

［29］European Holocaust Research Infrastructure. introduction［EB/OL］.［2020-09-10］. https://www.ehri--project.eu/about-ehri.

［30］Europeana［EB/OL］.［2020-11-06］. https://www.europeana.eu/en.

［31］Global Memory Net［EB/OL］.［2020-09-02］. http://www.memorynet.org/.

［32］International Digital Curation Conference［EB/OL］.［2020-09-02］. http://www.dcc.ac.uk/events/internationaldigitalcuration-conference-idcc.

［33］International Journal of Digital Curation［EB/OL］.［2020-09-02］. http://www.ijdc.net/.

［34］JISC. JISC Circular（Revised）: An Invitation for Expressions of Interest to Establish a New Digital Curation Centre for Research into and Support of the Curation and Preservation of Digital Data and Publications［EB/OL］.［2020-10-18］. http://www.jisc.ac.uk/fundingopportunities/funding _ calls/2003/09/digcentre _ townmeeting. aspx.uk/fundingopportunities/funding_calls/2003/09/funding_digcentre.aspx.

［35］LAC［EB/OL］.［2020-11-06］. https://www.bac-lac.gc.ca/eng/Pages/home.aspx.

［36］Library of Congress［EB/OL］.［2021-01-03］. https://www.loc. gov/.

［37］LOCKSS［EB/OL］.［2021-02-02］. https://www. lockss. org/ about.

［38］Lord P, Macdonald A. e-Science Curation Report, Data Curation for e-Science in the UK：An Audit to Establish Requirements for Future Curation and Provision［EB/OL］.［2020-11-26］. http:// www.jisc.ac.uk/uploaded_documents/e-ScienceReportFinal.pdf.

［39］Louvre［EB/OL］.［2021-01-03］. https://www.louvre.fr/.

［40］Macdonald A, Lord P. Digital Data Curation Task Force：Report of the Task Force Strategy Discussion Day［EB/OL］.［2020-11-24］. http://www. jisc. ac. uk/uploaded_documents/CurationTask-ForceFinal1.pdf.

［41］Mapping Expatriate Paris［EB/OL］.［2020-10-23］. https:// teachwithcollections. princeton. edu/mapping-expatriate-paris-the-shakespeare-and-company-lending-library-project-mep/.

［42］Maryland Archive. Legacy of Slavery in Maryland［EB/OL］. ［2020-09-10］. http://slavery.msa.maryland.gov/.

［43］Schaffner J., Rick E. Does every research library need a digital humanities［EB/OL］.［2020-10-18］. https：//www. oclc. org/ research/publications/2014/oclcresearch-digital-humanities-center-2014-overview.html.

［44］Science Meseum［EB/OL］.［2021-01-03］. https://www. scien-cemuseum.org.uk/.

［45］Shawgo K. CFP：Data Driven：Digital Humanities in the Library［EB/OL］.［2020-10-18］. https：//www. hastac. org/ opportu-nities/cfp-data-driven-digital-humanities-library.

［46］The British Library［EB/OL］.［2021-01-03］. https://www. bl. uk/.

［47］The British Meseum［EB/OL］.［2021-01-03］. https://www. britishmuseum.org/.

343

[48]The Chaco Research Archive[EB/OL].[2020-10-23]. http://www.chacoarchive.org/cra/.

[49]The Digital Curation Institute[EB/OL].[2020-09-02]. http://dci.ischool.utoronto.ca/.

[50]The Metropolitan Meseum of Art[EB/OL].[2021-01-03]. https://www.metmuseum.org/.

[51]The National Library of Russia[EB/OL].[2021-01-03]. http://nlr.ru/eng.

[52]The NEDLIB Project[EB/OL].[2020-11-23]. http://www.dlib.org/dlib/september99/vanderwerf/09vanderwerf.html.

[53]The Opening the Archives[EB/OL].[2020-10-23]. https://library.brown.edu/create/cds/opening-the-archive/.

[54]The Walt Whitman Archive[EB/OL].[2020-10-23]. https://whitmanarchive.org/.

[55]TROVE[EB/OL].[2020-11-06]. https://trove.nla.gov.au/.

[56]UC3：University of California Curation Center[EB/OL].[2020-09-02]. http://www.cdlib.org/services/uc3/.

[57]VTM-Venice Time Machine[EB/OL].[2020-09-02]. https://www.epfl.ch/research/domains/venice-time-machine/.

[58]北京记忆[EB/OL].[2020-10-23]. http://www.pekingmemory.cn/.

[59]国际敦煌项目[EB/OL].[2020-11-06]. http//idp.bl.uk/.

[60]青岛档案信息网[EB/OL].[2020-09-10]. http://www.qdda.gov.cn/.

[61]全国文化信息资源共享工程文化云[EB/OL].[2020-11-06]. https://www.culturedc.cn/web2.1/index.html.

[62]日本国立国会图书馆[EB/OL].[2020-11-06]. https://www.ndl.go.jp/zh/index.html.

[63]上海档案信息网[EB/OL].[2020-09-10]. http://www.archives.sh.cn/.

[64]盛宣怀档案抄录项目[EB/OL].[2020-10-23]. http://zb.

library.sh.cn/frontProject.jspx？completeType＝0.

［65］世界数字图书馆［EB/OL］．［2020-11-06］．https：//www.wdl.
org/zh/.

［66］数字方志集成平台［EB/OL］．［2020-10-23］．http：//fangzhi.
ecnu.edu.cn/.

［67］唐宋文学编年地图［EB/OL］．［2020-11-23］．https：//sou-yun.
cn/PoetLifeMap.aspx.

［68］天津档案网［EB/OL］．［2020-09-10］．http：//www.tjdag.gov.cn/
tjdag/index/index.html.

［69］文物藏品定级标准［EB/OL］．［2021-01-23］．http：//www.calaw.
cn/article/default.asp？id＝4062.

［70］政府工作报告［EB/OL］．［2021-03-29］．http：//www.gov.cn/
premier/2021-03/12/content_5592671.htm.

［71］中国国家博物馆［EB/OL］．［2021-01-03］．http：//www.chn-
museum.cn/.

［72］中国国家图书馆［EB/OL］．［2021-01-03］．http：//www.nlc.cn/.

［73］中国家谱知识服务平台［EB/OL］．［2020-10-23］．https：//jiapu.
library.sh.cn/#/.

［74］中国历史地理信息系统［EB/OL］．［2020-10-23］．http：//
yugong.fudan.edu.cn/views/chgisindex.php.

［75］中文古籍联合目录及循证平台［EB/OL］．［2020-10-23］．
https：//gj.library.sh.cn/index.